性擇×自體性慾×春機發陳……
從生物本能到社會建構，探討慾望如何塑造人類行為與情感

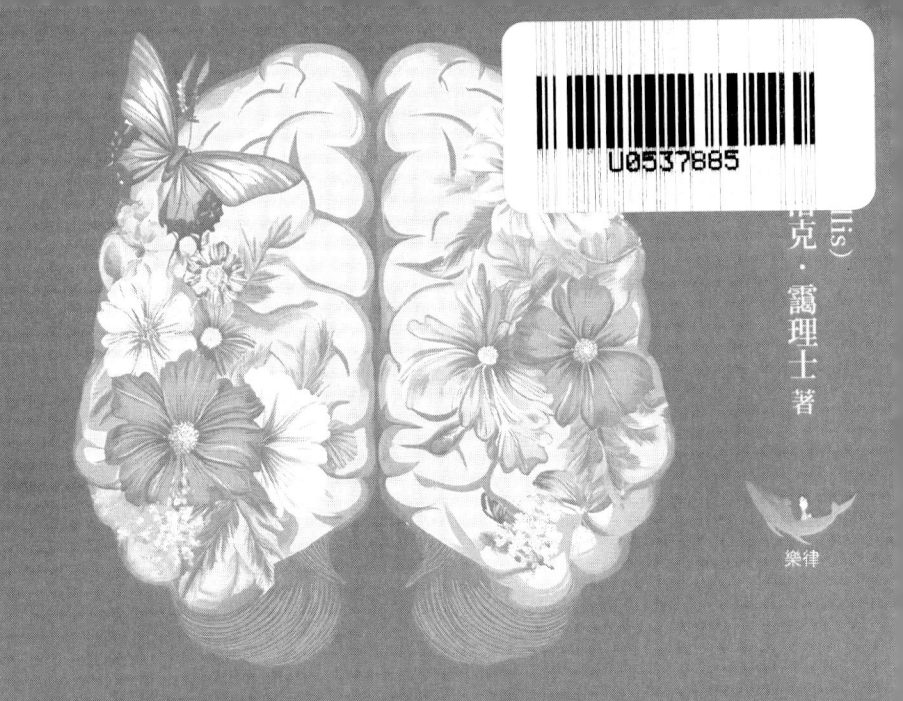

(lis)
克‧靄理士 著

樂律

靄理士的
性心理學

拆解慾望與道德

Studies in the Psychology of Sex

敏感帶與歇斯底里，究竟有何關聯？　慣竊、縱火，竟然也是性癖的一種？
這不是禁忌，而是人性！你準備好正視它了嗎？

目錄

譯序 ………………………………………… 005

原序 ………………………………………… 013

第一章　緒論 ……………………………… 021

第二章　生物學 …………………………… 031

第三章　從幼童到少年 …………………… 133

第四章　性的歧變與性的象徵 …………… 233

目錄

譯序

　　如同作者靄理士（Havelock Ellis）在本書第三章裡所討論到的一切，譯者是一個對於性的問題很早就感覺到興趣的人，既感覺到興趣，就不能不覓取滿足這種興趣的方法；在多年前的環境裡，向父母發問是不行的，找老師請教也是不行的，同學們閒聊，雖時常涉及這個問題，但偶有聞見，也是支離破碎的一些，足以激發更大的好奇心，而不足以滿足正在發展中的知情兩方面的欲望。

　　當時只有一條可以走的路，就是找書看，並且還不能冠冕堂皇地看，而必須偷看；所偷看的，不用說，十之八九是性愛的說部，而十之一二包括性愛的圖畫。記得在10歲前後到20歲光景，這一類的東西著實看得不少。性愛的說部與圖畫也許有些哲學、道德以及藝術的意義，至於科學的價值，則可以說等於零。

　　在這個時期裡，譯者所看到的唯一有些科學價值的作品是一個日本醫師所著的一本關於性衛生的書，那是先君因赴日本考察之便帶回來的。譯者那時候大概是12歲，先君也看到譯者在那裡看，並且很開明地加以鼓勵，說這是年輕人應當看而童年人不妨看的一本書。先君這樣的一種態度，對於譯者後來的性的發育以及性的觀念，有很大的甄陶的力量，這在譯者後來

譯 序

的《性的教育》一本譯稿裡,曾一度加以論及,認為是最值得感謝與紀念的。

譯者最初和靄理士的作品發生接觸是在 1920 年,那時譯者是 20 歲,正在清華學校高等科肄業。在清華當時就很豐富的藏書裡,譯者發現了靄氏的六大本《性心理學研究錄》(*Studies in the Psychology of Sex*,當時全書共六冊,後來到 1928 年,靄氏又增輯了一本第七冊)。不過這部書在那時的學校環境裡還是一部不公開的書,平時封鎖在書庫以外的一間小屋裡,只有教師和校醫可以問津,所以費了不少的周章以後,才逐本地借閱了一遍。別的同學知道以後,當然也有向譯者輾轉借看的。但大概都沒有譯者那樣的看得完全。年輕人處此境地,自然不免有幾分自豪,甚至有以小權威自居的心理。當時也確實有不少的同學就自體性慾和同性戀一類個人的問題向譯者討教,譯者也很不客氣地就所知逐一加以解答。至今思之,真不免啞然失笑!

又過了一、二年,譯者又有機會初次接觸西格蒙德·弗洛伊德(Sigmund Freud)的精神分析論和此論所內含的性發育論。記得當時讀到的他的第一本書是《精神分析導論》(*A General Introduction to Psychoanalysis*),不用說,也是在書庫裡自由搜尋的一個收穫。同時,因為譯者一向喜歡看稗官野史,於是又發現了明代末葉的一個奇女子,叫做馮小青,經與弗氏的學說一度對照以後,立時覺察她是所謂自戀(見下文第三章第六節)

的絕妙的例子，於是就借了梁任公先生在「中國歷史研究法」班上責繳報告的機會，寫了一篇〈馮小青考〉。譯者出國遊學後，曾經把它寄交商務印書館的《婦女雜誌》一度發表；後來歸國，又把它擴充成一本小書，交新月書店出版，易名為《小青的分析》，再版時又改稱《馮小青》，現歸商務印書館。這是譯者對於性問題的第一次的研究嘗試，所以敢在此一提。這一次的嘗試事實上和靄理士沒有關係，靄氏關於自戀的一篇論文發表得很遲，我們在《研究錄》第七輯裡才見到它。不過見到以後，譯者也曾把靄氏的理論和小青的案例彼此參證，倒也沒有發現什麼牴觸就是了。

　　譯者遊學和遊學歸來後最初的幾年裡，因為忙著許多別的題目的研習，未能在性的問題上繼續用什麼工夫。固然，所謂別的題目，也大都不出人文生物學的範圍，而和性的問題多少有些牽連的關係。不用說，和靄理士也不免增加了好幾分的契闊。不過，在這時期裡，契闊則有之，忘懷則沒有。至少有三件小事可以作證。一是斷斷續續地閱讀過好幾種靄氏的其他的作品，其中至少有兩種是和性的問題有直接關係的，一是《社會衛生的任務》(*The Task of Social Hygiene*)，一是《男人和女人》(*Man and Woman*)。二，曾經有一位以「性學家」自居的人，一方面發揮他自己的「性的學說」，另一方面卻利用靄氏做幌子，口口聲聲宣傳要翻譯靄氏的六、七大本《研究錄》，同時卻在編印不知從何處張羅來的若干個人的性經驗，究屬是否真實，誰

譯序

也不得而知；和這種跡近庸醫的「學者」原是犯不著爭辯的，但到忍無可忍的時候，譯者也曾經發表過一篇駁斥他的稿子。三，靄氏在這時候已經是一個 70 歲上下的人，學成名就，不但在性心理學上是一位最大的權威，在人生哲學與文藝批評的範圍以內，也有很大的貢獻，美國評論家 H·L·孟肯（H. L. Mencken）甚至於稱他為「最文明的英國人」（the most civilized Englishman）。所以在這幾年裡，坊間出版的靄氏的傳記至少有兩部，其中有一部譯者是特地購讀過的；抗戰以後，書劍飄零，如今雖連書名與作者都記不起來，但當時曾經在《中國評論週報》（*The China Critic*）上寫過一篇稿子，來表示我個人對於靄氏人格的敬慕，叫做〈人文主義者的靄理士〉（*Havelock Ellis as a Humanist*）。

譯者並不認識靄氏，也始終不曾和他通過信；但二十年來，總覺得對他要盡我所能盡的一些心力，總好像暗地裡向他許過一個願似的。以前學問的授受，有所謂私淑的一種，這大概是一種私淑的心理吧。至於譯者所許的願，當然也是一般私淑的門弟子所共有的，就是想把私淑所得，縱不能加以發揚光大，也應當做一些傳譯的工作。七大本的《研究錄》，價值雖大，翻譯是不容易的，事實上也似乎是無需的，因為，有到可以讀這全部《研究錄》的學力的人，大抵也懂得英文，無須傳譯；也因為，《研究錄》是一種細針密縷的作品，最適宜於閱讀與參考的人是醫師、心理學者和其他有關係的學術專家，對於一般的讀

者，總嫌過於冗長，過於煩瑣。上文所提的那位「性學家」就根本沒有考慮到這一層，否則他絕不會把他想翻譯這部書的宏願輕易發表出來。

不過七冊之中，第六冊或第六輯是比較例外的。它的內容固然是和其他諸輯一樣的冗長煩瑣，但題材不同，每一篇論文都代表著性與社會的關係的一個方面，即在一般的讀者也一定會感覺到不少的興趣。所以在 1934 年的春季，譯者特地選譯了兩篇，每篇成一本小書，《性的教育》與《性的道德》，交由上海青年協會書局出版。以此比靄氏的等身著作，可以說是腋之於裘，勺水之於滄海，但歷年私許的願，總算是還了一些了。

譯者在翻譯這兩篇論文的時候，時常聯想到以至於抱怨著，靄氏為什麼不另寫一本比較盡人可讀的性心理學，一方面把《研究錄》的內容擇要再介紹一過，同時把《研究錄》問世以後二十年裡這門學問所已獲得的新進步補敘進去。原來在這二十年裡，性心理學有過不少的發展，而此種發展又不止一方面：一是由於精神分析學派的繼續的努力；二是人類學中所謂功能學派對於比較單純民族性的生活調查與研究；三是醫學界對於個人性生活的統計蒐集與分析。這三方面的發展，靄氏本人雖沒有直接參加，但靄氏對於它們多少都有幾分啟發與感召的影響，並且始終極關切地加以注視。

其實譯者在作這種願望的時候，靄氏已經寫好了這樣的一本書，題目就叫做《性心理學》（*Psychology of Sex*），並且在英、

譯序

美的出版界已經流行了一年之久！中國坊間對於英文原版書的運售是一向落後的，教科書如此，非教科用的一般課餘或業餘的讀物尤其如此，所以一直等到1934年秋天，譯者到清華大學任教，才看到這本新書，那時候它和世人相見已經快有兩年的歷史了。

譯者多年來許下的願望到此該可以比較暢快地還一下了。還願的心早就有，還願的心力自問也不太缺乏，如今還願的方式也有了著落，但是還願的機緣與時間卻還未到。教讀生涯本來比較清閒，但加上一些學校的行政，一些零星研究與寫作的需求，荏苒六、七年間，也就無暇及此。一直到抗戰軍興，學校播遷，零星研究既少資料，短篇寫作又乏題材，於是又想到了靄氏的這本《性心理學》，譯事於1939年11月13日開始，至1941年11月26日竣事，兩年之間，時作時輟，有間斷到三個月以上的，但最後總算是完成了。記得靄氏在《研究錄》第六輯的跋裡，第一句就引一位詩人的話說：「我天生要做的工作現在是完成了。」（The work that I was born to do is done.）譯者不敏，至少也不妨說：「我二十年來記掛著的一個心願現在算是還了！」

《性心理學》原書包括序文一篇，自緒論至結論凡八章，除緒論不分節外，每章分兩節至十節不等，名詞注釋一篇，最後是索引。索引照例未譯，名詞注釋分別見正文中，未另譯；序文最後三段未譯，原因見譯者附註，其餘全部照譯，絲毫沒有刪節。

譯筆用語體文，於前輩所持的信、達、雅三原則，自力求其不相違背。譯者素不喜所謂歐化語體，所以也力求避免。譯者認為一種譯本，應當使讀者在閱讀的時候，感覺到他是在讀一本中文書，和原文的中文書分不出來，越是分不出來，便越見得譯筆的高明。往年譯者摘譯美國人文地理學家埃爾斯沃思・亨廷頓（Ellsworth Huntington）的《種族的性格》（*The Character of Races*）和傳教士明恩溥（Arthur Henderson Smith）的《中國人德性》（*Chinese Characteristics*）（今均輯入《民族特性與民族衛生》一書中），後來譯〈性的教育〉（*Sexual Education*）與〈性的道德〉（*Sexual Morality*）兩文，也力求不違反這樣一個旨趣。至於這一旨趣究屬對不對，是要請讀者及其他作譯事的人加以評論的。

本書約 34 萬言，其中約十萬言是注和附錄。注分三種。一是靄氏原注，占十分之一不足。二是靄氏所引用的書目。這又分兩部分，一部分是見於《性心理學》原書的，比較簡略，一部分則見於《研究錄》，由譯者就可以查明的查明輯入。這第二種注約占十分之二。三是中國的文獻與習慣中所流傳的關於性的見解與事例，所占當在十分之七以上。這當然是就譯者瀏覽與聞見所及斟酌輯錄，意在與原文相互發明，或彼此印證，也所以表示前人對於性的問題也未嘗不多方注意，所欠缺的不過是有系統的研究罷了。關於同性戀，資料較多，若完全放入注中，頗嫌其分量不稱，所以又做了一個附錄。

譯序

　　靄氏於去年作古，他的自傳《我的一生》(*MY Life*)，也於去年出版。譯者於去年九月底就從友人處借到這本書，讀完以後，還留下一些筆記，準備替他做篇小傳，附在本書後面。但是不幸得很，這一部分的筆記，後來在路南石林之遊的旅途中全部失落，原書又已交還友人，如今遠在幾千里外，一時無法再度借讀，補此缺憾！今目錄附錄中雖列有〈靄理士傳略〉一目，恐最早需再版時才有兌現的機會。

潘光旦

原序

我以前做性心理學的研究，前後曾經出過七本《研究錄》（*Studies in the Psychology of Sex*）；讀過這部《研究錄》的人時常談起最好再有一本篇幅較少、內容比較簡括的書，來做一個引論。他們說，一般當醫生的人或年輕學生，平常的工作夠忙了，再要他們來精研熟讀卷帙浩繁的《研究錄》，事實上不太可能；何況，在他們看來，性心理學多少又是一種額外的學問而不是非讀不可的。不過，性的題目，就精神生活與社會生活的各種方面看來，畢竟是一個中心的主題；到了今日，它的重要性也多少已經為一般人所公認，甚至於過分地受人重視。[001] 從事於醫學衛生的人要不加注意，事實上也有所不可能，他不能像他們的前輩一樣，把這主題忽略在一邊，而還可以照常從事他的工作；即使他不忽略，而予以適當的注意，事實上也不至於受人指責，認為這種注意是不切題的或有傷大雅的。一般從事於醫學衛生的人固然都懂得一些性的解剖學、性的生理學和性的病理學，但就目前的需求而論，這斷斷乎不夠。

這一番讀者的見地我是很同意的。我一向覺得醫學衛生的

---

[001] 作者這句話是有些皮裡陽秋的。在西方，像在中國一樣，有些人在性的題目上大吹大擂，而借此賺錢。這些當然是對著借了科學藝術的招牌而大講其所謂「性學」的偽君子說的，至於專寫誨淫文字的真小人，那就很容易辨認，無須特別提出了。

原序

　　教育，在這一點上實在顯得貧乏和空虛，不能不說是一個大缺陷，而這缺陷很令人傷心。五十年以前，當我自己學醫的時候，性的心理方面的研究是完全沒有這回事的。在我的婦科學的教師的眼光裡，性的功能，無論是常態的或病態的，只是純粹的生理方面的事；當時只有一件事多少還有一點心理的意味，就是，他們警告我們不要聽從生育節制一派的胡言亂語——只有這絕無僅有的一件事，所以我到如今還記得。從那時候以來，我們總認為我們已經有很大的進步了。

　　其實不然，我們有的進步都是很零碎的，這裡一點，那裡一點，很難在任何國家找一些比較普遍的或顯著的進步。弗蘭克爾（Fraenkel）就說過：「大多數的婦科專家實際上根本不了解什麼叫做性。」西奧多・亨德瑞克・范・德・維爾德（Theodoor Hendrik van de Velde）認為這句話到現在還適用。固然我們也得承認，我們如今也有少數很有榮譽的例外。近年來的醫科學生也對我說，在性功能的心理與生理關聯的方面、這方面容易因刺激而發生紊亂和變態，以及這方面應有的衛生，他們一點也得不到教師的講解。近代的醫學院裡還是保留著不少的古代迷信，而醫科學生所得到的待遇大致上也很像百年前小學兒童所得到的待遇，那時，教師對他們真是恭敬極了，恭敬到一個程度，連植物學都不敢教給他們，植物不也有雌雄嗎？

　　經過比較長時間的躊躇之後，我最後決定寫這本小小的手冊，現在算是完成了。我用不著說，這本書的用意，並不在代替

我那七本較大的作品，也不打算就它們的內容做個總結。有人說過，那七本的內容大部分是講性的病理方面的，那是一個錯誤。我敢宣告，那七本拙作和前人著作不同之處，就在它們能特別注意到性現象的常態。在這一點上，這本小冊倒是和它們相同。以前有不少變態的人到我這邊來商討他們各自的問題，我的研究經驗當然有一部分就用他們做依據，那是不錯的，但是主要的根據，還是我對於常態男女的理解，我對於他們日常生活中各種問題的體會。同時，我以前也再三說過，常態與變態之間，沒有很分明的界線；一切所謂常態的人多少總有幾分變態，只不過所變的方向盡有不同；同時，所謂變態的人也為許多基本的衝動所支配，和常態的人一樣。

有人說得很對：「科學探討的目的是要把用實驗的方法所能證明的各種事實，用數學的符號呈現出來。」我們距離這個目標還很遠。我們目前所已達到的不過是第一個階段，固然也是一個必要的且有用的階段，就是，把性心理學看作自然歷史的一個分類。假使我們再想推進一步，則便有如弗洛伊德所說的，許多疑難的問題將隨處可見；弗氏是一位很有造詣的性心理學專家，這句話是他畢生研究後的一個觀察，當然是很對的〔弗氏語見《精神分析引論》（*Introductory Lectures on Psychoanalysis*）第二集的序言〕。

因此，我對於這本小小的冊子不用說什麼抱歉的話，它是簡單的、概括的。也許因為它是簡括的，它更容易達到醫學界

原序

的讀者與學生的手中。這本書原本就是為了他們寫的。不過，人人有性別，也人人有性的問題，這本書的對象當然也並不限於醫學界。有一部分的基本事實，是誰都應當熟悉的。我在這本書裡所能做的，不過是提供一些線索，好讓有志於深造與應付前途更複雜的問題的讀者，知所問津，至於這些問題的本身，本書旨在入門，當然是無法充分加以考慮的。

這些問題可以牽扯得很遠。德國著名的婦科專家馬克思·赫希（Max Hirsch）不久以前曾經說過，性的科學──也有人叫做性學──和醫科的大部分別的學問不一樣，它的範圍很難確定，它的邊疆沒有一定的界石。從它的中心射出了許多光芒，光芒所達到的，不只是一切醫科的部門，並且是鄰近許多表面上和醫科很不相干的學術領域，甚至可以說和全部的人類文化都有連帶的關係；順著光芒走，我們可以接觸到許多傳統的思想和習慣；道德和宗教也可能影響到它。我們也許記得勃拉德福德（Sir John Rose Bradford）的一句話，我們如今所謂的醫學，就廣義言之，就是一門「人類的自然史」。性的科學當然是醫學的一部分，自然無怪其與人類生活的各方面都有關聯了。

根據上文的說法，可知一個人要從事於性科學的研究而有所成就，必得有很深的閱歷和淵博的知識；還有兩個條件也是必不可少的，一是專門的訓練，二是特殊的性情。近年以來，也已經有不少的人涉足性科學的領域，但是他們的蹤跡與探尋的結果，是難得有幾個禁得起盤查的。要從性科學的田地裡撿

覓一些有利的東西出來，實在不是容易的事，所以任何嘗試的人在涉足以前不妨對於他本人的能力，多多地考慮一下。我在寫這本小書以前，也許已經考慮得夠多了，躊躇得夠久了，但我本人並不覺得太多太久；這是一本志在提供指南的書，我又何敢輕於嘗試呢？[002]

或許我還應當附帶說明一點。許多讀者打算把我的這本小書當作性心理學入門的指南來讀，他們想必都希望先知道一點我對精神分析學說的態度。因此，我不妨先在這裡說一下。精神分析學說對性心理學的各種解釋，從一開始就引起了普遍的爭論，而且肯定還會無休無止地爭論下去。我對精神分析學說一向採取同理的態度，但又從來不是這個學派的同調信徒。我的這種態度在本書的正文中表示得很清楚，大家讀到適當的地方自然就會明白。我在西元1898年英文版的《研究錄》第一輯中率先向英國大眾介紹了弗洛伊德最早期的研究心得，陳述了我對精神分析學說的見解。從那以後，弗洛伊德又陸續發表了許多作品，我的態度一如既往，始終是友善的，但也常常提出一些意見。我很樂意把弗洛伊德的《精神分析引論》(*Introductory Lectures on Psychoanalysis*) 推薦給我所有的讀者；因為它不僅是精神分析論方面最有權威的一本書，而且，對於時間和

---

[002] 按原序在這後面猶有文字三段：一旁論作者對於精神分析學派的態度，二敘作者於下文參考書目中專用英文書目的緣故，三說明作者於下文中曾節用他以前所作而曾在他處發表過的文稿。這三段對中文讀者，都比較無關宏旨，所以刪去未譯。（編者按：原序中對於精神分析學派的態度一段，此次重印時，已經補譯。）

原序

精力有限、只想透過讀一本書便能獲得有關精神分析論著的第一手知識的讀者來說，或許也是最好的一本書了；即使是對精神分析學說持全盤否定態度的人，想要忽視這部書裡出自睿智卓識和豐富經驗的研究成果，完全無動於衷，事實上也是很難辦到的。如果讀者還嫌這部書的篇幅太大，而只想讀點寫得更加簡短的文章，那就不妨去讀歐內斯特·瓊斯（Ernest Jones）的《精神分析論文集》（*Essays in Applied Psychoanalysis*），這是一本篇幅不大的小冊子，或者乾脆去翻一翻《現代知識綱要》（*An Outline of Modern Knowledge*）一書中關於精神分析學說的部分，那是約翰·弗呂格（John Flügel）教授的手筆，這兩部作品都是卓有見地的。威廉·希利（William Healy）、奧古斯塔·福克斯·布朗納（Augusta Fox Bronner）和安娜·麻耶·包爾斯（Anna Mae Bowers）三人合著的《精神分析學說的結構和意義》（*Structure & Meaning of Psychoanalysis*）也是值得一讀的好書，它論述詳盡，不偏不倚。精神分析療法的研究已經派分出若干不同的學派，文卷浩繁，讀不勝讀。如果讀者希望大概地知道一點各家的見解，我可以推薦約翰·恩尼斯·尼柯爾（John Ernest Nicole）所著的《精神病理學》（*Psychopathology: A Survey Of Modern Approaches*）一書；書中對精神分析療法的主要各家的不同觀點一一作了簡括明瞭的敘述。在精神分析的學術領域裡，不待說，弗洛伊德是公認的宗匠，但我們也沒有理由因此就把從他那裡衍生出來而分道揚鑣的人一概加以排斥。人類的心理

是多方面而難於捉摸的,不同學派的研究者各自抓住其中的某些角度去深入研究,多少總會有些自己獨到之處;我們固然要避免陷入完全不加分析的折中主義,但同時也應該注意採納所有不同學派的每一個合理的見解。

最後,我應當再說明一下,本書所論的性心理學,指的是性衝動或性功能的心理學,和兩性的各別心理學並不是同一回事,至於兩性的各別心理學,我以前在《男人和女人》一書裡,已經充分地討論過。[003]

靄理士(Havelock Ellis)

---

[003] 《男人和女人》也是作者網羅很廣的一本著作,1904 年初版,1929 年修正版。

原序

第一章
緒論

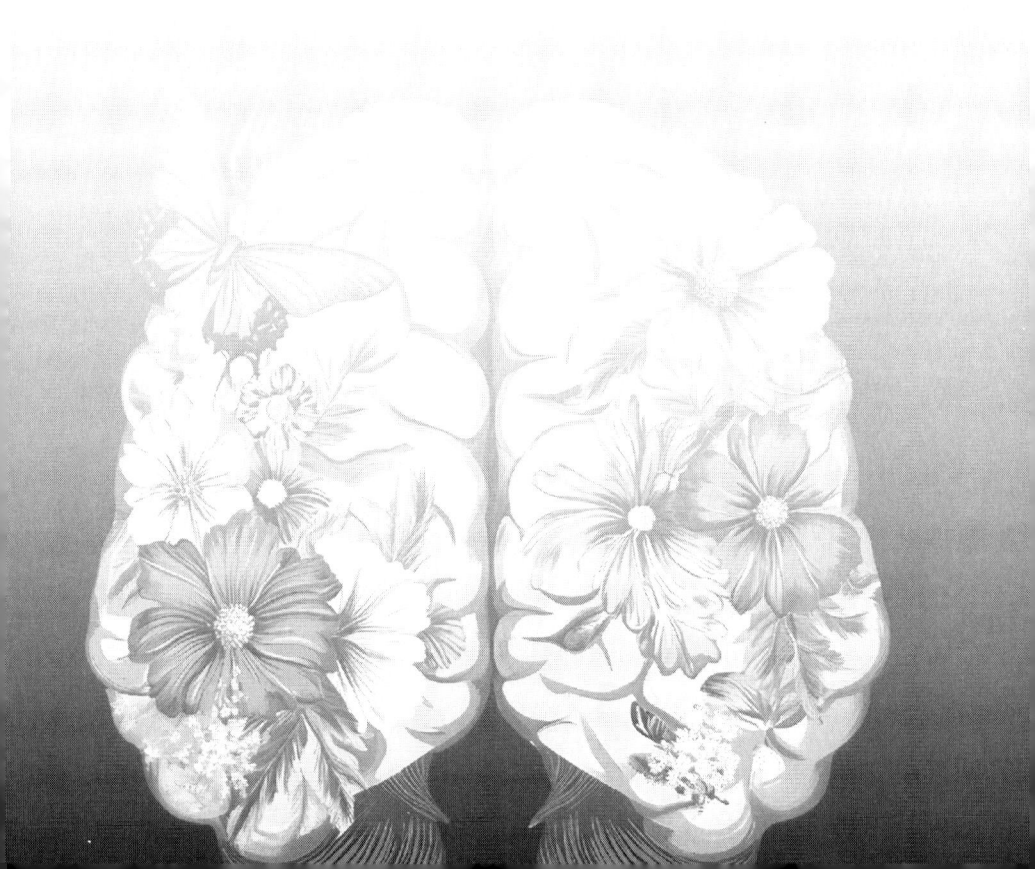

第一章　緒論

　　常態的性心理學、變態的性心理學與性衛生學，是當代很能喚起一般人注意與興趣的學問；這種注意與興趣，在二十世紀以前，可以說是夢想不到的。今日的年輕男子，對於性的作品或文獻，往往知道得很多，說來頭頭是道，而年輕女子對這個主題也是富有探討的精神，不再表示那種迴避與忌諱的態度，這在她的老祖母看來，可以說是絕對的褻瀆神明的一回事。[004] 在幾年以前，一個人若從事於科學的性的研究，在一般人的眼光裡，這個人至少是有不健全的傾向，甚至是根本上有惡劣的癖性。但在今日，性心理學者與性衛生工作者是很受人歡迎的，而歡迎得最熱烈的往往是一些提倡私人道德修養與維護大眾道德原則最有力的一批人。

　　這種社會態度的變遷固然和醫學的發展有關，但除了最近幾年以外，醫學界的貢獻實在不能算大。這種變遷大約開始於百年以前，最初在德、奧兩國，後來在別的國家。當時的開山祖師無疑的是幾位醫師，但他們是孤立無助的，其他同行的人，狃於成見，十之八九不免以白眼相加。在醫科的訓練中，性心理與性衛生是沒有名分的，性生理學的地位幾乎是同樣的低微。一直要到幾十年前，醫學界才有第一本真正科學的和包羅夠廣的性生理學與世人相見，這就是法蘭西斯·馬歇爾

---

[004]　這種忌諱的態度，在中華文化要好一些。中華文化以前固然也說不上什麼性的教育，但父之與子、母之與女，多少總有些根據經驗的告誡的話；女兒在月經初來的時候與將近出閣的時候，做母親的總要留一番心，說幾句話。

(Francis Marshall)的那一本。[005]

　　一般大學的生物教本既根本不理會性的解剖與性的生理，彷彿性的機能和動物的生活沒有一點關係，醫學院裡的教本也完全不理會性心理究竟是什麼東西。這種精神是一貫的。不過這麼一來，一個醫師，在他診治病人的時候，所必需的這方面的科學知識，往往還不及病者本人所知的多；有時候他不但吃知識不足的虧，甚至弄出人命來，並且到處受陳腐的成見與習慣的束縛而莫名其妙。為了掩護他的諱莫如深的態度，他往往乞靈於宗教與道德的信條；殊不知當初有一位基督教的教父早就明說過，凡是上帝自己創造而不引以為羞恥的東西，我們也不應當引為羞恥而不說。這些醫師，名為奉教極篤，連這一類的話都記不得，實在教人詫異。

　　這種知識的缺乏與忌諱的態度還造成一種嚴重的惡果，就是將有性的精神變態的人認為是「邪氣所鍾」，而把他的變態叫做「邪孽」(perversion)，因此就把這種人不分皂白地叫做「邪孽之人」(pervert)。一般人對邪孽與邪孽者只有一個態度，就是：如見蛇蠍，避之唯恐不及。因此，性變態的人去訪求醫生只有失望一途。醫生不是告訴他說，他的病症無關緊要，可以不必治療，就是根本認為他有惡劣根性，無可救藥。在以前，這種例子是很多的。失望的例子一多，去訪求醫生的性變態的人便

---

[005] 馬歇爾著有《生殖生理學》(*The Physiology of Reproduction*) 一書，是這方面的一本名著。

第一章　緒論

逐漸地變少，於是便有一部分極有經驗的醫生也往往對人說，性心理變態的例子是極難得的，他本人幾乎沒有遇到過。

這種見正不見邪的態度無疑也有它的用處。一個醫生，模模糊糊一口咬定人世間只有正常的東西，而對於變態的東西，故作不聞不見，這多少對病人也是一個良好的刺激，多少有一點感化的力量，教他往正道上走。不過我們要曉得，精神的健康和身體的健康，在這一方面是理無二致的；在設法恢復常態以前，醫生對於一個病人的變態，總得有一個精確而明智的了解。我們要他前進到一個目的地，我們總應該先知道他目前所處的是怎樣的一個地點。應付身體的變態我們便應如此，更何況所謂精神的變態，其範圍之廣且不易捉摸的程度，又在身體的變態之上呢。更有進者，一部分的精神變態，其程度往往不深，不妨看作尚在正常的範圍以內，而所謂正常的範圍又大抵因人而微有不同，要了解一個人的正常範圍，我們在觀察他後天的行為之外，更需推尋他的先天的性心理方面的本質，否則，治療的結果，表面上好像是把他引回了正路，而實際上這條正路也許是張三或李四的正路，而不是他的正路。

因為我們對於性變態的了解不深，我們才有各種很隨便、很千篇一律、而實際上很不相干、甚至於會惹禍的應付方法。例如，我們喜歡替這種人出主意，教他結婚，以為結婚之後，變態可以不藥自癒。[006] 這種主意有時候是出對了。但若我們對於

---

[006] 這一類的主意中國人也喜歡出，一個人患早熟癲或俗語所謂桃花癲，一般的親

一個人的變態的具體情況沒有充分的了解,這種主意雖好,在起初總是亂出的。試問我們有什麼把握來預測這主意一定會產生效力;試問出了更大的岔子又怎麼辦。這一番警告可以適用於一切主意與亂出主意的人。性是一個整體的現象,我們說一個人渾身是性,也不為過;一個人的性的特質是融貫他全部本質的一部分,分不開的。有句老話說得很有幾分道理:「一個人的性是什麼,這個人就是什麼。」我們不懂得這一點,而要替旁人在性生活的指導上出主意,是枉費心力的,一個人本人有時候還認不清楚他的性的本來面目,他也許正經歷著青春期裡的一個不太正常的階段,但這是很暫時的,他若少安毋躁,終於會達到一個比較正常與恆久的狀態。也許,因為某種特殊而過分的反應,他把他本性裡的一個不太重要的衝動錯認為主要的衝動。要知凡是人,都是許多衝動組合而成的,有正常的衝動,也有不太正常的,而在性的方面所謂正常的人未必一定得天獨厚,也不過是能夠把一些不太正常的衝動加以控制罷了。不過就總體而言,一個人的性的特質是無微不至的,是根深蒂固的,是一經成熟便終身不移的,並且大部分是先天遺傳的。

同時,我們在指定先天與後天的界限的時候,也應該特別小心。一方面,我們得承認所謂後天也許並不太後,至少比以前的人所相信的要先得多;而另一方面,所謂先天,往往又是非常奧妙或非常隱晦,也許終其人的一生,也沒有被人發現。

戚朋友總以為結了婚會好,就亂出主意,勸他家裡替他結婚,結果十有九個是非徒無益,而又害之。

第一章　緒論

　　不過，就總體而言，先天與後天，或遺傳與習慣，是分不開的；一粒種子之所以能生長的緣故，正因為碰上了適宜的土壤。如果在這裡像在別處一樣，那成就不應單獨歸功於種子，也不應單獨歸功於土壤，而應歸功於兩者的相得。同一父母的子女，根據格雷戈爾・孟德爾（Gregor Mendel）的遺傳法則（Mendelian inheritance）的道理，往往表現出很不相同的特質，即所發展而活動的未必是同樣的種子。不久以前，倫敦兒童導育所的監督曾經說過，同樣的一個刺激或一種壓力可以使哥哥偷東西，而讓弟弟異乎尋常地害羞。遺傳與環境相與的道理，是異常複雜，非專重遺傳或專重環境的人所能片言決定，也就由此可見了。

　　這一番考慮也可以幫我們或醫生的忙，教我們為性心理變態的人出主意的時候，更可以審慎一些，甚至於可以限制我們的主意或勸告對於病人所能產生的影響。性的衝動原是比較不容易接受治療影響的，至少比飲食的衝動要難。這其間又另有一個原因。本來，性衝動在許多情況下也是可以加以指導和控制的，有些人不願意承認那麼多，固然是眼光短淺，但實行起來也不是可以漫無邊際的。性衝動所受的宗教、道德與社會習俗的牽制，要遠在飲食的衝動之上，遠得幾乎無法相比；性衝動所走的路，不是這條被宗教堵上，便是那條被道德塞住。一小部分的醫師到如今還主張這一類堵塞的力量是可以不管的。他們說「我們是醫生，和道德習俗沒有關係」，只要對病人有利，他們就勸告病人怎樣做，道德或習俗要說什麼話，只好由它們

說。不過這種態度與行為是很淺見的，它可以把病人弄得很難堪，左也不是，右也不是，它可以造成各種矛盾與衝突，對於病人的病，有時候非徒無益，而又害之，舊病未去，新病又來，而新的比舊的還要難治。要知道性衝動有一個特點，和飲食衝動大不相似，就是，它的正常的滿足一定要有另一個人幫忙，講到另一個人，我們就進到社會的領域，進到道德的領域了。任何方面的行為，誰都沒有權利損人利己，誰也沒有權利替人出損人利己的主意。為病者個人著想，假如我們把利害的利字用包羅最廣與最合理的眼光來看，損了人也絕不會利己，良心與道義上的譴責對他便是大不利的一件事。這一類的考慮，一個有見識的醫師是不會忽略過去的；儘管他打定主意，他對於病人的勸告不肯從俗浮沉，與時俯仰，他還得尊重一部分善良的風俗習慣。這些考慮也是很真切而極關緊要的，它們是我們傳統社會生活的一大部分，融通貫注在社會生活裡面。因為有這些考慮，一個醫生，要稱心如意地、不顧一切地根據生物科學的知識，來開些性心理方面的處方，十之八九是不可能的。[007] 在這種情勢之下，他當然不免有束手無策的痛苦，一個病人擺在他前面，請他治療，而這病人所以致病的因素，卻全不在他的控制能力之下，也難怪其無所措手了。不過他應該知道，假如一個病人的病是工作過度或營養不足的結果，試問他對於造成工作過度與營養不足的各種因素，又何嘗能控制呢？

---

[007] 西方醫師遇到這種症候，認為性交合也許可以治療，就教病者去尋覓這種機會，所以作者才有這一番很負道德責任的議論。

第一章　緒論

他雖不能控制於先，他還得設法診治於後，不是一樣的嗎？

同時，我們還有一點應當注意到，病人的道德環境固然不應漠視，我們卻也不應陷入反面的錯誤，就是把道德環境看作一成不變、動搖不得。道德標準是不斷在變遷的。今日所認為合乎道德或至少可以通融的許多東西，在五十年前是很不合乎道德，只可以暗中進行而不許公開的。今日有許多著名的醫師，適應著新的環境，在性的方面公開地著書立說，啟迪後進，若在幾年以前的環境裡，他們即使關了門也是不敢講的。所以就大體而言，醫學界對於道德環境的轉移，也未嘗沒有他們的一部分貢獻；醫學界的任務既在為社會圖謀福利，為民族增進健康，這一部分的貢獻當然也是應有的事。但是做醫生的人所應注意的畢竟還是每一個病人的具體處境。

經過這一番討論之後，可知我們對性心理有變態的病者，可以無須過於悲觀，更不應看作逸出醫學範圍之外；悲觀或不聞不問的態度總是一個錯誤。事實應該是恰好相反，性心理的病態，正因為是心理的、精神的，在治療的時候是可以試用一些間接方法的。這種方法，如果用於偏重體質的病態，或用於直接影響所以造成體質病態的因素，例如工作過度或營養不足，就不行了，在這方面醫師的直接方法也常常無能為力。這種間接的方法，或不用藥物的方法，往往是很有幾分效力的。一個醫師和性變態的病人一度面談以後，在醫師方面，也許正感覺到一籌莫展，而在病人方面，則已經在暗地裡表示極誠懇的感激；

原來，面談的結果，他確實是比以前有進步了。這種結果不一定是由於暗示的力量，而是由另一種相反而同樣是自然的力量，就是在面談之頃，病人多少有一個機會自動地把他的問題交託給醫師，而把他的積壓著的心事，傾筐似的從意識裡宣洩出來，結果是精神上的積壓減輕了，緊張放鬆了。這便是弗洛伊德[008]的全部精神分析方法的一個起點。在病人對醫生和盤托出地作自白的時候，儘管醫生不發一言，只要他能靜心聽取，表示充分的理解與同情，他已經多少盡了他的治療責任；病人的性衝動，縱不因一、兩次的面談而恢復常態，至少他的變態的程度減輕了，闖禍的機會也減少了，他的一般精神生活多少也回到它應有的和諧與平衡的狀態。天主教中發展得很完備的認罪與赦罪一類的宗教制度也建立在這個心理原則之上，儘管它同時有別的用意，但對於認罪的人的益處，總是一樣的。有許多性心理上有問題的人，不信任醫生會對他表示什麼同情，往往直接向牧師請教，不管牧師的宗派如何，但須能給他一個自白的機會與同情的慰藉，他的問題就解決過半了。這一種精神治療的入手方法，用在解決性心理方面的紊亂特別奏效，也正是做醫生的應有的一套本領，假若把它看作宗教的一種儀節或看作和走江湖的催眠或其他暗示的方法同屬一丘之貉，從而加以鄙薄，那就不對了。不管我們對弗洛伊德學說的發展怎麼看，是他親手證明的也罷，是經由別人證明的也罷，他的特殊貢獻之

---

[008] 詳見弗氏所著《精神分析引論》。

第一章 緒論

一便是很早就承認這一種精神治療的用處,很早就發現精神治療的一大祕訣,和畫家與雕塑家的祕訣一樣,不但要向對象身上加些東西上去,並且要從對象裡面取些東西出來。從一個病人身上取出不少的莫須有的積壓與屈而不伸的情緒,從而恢復他的精神生活的常態,不就是這種手法嗎?

第二章
生物學

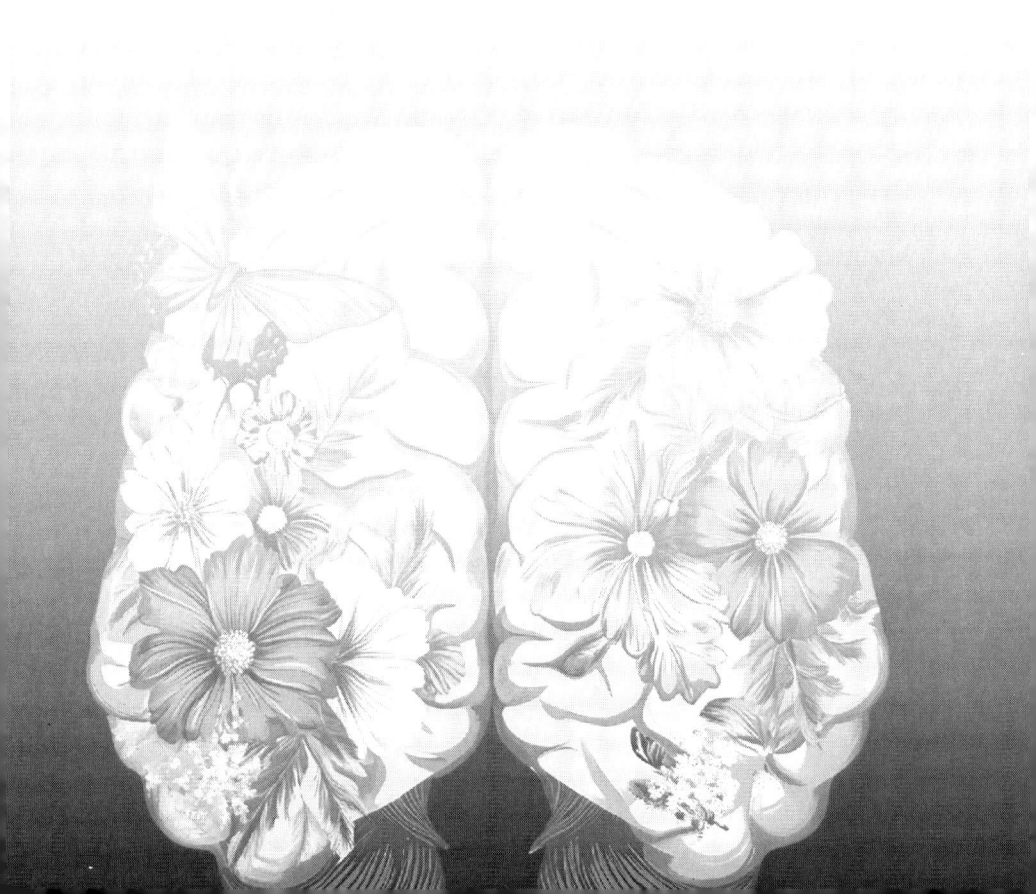

第二章　生物學

第一節　生理基礎

生殖是生物界極古老、極基本的一個功能,所以行此功能的機制也是非常複雜,雖在今日,我們還未能完全了解。生殖不一定與性有關,性亦不一定與生殖有涉,但是性器官與性特徵的充分發展,好比全身的發展一樣,是建立在配子或生殖細胞——男子的精細胞與女子的卵細胞——的健全之上的。所謂健全,指的不止是雙方生殖細胞的本身,而是包括受精作用後產生的合子或胚胎與後來胚胎的全程發育而言。性是什麼?就是最高的性研究權威也不敢輕易下一個定義;但我們不妨解釋一下。性的決定和細胞裡的所謂染色體有關。在生殖腺裡尚未分化的生殖細胞中,染色體早就有它足以斷定性別的組織。細胞在靜止的狀態中,所謂染色體還不成其為體,而是細胞核裡的一部分的成分,就叫做染色質;到了細胞分裂的時候,染色質才凝聚成若干條形或棍狀的物體,而自動地排成一種陣勢,這才是染色體。染色體的數目因物種而有不同,但在同一物種之中,這數目是不變的。人類實在都屬於一種,所以不論黃種人、白種人或黑種人,也不論男女,這數目是一律的。[009]不過男女之間有一對染色體是不一樣的,這一對,在女的方面,細胞學者叫做 XX,而男的一方則叫做 XY,而其中的 Y 比

---

[009] 中國舊有陽奇陰偶的說法,今就染色體的數目而言,不能不說是一個巧合。下文乾道坤道云云,不用說是譯者添上的。

較短小,可以分辨出來,這就是性別的關鍵所在。這不單是人類男女之所由區別,也是一切哺乳動物的牝牡相異的原因(其在鳥類,則雌雄之分恰好相反,即雌為 XY 而雄為 XX,或別稱為 WZ 與 ZZ)。這裡所講的是一般身體細胞與未成熟的生殖細胞的情形。但生殖細胞一到成熟而分裂的時候,又有些新花樣出來了。它們實行減數分裂。分裂的結果,兩個子細胞或配子各得每對染色體中的一條,至於得那一條,就完全是碰巧的事了。因此,雌性動物經過複雜的步驟生成的雌配子或卵細胞只有一種,即凡屬卵細胞皆含有 X 染色體,而雄性動物經由類似的過程生成的雄配子或精細胞則有兩種,一種含 X,一種含 Y,當性結合而發生受精作用的時候,假如含有 X 的精細胞與卵細胞遇合,則兩 X 相偶,成為女性,假如含有 Y 的精細胞與卵細胞遇合,則成為男性;男女的性別就是這樣決定的。這裡也是男女的性別一生發育的起點。〔經過赫伯特‧麥克林‧伊文斯(Herbert McLean Evans)與奧利芙‧斯威齊(Olive Swezy)二人詳盡的研究,已經把這個問題廓清了。〕按照現在大家公認的孟德爾氏遺傳法則,性別的決定和發育往往有各式各樣的變異現象,由於本書的範圍有限,我無法在此作過細的敘述。有關孟德爾式遺傳過程的知識,最初是由研究低階的生物取得的,而在人類方面的這些遺傳過程則表現出更多、也更複雜的變異。

總之,性是在成胎之頃便決定了的;可見社會上想在胎期

第二章　生物學

內影響性別的各種方法,全都是無的放矢,我們略過不提。[010]不過,男女之間的鴻溝也不是畫得極清楚的。我們得假定男性中可以有幾分女,或女性中有幾分男,這幾分到底表現不表現或表現到什麼程度,就要看情形而定了。遺傳學家法蘭西斯‧艾伯特‧艾利‧克魯(Francis Albert Eley Crew)說得很對:「在每一個受精的卵裡,不論其性染色體的組織是 XX 或 XY,總具備一些促進發育的生理基礎,這種基礎和促進發育的動力是多端的,有的要促進這個個體向男性的形式分化,有的要促進向女性的形式分化。」[011]

要說性染色體以外的這方面知識,我們就得聊到所謂內分泌腺的作用了。腺體學的發展還是 20 世紀以內的事;它和性心理學的關係是非常密切的。

我們可以說性也是由腺體的組合所決定的,即許多內分泌腺之和所決定的。接著我們要說的一點可以說已經是確定的:在腺體組合之中,假如睪丸的確處於一個中心的地位、而腺體組合的活動受它領導的話,這個人是不成問題的一個男子,否則,假如處於中心與領導地位的是卵巢,這個人便成為女子了。這樣的男女各有其正常的第一性徵與健全的性器官的發

---

[010]　論者謂這種左右性別的「學說」,在西方多至二百五十多個;在中國也不少,可惜還沒有好事的人替它們統計過。

[011]　在這一點上,克魯氏有兩種文稿是值得參考的,一是他的一本專書,叫《動物的性遺傳學》(*The Genetics of Sexuality in Animals*);二是一篇論文,就叫〈性〉(*Sex*),是威廉‧羅斯(William Rose)所編《現代知識綱要》(*An Outline of Modern Knowledge*)中的一篇。

第一節　生理基礎

展。到性發育成熟的時候,一切應有的第二性徵以至於第三性徵也就發展得很完備。所謂第一性徵包括性器官的根本差異,是最容易辨別的;第二性徵,如男子之有鬚,女子之喉音尖銳等,也是一望而知的;至若第三性徵就不容易指認了,我們必須把兩性的特點做一番統計研究,才看得清楚。各級性徵都可以有很大的變異。性腺與第二性徵可以向間性(介乎男女之間的雌雄間性)的方向移動,其移動得特別多的,可以在身體方面或精神方面,變得像一個異性的人,甚或兩方面都像。

我們現在相信這些特徵,大都可以追溯到腺體的作用上。腺體有分泌,這種分泌又叫做「荷爾蒙」(hormone),是一種有激發作用的化學信使。內分泌腺並沒有通到外方的管子,分泌物或荷爾蒙直接由血液輸送到身體的各部位。性特徵的發育是由於荷爾蒙的刺激或抑制的作用,而此種特徵的變異也由於荷爾蒙的太多,或太少,或輸送的不正常而來。不但性特徵如此,就是一般的體格、性情、興趣也是同樣的受荷爾蒙的支配,甚至原來是男性的,可以變得像一個女子,或恰好相反。一種荷爾蒙的功用失常,也會牽動其他各種的荷爾蒙。各個內分泌腺本是一個和諧與平衡的系統,到此這種和諧與平衡就無法維持了。這方面的研究近來很多,也是各國都有;新的事實與新的觀點不斷地出現。最近的一些發現裡特別注意到腦下垂體腺(pituitary 的前葉),認為它的荷爾蒙有特殊的激發力量;腎上腺(adrenal)的重要性也比以前顯著了。而性腺如睪丸與卵巢,

第二章　生物學

相形之下,反而比以前看得尋常起來。這也許是對的,威廉‧布萊爾－貝爾(William Blair-Bell)早就主張過,卵巢或睪丸的地位和腦下垂體腺、甲狀腺(thyroid)等的地位沒有什麼高下,「大家全都是一條索鏈裡的一些環節,這條索鏈就是一個系統,不妨叫做生殖的系統(gametal system)」。[012] 睪丸所分泌的荷爾蒙,叫做「雄激素」(proviron),對於男性第二性徵的發揮有特別責任,這一點是已經確定的了。卵巢所分泌的有兩種荷爾蒙,一叫「雌激素」(oestrin),一叫「孕激素」(progestin);這兩種荷爾蒙的功用現在還不太清楚。這方面的知識離系統化的程度還早,不過從事於性心理學的人,對於目前正在進行中的許多生理的與生物化學的研究工作,至少也應當曉得一點,這種研究的結果是一天比一天多,只要翻看各種醫學和生物化學的刊物,就可以知其梗概了。

我們對於這些新的發展固然無法也無須從詳討論,不過有一點我們不能不了解,就是一種生理上的變遷,在以前認為是神經系統所主持發動的,現在我們應當認為是內分泌系統所主持發動的了,至少我們認為內分泌腺系統的主動力量不在神經系統之下;有時候,內分泌腺的活動固然也聽命於神經系統,但有時候,也與神經系統很不相干,甚至於神經系統與神經中樞的活動反而受內分泌的化學作用的影響。

---

[012] 見貝爾在《英國醫學期刊》(*British Medical Journal*)所發表的〈保守性的婦科外科論〉(*Conservative Gynaecological Surgery*)一文,1931 年 4 月 18 日。

第一節　生理基礎

要是我們接受沃爾特・蘭登－布朗（Walter Langdon-Brown）的見解[013]，我們不妨說，內分泌腺是低階動物各種化學機制的器官化與系統化的精品；當初低階動物為了適應環境，就靠這些機制。這樣說來，它們的歷史就在神經系統的發展之前了。

內分泌腺的由來甚遠，有一個很有趣的證明，就是產生各種分泌或荷爾蒙的器官都是一些進化史上很古老的甚至是退化的結構，例如腦下垂體腺與松果腺（pineal）。同時，我們也應當記住，內分泌的來歷雖古，因其激發或抑制的力量而產生的特點卻是一些富有人性的特點。這一點，在幾年以前，路易斯・博爾克（Louis Bolk）早就特別提出來過；並且，在人類學家阿瑟・基思（Arthur Keith）的眼光裡，人類中種族的分化與構成也未嘗不由於內分泌的作用。後來神經系統逐漸發展，以至於居於各系統中的強勢地位，它就和這些早就存在的化學機制產生連結，尤其是它所管轄臟腑一帶的最下級的部分，即所謂交感系統（sympathetic system）和副交感系統（para-sympathetic system）。交感系統，大致上與代謝作用的「謝」的方面和生理的興奮活動有關，所以就和腦下垂體腺、甲狀腺及腎上腺有連帶關係；而副交感系統的功用既和代謝作用的「代」的方面與生理的抑制活動有關，便和胰腺（pancreas）產生了連繫，同時，間接地，也和副甲狀腺（parathyroid）產生了連繫。代與謝的作用是對峙的、不相上下的，而生命的節奏就樹立在雙方的均勢之

---

[013] 詳布朗〈內分泌與其相關的神經疾病〉（*Endocrines and Associated Psychoneuroses*），載《英國醫學期刊》，1932 年 2 月 6 日。

第二章 生物學

上。性腺,即睪丸或卵巢的分泌,則和代的作用一方面有關,即和交感的神經系統及甲狀腺等互相刺激。至於松果腺和胸腺(thymus),雖然不是真正的內分泌腺(因就目前所知,它們並沒有什麼分泌),對於整個腺體系統的作用,大致上是另一種的,即對於性發育有抑制的影響,而對於身體的發育,則有促進的影響。

各腺體之中,腦下垂體腺實在是一個主腦:有人說過,假如腺體組合是一個樂隊,它就是隊長;這個比喻是不錯的。這一個像一粒豆而和腦部用一根小莖連接起來的東西,古代的解剖學家就視為一個雛形的腦,如今想來,這個看法不完全是錯的。生理學家與內分泌學家哈維・庫興(Harvey Cushing)說得好,「在這裡,在一個隱蔽得很好的所在,就藏著原始生活的唯一的泉源,原始生活之所以能飲、能食、能產生情緒、能生殖傳種,飲水思源,都是它的功勞;而在這泉源之上,到了人類,又努力加上一層大腦的外皮,令飲食、情緒與生殖的生活有所節制,而這種努力是多少已經成功的。」這個腺體對於性發育的影響,我們現在也比從前清楚了,赫伯特・麥克林・伊文斯(Herbert McLean Evans)和米莉安・伊莉莎白・辛普森(Miriam Elizabeth Simpson)的研究,已經發現腺體內一部分的細胞對於性發育以及體格的成長有因果關係。

甲狀腺,有人叫做「巧同造化的腺體」,也和生殖機能有重要的關係。曾經有人一度認為它不但和生殖的造化有關,也

第一節　生理基礎

和一切創造的活動有關，包括理智與藝術的創造在內，實際上這種主張又過頭了。它分泌的精華，就叫做甲狀腺素（thyroxine），對於一般的營養狀態，也有漸進的影響（同時，我們應該知道，這種腺素目前已經可以用人工合成）。

腎上腺的腎上腺素（adrenaline）（也可以用人工合成）對於心臟、血管、肝臟、唾腺、大小腸、瞳孔和脾臟都有著很急遽的影響，腎上腺素的支配雖廣，但在分泌的時候，受到神經系統的嚴密控制，有一位研究家圖爾納德（Tournade）在這方面研究得很清楚。

各內分泌腺之間也自有其相互的影響。把甲狀腺割除的結果，腦下垂體腺就會畸形地長大，反之，腦下垂體腺的早期割除可以令甲狀腺的發展中途停止。甲狀腺也可以刺激腎上腺，腎上腺則刺激肝臟，使它將儲藏的肝醣（glycogen）向血液中輸送，而肝醣的輸送又促進胰腺中胰島素（insulin）的分泌。腦下垂體腺的前葉，似乎產生三種不同的荷爾蒙或分泌，一是促進體格成長的，二是刺激卵巢，促使卵巢濾泡（graafian follicle）成熟，而產生雌激素，此激素的功用則使子宮內部發生變化，讓它可以接受受精的卵；至於第三種荷爾蒙的效用，則使子宮內部作進一步的調整，以便受精的卵得所安宅。雌激素是卵巢所分泌的一種荷爾蒙，它對生殖機能有特殊的實際效用，婦女小解中有它，便是懷孕的一個明證，伯恩哈德・桑德克（Bernhard Zondek）和塞爾馬・阿什漢（Selmar Aschheim）的妊娠測驗便以

第二章　生物學

此為根據。

內分泌的化學作用和藥物作用有密切近似的地方。愛德華‧阿爾伯特‧沙佩－謝弗（Edward Albert Sharpey-Schafer）主張把荷爾蒙分為兩種，而給它們兩個不同的名稱，有促發性的叫「荷爾蒙」或刺激素，而有抑制性的叫「剎籠」（chalone）或抑制素，兩者合起來叫「自體激素」（autacoid），它們都是身體自己產生的近乎藥物的物質。[014]

總結上文，我們知道我們分析生理的現象，不但要歸結到神經的調節，並且要推溯到化學的調節；我們也知道精神或心理現象的背後，不但有神經系統的襯托，並且有化學機制的襯托，而後者似乎尤其重要。我們又得了解在我們身體之中，存在著許多物質，數量雖小，而種類甚多，力量極大，例如各種荷爾蒙、維生素以及從外界得來的各種血清物質與疫苗之類等等各種生物化學物質。我們對於這些生物化學物質的知識越進步，它們的意義便越顯得重大。但事實雖然如此，我們卻沒有理由把生物化學的名詞或術語輸入到心理學的領域。我們以前看見人家把組織學的術語引進到心理學，而認為它是一個錯誤，這種錯誤我們不應再犯。情緒歸情緒，無論在生理方面之所以促成它的，是一種有促發性的荷爾蒙，還是有抑制性的剎籠。[015]

---

[014]　沙氏作〈內分泌生理學〉（*Endocrine Physiology*）一文，見同上期刊，1931 年 8 月 22 日。

[015]　可供本節參考之用的書和論文，除前注所引外，靄氏又曾提到下列的幾種：
亞歷杭德羅‧利普舒茲（Alejandro Lipschutz）：《性腺的內分泌》（*The Internal Secretions of the Sex Glands*）。

第二節　性衝動

我們現在可以從性發育的純粹生理方面轉到心理或精神方面了。

在精神或心理方面,我們到現在還沒有什麼大家公認的一番理論。在西方,很老的一個通俗的看法是把性衝動很簡單地看作一種排便似的需求,和大小解一樣,並且一樣有週期的性質。那當然是一個不正確而且容易引起誤解的看法。一則男子的精液並不是垃圾一般的東西,非得清除不可,再則在女子方面,不但沒有什麼東西可排,並且根本沒有像要排便似的欲望。比較更冠冕的一套理論是把性衝動解釋為一種「生殖的本能」。不過,嚴格講來,這樣一種本能是不存在的,並且,就性別已經分化的生物而論,也是不需要的。實際上所需要而已足夠的,只是一個動作的衝動,令兩性彼此可以接近和接觸,而使受精作用不落空罷了。只要這一點有著落,子女的生育養育,就有

李約瑟（Joseph Needham）：《化學胚胎學》（*Chemical Embryology*）,三冊。李氏曾於 1943 年訪問中國,1945 年年初返英,關於中、英文化的合作,尤其是在科學方面,是最努力的一位。「李約瑟」是李氏自取的中文姓名。

查爾斯・張伯倫・赫斯特（Charles Chamberlain Hurst）：〈創造演化的機制〉（*The Mechanism of Creative Evolution*）。按赫氏是把孟德爾的遺傳法則應用到人身上的第一個人;他在 1908 年就著論說明人類睛色的遺傳是依照孟氏法則。

赫伯特・麥克林・伊文斯（Herbert McLean Evans）與奧利芙・斯威齊（Olive Swezy）：《人類的染色體》（*The Chromosomes in Man: Sex and Somatic*）,載於美國《加州大學紀念文集》（*Memoirs of the University of California*）,第九集,1929 年。

約書亞・哈羅德・伯恩（Joshua Harold Burn）：《近代藥學的進步》（*Recent Advances in Materia Medica*）,1931 年。

第二章　生物學

父母慈愛的衝動做保障。總之，生殖的本能是毋庸假設的。

近時講本能論最有力的是心理學家威廉‧麥獨孤（William McDougall），他那本《社會心理學導論》（*An Introduction to Social Psychology*）也最風行一時；不過說也奇怪，在這樣一本比較有規模的書中，除了提到「生殖的本能」以外，對於性衝動竟完全沒有過問；一直到這本書的第八版，我們才找到附加的一章，叫做〈性的本能〉（*The Sex Instinct*）。在這一章裡，著者對「性本能」下了如下的定義：「性是複雜的、先天就組織成的、身心兩方面都有關係的一種傾向，包括三個部分，一是識的，二是感的，三是動的；從神經的功能與結構方面看，一就屬於傳入神經或感覺神經，二屬於神經中樞，三屬於傳出神經或運動神經。」麥氏又指出，在知覺的一面，我們有一種內在的傾向去感知與不斷地辨別各種事物，同時這種感知與辨別也正是種族的安全所必需，不由我們不做適當的反應，換言之，我們自有一種能力來辨別異性，而一經辨別，一套適當的反應就如影隨形似的接連而來，終於達到性交的最後目的。

麥氏的定義，連他自己也說，實際上是適用於一切本能的，不限於性的本能；同時他對一般的本能又有一個定義說：「本能是一些內在的、特殊的、心理上的傾向，凡屬同一物種的個體所共有而必有的。」總之，這一類籠統的說法，對於兩性由接近以至於結合的過程，並不能有所解釋，並不能增進我們對於這一個過程的了解。

第二節　性衝動

　　心理學界很早就有一個廢止本能概念的趨勢，對於這趨勢我是贊成了好久的；固然，到如今捨不得它的人還是不少，例如麥獨孤、亨利・皮埃龍（Henri Piéron）和許多別的心理學者。也許本能這個名詞就根本要不得。一則這名詞的來歷就不太高明，這是鮑恩（Bohn）以前就說過的，再則它並沒有一個大家可以公認的意義。當初赫伯特・斯賓賽（Herbert Spencer）曾經把它解釋為「綜合的反射作用」；就普通的用途論，這個解釋也未嘗說不過去，但在學術上，則總是成為一個問題；例如，本能的行動有沒有意識作用，在主張用本能這個名詞的人，就把這個問題輕輕略過，認為無關宏旨。

　　一般生物學派的心理學者，包括那些沒有受到雅克・洛布（Jacques Loeb）的機械學派影響的人在內，大抵贊成回復到當初艾蒂安・博諾・德・孔狄亞克（Étienne Bonnot de Condillac）的主張，就是，放棄本能這個名詞不用。他們說我們的任務是把各種自發的心理作用分析清楚，這已經是夠困難了，如今要我們在分析的時候，再用一個意義既不明白而歷史又極為複雜的名詞，不是難上加難嗎？要他們做難上加難的事，他們並沒有這個義務。就我個人而論，我一向喜歡用「衝動」這個名詞。這個名詞的問題比較少，並且，弗洛伊德說過：「衝動性原是『本能』的中心要素。」所以我們在下文的討論裡，不打算把性看作一種「本能」，更不會把它和「生殖的本能」混為一談；偏好說「生殖本能」的人也許用意在使性的現象顯得更雅馴些，但這種做法

第二章 生物學

總是淺見一流;同時,把一種衝動的目的講了出來,並不等於把它的性質分析清楚,何況這目的又是間接的,是可以達到而未必達到的呢?我們的對象只是性衝動與性衝動的分析,不問其他。

性衝動的分析,以前也有不少人做過,但是到了西元 1897 年,阿爾伯特‧莫爾(Albert Moll)的學說問世以後,這種工作才進入一個更高的境界。[016] 莫爾認為性衝動中有兩個成分:第一部分迫使狹義的生殖器官發揮功能,在男子就是精液的迸出,這的確是和膀胱的泌尿功能可以比較的;第二部分則使某一性別的人去和另一性別的人發生身體上與精神上的接觸。前者莫爾稱為「解慾的衝動」(impulse of detumescence),後者為「廝磨的衝動」(impulse of contrectation)。[017] 這兩個成分都可推源到性腺,第一部分是比較初始的,第二部分則是比較後來的,但彼此分得清楚,並且也許是各自獨立的。正常的、完整的性衝動便是兩者的結合。

莫爾的分析很科學,也很精湛。因此,到現在已經得到很多人的公認。但莫爾之說也有它的困難;例如,解慾之說適用於男子,而不大適用於婦人;同時,兩部分之說硬把一個完整的過程劈而為二,也不免有些牽強。關於後一種的困難,就有幾位研究家曾經指出過,例如繆勒(Robert Müeller)與聖保羅

---

[016] 莫爾所著《兒童的性生活》(*The Sexual Life of the Child*) 一書,為近代性心理研究之一大名著,有中文譯本。
[017] 中國舊有耳鬢廝磨之說。廝磨二字,姑借作莫爾所創名詞 contrectation 的譯文。

第二節　性衝動

(Saint-Paul)。這些及其他的困難又應該如何解決呢？我在好幾年以前就利用了達爾文演化論中最顛撲不破的一部分學說，就是性選擇的那一部分，來修正莫爾的說法。[018] 假如我們細察一般動物以及未開化人群的性功能的過程，我們便很容易發現，絕不能拿「解慾」做為起點。慾而需解，則事前必有一個累積的過程。解慾之前，必先「積慾」(tumescence)。在養馴的家畜及已有文明的人類之間，積慾是一個很容易發生的過程；在自然狀態中，卻往往不是這麼容易。在自然狀態中，要把性慾累積起來，在雄性方面，要花上許多活動與炫耀的工夫，而在雌性方面，要費上不少旁觀與考慮的時間才行。莫爾所稱廝磨的過程，無論其為身體的或精神的，其效用也無非在增進積慾的程度，所以廝磨的過程不妨說是積慾過程的一部分。這樣一來，性衝動的分析就覺得比較圓滿了。

　　性選擇的決定，就發生在積慾的緩慢過程之中。司湯達(Stendhal)所稱的戀愛的結晶化，以及各種個別的性的象徵，無論其為常態的或變態的，也就在此過程中推演而出。積慾固然在前，但解慾終究是全劇的目的與高潮；解慾是一個解剖學和生理學的過程，而同時，無疑的也處處和心理學發生關係。解慾也是積慾的關鍵，關鍵不明，我們對於性衝動的心理分析，還是模糊的，不正確的。

---

[018] 詳見靄氏《性心理學研究錄》，第三輯中〈性衝動的分析〉(*Analysis of the Sexual Impulse*)，及第五輯中〈解慾的機制〉(*The Mechanism of Detumescence*) 兩篇。本節就是集這兩篇的精要而成。

第二章　生物學

　　就一般的情形而論，積慾與解慾是銜接得很緊的。積慾好比積薪，解慾好比積薪點著後升騰的火焰，這種火焰不是尋常的火焰，而是生命的火焰，一經燃著，生命便可以世世代代地不斷傳遞。這個全部過程好像是兩節的，然而實際上還是一貫的，好比平地上打木椿，打椿的那個極有分量的大鐵錘，用了大力舉起之後，突然放下，正打在椿子的頂上，就把椿子打下好幾尺去。積慾的階段好比大鐵錘因蒸汽之力被高高舉起的階段，而解慾的階段便是它被突然放下的階段了；直到椿子入地，那累積的力量才完全解放出來，好比把精子推動到目的地才結束解慾的階段。我們在這裡所稱的積慾，在文學上或社會學上我們也叫做求愛；一個男子，因性衝動的力量，而向女子接近，就是求愛。對於未婚的人，求愛往往是一個很冗長的過程。但我們不要忘記，就是已婚的人，每一度的性交合，也必得經歷這兩節而一貫的過程，才算正當，才算有效力，對雙方才能滿足；換言之，在解慾以前，多少得經過一些求愛的手續。

　　這個縮短的求愛手續，雖然縮短，卻有它的功用。性交合的關係，天長日久則生厭倦之心，要避免厭倦的心理而增加慾力的累積，這一道手續是不可少的。縮短的求愛大部分屬於觸覺方面。觸覺與其他知覺所引起的慾力的累積，達到相當程度以後，積慾的現象就由漸而驟地集中到生殖器官上面，終於到達了頂點，而解慾的現象便接踵而來。全部的過程最初原是神經的與精神的居大半，到了積慾的後期與將近解慾之頃，最活躍的器官倒

第二節　性衝動

是許多血管。演化史上古老的所謂以皮膚為媒介的性關係，到此還有它的地位：積慾到了後期，全身的血好像是完全向皮膚輸送灌注似的，因而造成各部分的所謂充血狀態。臉部變紅了，同時生殖器官也產生同樣的變化。生殖器官的充血，在男子方面，引起陽具的勃起；前人說過，「勃起是陽具的害臊」，雖屬比喻，卻有至理。不過臉的害臊與生殖器官的害臊有一點不同，在後者，充血的作用是一個確切與特殊的功能，就是在性交合的時候，可以插入異性的生殖器官。因此，陽具中的血管構造是很特別的一種，是由多量的結締組織、動靜脈管與平滑肌肉纖維錯綜糾纏而成，三者綜合，叫做勃起性的組織。勃起性組織的勃起可以由神經中樞喚起，也可以由觸覺激發。

不但雄性的生殖器官有此特點，雌性的也有。勃起性的組織和積慾過程的充血與膨脹現象，她也同樣具備，不過沒有雄性那般顯著罷了。例如在類人猿之中的非洲大猩猩，雌性在性慾被激起的時候，陰蒂和小陰唇所呈現的充血現象是一望而知的；到了人類，一則因陰蒂不發達，再則因有新演化的陰阜和大陰唇，充血的現象幾乎看不見，但是視覺所不逮的，觸覺還是可以發現，原來這些部分自有其海綿般的彈性，一經充血，這種彈性就增加了。女子陰道的全部，包括子宮在內，事實上都滿布著血管，所以在性慾發作時，也可以呈高度的充血之象，與陽具的勃起差可相比。

女子陰道發生充血現象的時候，又分泌著一種液體，散布

第二章　生物學

並浸淫著陰道口的四周。這是一種無色無臭的黏液，在平時就有，用以潤澤女陰的內外各部。但性慾發作到相當程度的時候，這種黏液就會比較大量地分泌出來，甚至可以說是放射出來，此其功用自然在於進一步潤澤陰道口，而使陽具於交合時容易進出。在分娩的時候，胎兒要從陰道出來，也就得有此種液體的潤滑的功用。這種黏液大部分是從腺體內出來的，而腺體的位置就在陰道口的裡面一點。在積慾的過程中，此種黏液的放射是必有的一部分，也足證積慾和腦神經中樞有著活躍的關係。同時，黏液的分泌也和情緒的變化表裡呼應；文學書上所說的「春情蕩漾」的時候，也就是黏液放射的時候。

因此，此種黏液的作用對於將來要討論的戀愛的藝術有特殊的意義。男子陽具的勃起與女子陰道的充血都完成以後，就具備了性交合的條件。到此，假如女子是一名處女，我們還有處女膜的問題需略加討論。在以前，我們對這一塊小小的膜看得異常重要，一位處女的名節就掛在這塊膜上。[019] 不過我們現在知道這個看法是不對的，至少是不正確的。第一，女子的貞淫並不完全建立在解剖學之上。第二，處女膜的大小厚薄往往因人而有不同，這種不同在自然的變異範圍以內而不足為奇。[020] 第

---

[019] 清人采蘅子《蟲鳴漫錄》說：有十二、三歲幼女，服破襠褲，偶騎鋤柄，顛簸為戲，少頃即去。一老翁見鋤柄有鮮血縷縷，知為落紅，撿而藏之，未以告人。數年後，女嫁婿，疑不貞，翁出鋤柄視之，乃釋然。

[020] 中國醫書稱五不女：螺、紋、鼓、角、脈，脈一作線。五種之中，至少紋與鼓兩種是屬於處女膜變異範圍內的，紋是膜大竅小，鼓是膜大且厚，幾乎無竅，俗所稱石女或實女，大抵不出這兩種。

三，幼年的傾跌或其他意外的損傷，可以很早就使它毀廢。（同注 19）固然，女子的手淫也可能有同樣的結果，反之，也有性交以後，此膜還是不破損的狀況，甚至於在娼妓之中，也還可以找到完整的處女膜。

第一度性交合時，使處女膜破損，難免引起疼痛與不快之感。假如此膜特別厚韌，交合也許根本不可能。在這種情形下，就得請醫師實施一些小手術；要不然，女子可以自己用手指的壓力，漸進地把它伸張開來，這也是醫生的指導而且已經證明為有效的。有些文化單純的民族之間，母親往往很早就替她女兒施行這種不用刀圭的手術，為的是，一則平時可以增進衛生：再則結婚後可以增加性交合的便利。這種習慣，雖出自文化單純的民族，我們不能說沒有什麼道理。

在一切高等動物之中，包括演化史上與人類最近的在內，交合的方式，總是由雄性一方前進到雌性一方的背面。到了人類，正常的方式，是男的前進到女的前面，也就是面對面。這在西方，有人叫做「愛神正看式」（Venus obversa）。這種所謂愛神正看式固然可以看作人類特有的交合方式，但其他的方式還很多，或為正看式的變通，或與動物的交合式很相近，往往因民族習慣而異，甚至於已久受民族社會的許可，認為最合理的方式，這些都不出一般的變化範圍，假若我們一定要把它們當作淫褻與邪僻一流，那就是不對了。

現在要說到交合時節的肌肉動作了。肌肉動作固然有時候

第二章　生物學

也牽動一部分的隨意肌肉在內，但整體上是不能隨意的；肌肉動作開始之頃，也就是解慾的過程開始之初。在這時候，除非一個人特別用道學家所謂的「操存」的技巧，可以說十足有意志的動作是幾乎完全被擱置的。最後我們達到一個關頭，就是，射精動作。射精作用是這樣的：陽具與陰道的摩擦引起一種不斷的刺激；刺激的反應是精液被灌輸到尿道裡，灌輸到一個緊張的程度以後，處在脊腦下部的放射中樞以及骨盤部分的神經叢（pelvic plexus）就受到刺激；而此種刺激的反應使尿道四周的球海綿體肌（bulbo-cavernosus）產生強烈的節律性收縮作用，逼使精液外射。

性交合的現象，綜括起來，可以直接或間接地分成兩組：第一組是屬於循環系統與呼吸系統，而第二組則屬於肌肉動作，固然這兩組在事實上是分不開的。交合時節的呼吸是淺的、急促的。而且有些斷斷續續的，這種呼吸會使血液變紫，也就是使靜脈的血液增多，因而刺激血管運動的中樞，提高全身的血壓，尤其是勃起性組織的血壓。所以在解慾的過程中，高血壓是最顯著的一個特點。據布塞普（Poussep）的觀察，當動物交尾的時候，血管的收縮與鬆弛的轉換，是最快速的，不但腦部如此，全身都是如此。同時，心跳也加快了；體表的動脈管更顯得暴漲，而眼球的結膜（conjunctivae）也變紅了。腺體的作用在這時候也有全面加緊的趨勢。各種分泌的分量都大幅的增加。汗是特別的多，全部的皮膚組織無形中都加緊工作，其一部分

第二節　性衝動

的表現就是汗流浹背與汗中所夾雜的有臭味的各種分泌，例如腋下的狐臭，大量生成和排出。口腔裡垂涎的源頭也打動了。在積慾過程的後期，男子方面，像女子一樣，而不及女子的多，也有一種黏液從尿道口點滴地流出，這種黏液的來源也是一些小的腺體，叫做利特雷和考伯氏腺或考氏尿道球腺（glands of Littré and Cowper），都在尿道旁邊，而和尿道直通的。以前談禁慾主義的神學家也知道這種黏液的存在與意義，知道它和精液不是同一回事，更知道黏液的流出是心頭有淫念的一個證據；這在希臘、羅馬時代，也已經有人知道；到了後世，反倒有人把它和精液混為一事，這種錯誤對於精神不太健全的人，可以引起不少無謂的焦慮。同時腎臟的工作乃至全身的各種腺體的分泌也都增加了。

至於第二組動作的部分，實在是解慾過程的重心所在，因為，要是沒有它，男子的精細胞即無法推進到子宮以內而與卵細胞接近。交合時的肌肉動作是全身的，也是特別與性作用有關的。這種動作也多少是不能隨意地，隨意肌肉的活動力量，到此不但不增加，反而減少。這種不隨意肌的動作分布得很廣，也很亂，是顯而易見的。解慾的過程中，膀胱會收縮起來，便是一例。男女的膀胱到此都會收縮，但因為情況不同，其表現恰好相反；男子陽具勃起通常總會壓迫尿道引起排尿故障，使其暫時不能泌尿；但在女子，到此不但增加泌尿的欲望，而且真有不由自主而小便的。此外，如全身的發抖、喉嚨的收緊、

第二章　生物學

打噴嚏、放屁,及其他類似的不自主的動作傾向,都是證明。

上文說的是一般的不隨意肌動作,不過更要緊的終究是那些與性交合特別有關的動作;這些動作雖然一樣的不自主,但多少有些意志的成分在內。在解慾過程最初開始的時候,肌肉動作就可以感覺到,這在男子,是相當的清楚,也是相當的簡單的,當時的情況是要逼使精液從精囊(vesiculae seminae)裡出來,推進至尿道,在那裡和前列腺液(prostatic fluid)混合以後,再從尿道口噴射到外面。這些都是需要動作的力量的,尤其是最後噴射的一段。至於當時的情況是怎樣造成的,其間牽動什麼神經、什麼肌肉,上文已經敘述過。前列腺液是精液中同樣重要的部分,目前姑且不細說。

在女子方面,這些特別的肌肉動作比較不易觀察到,比較隱晦、複雜,而不易捉摸。在解慾的過程真正開始以前,陰道的四壁也時斷時續地有些節律性的收縮動作,好像是對男子陽具在射精時所要發生的動作,加以進一步的刺激而相與先後呼應似的。這種節律性的張弛的動作,也是平時本來有的一種現象,不過到此更變本加厲罷了;別的器官也有,例如膀胱。這種變本加厲的趨勢,一到將近解慾之頃,就更進一步地顯著,而當時活動得最有力的是陰道口的括約肌(sphincter cunni)(相當於陽具的球海綿體肌)。

解慾之頃與解慾以後,精液從陰道進入子宮,這其間女子的生殖器官是否有些導引的活動,在從前是一個問題。西方

第二節　性衝動

古代的人認為這種活動是有的。希臘人也曾經把子宮看作一種身體以內的動物；但到了近代，比較精密的觀察似乎未能證實這一點。並且這方面的觀察也不容易有；女子子宮有病，請婦科醫生觀看，因為一時的刺激，以致引起性慾的衝動，甚至於性高潮，在這種時候，或許可以觀察到一些，但這些是極偶然的，往往不足為憑。到現在為止，所能認為定論的是：在解慾或性高潮之頃，子宮似乎變得短些、寬些、軟些，它在骨盤裡的部位，更下降些，同時子宮口也有些忽開忽閉的活動；（同注13）這在女子，和在牝馬、母狗及其他曾經觀察過的動物都是一致的。子宮於這些活動之外，同時也釋放出一種濃厚的黏液，而這種黏液顯而易見是另一種，不是交合前期的清淡的一種，並且這種黏液的流出，女子在交合以後，自己有時也感覺到——這些似乎可以證明，女子的性高潮大約就發生在這時候了，女子的性慾怎樣才算解除，專家的意見到如今還不一致，有的認為只要有大量的黏液出來，就是解除了，有的認為總需陰道的四壁，尤其是子宮的頸部（cervix）發生了節律性的張弛動作，才是解除了。我怕這種觀察是不對的，黏液可以釋放出很多，陰門可以浸淫在黏液之中，並且浸淫了很久很久，往往女子的慾才解；而節律性的張弛動作，也發生得比較早；並且真正到了解慾或高潮之頃，這種張弛的動作和黏液的數量也並不見得增加。一樣解慾，一樣到達高潮，而男女所表示的靜與躁，大有不同，足徵女子當下在神經上用的工夫要比男子為大。就主

觀方面說,女子所感覺到的身心上的舒泰,當不在男子之下,但就客觀方面而言,這最後的頃刻是比較不容易形容的;有時候,女子和男子一樣,一般的肌肉動作多少也呈現一種痙攣的狀態,但這在男子是一個必然的常態,而在女子則否。(同注14)

解慾之頃,子宮自然有它相當的活動,已如上述,但我們不要因此忘記,在精子方面,也未嘗沒有它的活動,有的專家相信,精子入女子生殖器官以後,可以保留活力至一星期或一星期以上之久;要是這個見解正確,那麼精子十分有活動的餘地了。一星期之說,也許不足以概括全部的精子,其間總是有些夭折的;但精子能夠自己活動,是不成問題的。同時,我們應當知道,即使精子不自己活動,再即使男子近門即洩,把它們放射在陰道口以外,它們事實上還有方法到達子宮內部而和卵細胞結合。原來在解慾之頃,不但子宮動,陰道也動,並且至少在有的女子,這種活動有時候不但一直牽涉到陰道口外,並且有一種向心的趨勢,即向子宮的趨勢,這樣,精子即使不自動,也同樣有被推進到子宮裡的希望。反之,陰道在分娩的時候,是有力量可以把胎兒向外推擠而出的;所以有人相信,它也就有向外排擠精液的力量。這種力量應該任何女子都有,尤其是在比較自然狀態中的原始民族的女子。此說如果可信,則自然的避孕方法又可以多添一種了。轉回到上文,無論射精的深淺,甚或完全潑在陰門外面,因為精子與陰道雙方活動的

第二節　性衝動

結果，精子到達子宮的可能性總是不會沒有的；即使處女膜不破損，這可能性還是存在。因此，射精射在外面，並不是一個妥當的避孕方法，女子這樣懷孕的盡有。假如男子不明此理，那時候一口否認曾和妻子真正交合過，而把妊娠的責任推到或懷疑到另一個男子身上，那就不免引起一樁冤案了。

解慾過程中女子特殊的肌肉動作，雖若複雜隱晦而不易捉摸，有別於比較明顯的性興奮時的一般肌肉動作，然而這種近乎痙攣的動作，功用所在，總是把積蓄已久的一股神經的力量解放出來。這在男女都是一樣的。這種動作還有一個特別的目的，就是，精液的輸送，在男子是施，在女子是受，施受不同，而目的還是同一個。所以無論肌肉動作的隱晦明顯，解慾或性高潮的過程與其所喚起的快感和滿足，根本不能不建立在此種動作──性領域以內的特殊動作上面。

積慾的過程將近完成的時候，在男子，面部表情往往顯得特別的奮發有為，而在女子，則覺得特別的鮮豔可愛，到了解慾的過程一開始，雙方的表現就不甚美觀了。瞳仁放大了，鼻孔也張開了，唾沫禁不住要流出來，舌尖也不由自主地來回翻動；這些綜合起來，無非表示一種感官的慾望的滿足快要來到，而有迫不及待之勢。在有的動物，到這時候，連耳朵都會豎起來，也是同樣的道理。同時還有一種自然的傾向，就是說些支離破碎、半吞半吐、沒有意義的字眼。瞳仁的放大引起怕光的現象，所以進入解慾的過程以後，時常眼睛就會閉上。當性慾

第二章　生物學

發動之初,眼部肌肉的緊張性(tonicity)是有增無減的,專司睜開上眼皮的肌肉也收縮了。所以眼球顯得特別的大,特別的流動,特別有光芒;再進一步,肌肉緊張性過分增加以後,就會發生斜視(strabismus)。

解慾的過程是深入四肢百骸的一種過程,它的震撼的力量有時候可以引起很嚴重的影響,人類如此,在其他高等動物裡,這種影響也有人觀察到過。其在人類,男子所受的影響較女子為大,女子解慾的過程來得遲緩,也許這種遲緩就是一種保障。所謂嚴重的影響,最大的是死亡。[021] 其次是各式各樣的身心的失常,全都是神經、血管、肌肉興奮過度而精神體力不足以支持的結果。初婚的男子,交合之後,有昏暈的,有嘔吐的,也有遺尿或遺屎的。患癲癇的人,一度交合之後,癲癇可能大發作。有時候內臟可能破裂出血,有人連脾臟都出了毛病。上了年紀的人,動脈管經不起高度的血壓而破裂的也時有所聞,其在腦部的就引起腦出血,而形成中風或半身不遂的病症。老年人娶少婦或宿娼,有時候也足以致死。

不過這些影響終究是些例外。除非一個人的神經特別脆弱,經不起比較有力的刺激,也除非一個人太不自愛,連最尋常的性衛生的規矩都不肯守,這種影響是不會發生的。解慾的過程是一個十分自然的過程,它是生物個體的一種十分親切的功能,就算是對於一時不太健康的人,也不會有什麼不良的影響。要是

---

[021]　中國人稱之「脫陽」。

第二節　性衝動

環境適宜，行之有度，解慾的結果可以說是有利而無害的。[022] 對於男子除了消釋積慾過程中所蓄聚的緊張狀態，減低血壓與恢復肌肉系統的休息之外，它可以取得一種精神上的滿足，一種通體安閒的感覺，一種舒適的、懶散的心情，一種心神解放、了無罣掛，萬物自得、天地皆春的觀感。在這種情形之下，解慾不會產生痛苦，增加疲乏，觸動愁緒或引起情緒上的厭惡。其在女子，其影響也大致相似，所不同的是那種懶散的心情比較不容易覺察，除非在短時內，有過不止一度的交合；但是安閒、愉快、解放以及此身得所寄託的感覺，是完全一樣的。[023] 女子經過一度滿足的解慾以後，也往往有如飲酒適如其量後的一種感覺，即相當的醉而不至於迷糊；這種感覺可以維持到好幾小時，並且也是沒有什麼不良影響的。

總之，積慾與解慾不是兩個分明的過程，而是一個過程的兩個階段。這是造化的一個不二法門，一邊教生物個體多多地把力量積蓄起來，一邊緊接著，又教它快快地把這力量解放出去，而這解放也不是徒然的，生殖細胞的輸送與結合，種族的奕世蟬聯，越久而越不替，全都是此種力的解放的結果；即使

---

[022] 關於性交對於健康的正面關係，中國人向來大體上是了解的，歷來在這一點上最詳細與最近情的討論，記憶所及，當推性愛小說《肉蒲團》的一篇「楔子」；此書全部的筆墨，失諸過於刻畫與想入非非，即其「參透肉蒲團」的結論亦犯不中不節的毛病，與楔子中的見解自相矛盾。不過只就楔子一部分而言，其中大半的議論，當可邀當代性衛生學者的首肯。

[023] 《詩經》二南草蟲一詩，近時作家聞一多氏認為是賦性交合的一種作品，「亦既覯止，我心則降……我心則說……我心則夷」各句中的「降」、「說」、「夷」等字樣，確乎能表示女子在交合後的心理狀態。王實甫《西廂記》中「渾身通泰」的說法也很近情。

第二章　生物學

或因受阻而達不到生殖的目的，此種力量的由張而弛，對於個體的身心健康亦自有其維護與培養的功用。[024]

第三節　敏感帶

什麼是敏感帶（erogenic zone）？這個名詞需要先介紹一下。當積慾的過程中，我們身體有幾個區域是特別容易接受性的刺激，即遇有性的刺激時，它們特別有一種敏感。這些區域就叫做敏感帶，這個帶字的用法是和地球上寒帶、溫帶的用法差不多的。有幾個區域，是凡屬健康的一般人都具備的；不過就個別與特別的情形而言，這種區域還更多，我們甚至於可以說，身體的任何部分都可以成為這樣一個區域，這種特殊區域的敏感程度當然也因人因時而有不同，大抵有先天根據或幼年習慣的根據的人，此種程度總要深些。生理器官的部分，口與舌，女子的乳頭，都可以說是尋常的敏感帶。耳、頸、頸的背部、腋下、手指、肛門、大腿、男子的乳頭，有時也常成為敏感帶。[025]

敏感帶這個觀念的歷史也可以說一說。它和西洋古代對於「交感」（sympathy）一詞的看法有關係。身體的甲部分受刺激，

---

[024]　關於本節，靄氏又嘗提出西奧多・亨德瑞克・范・德・維爾德（Theodoor Hendrik van de Velde）的《理想的婚姻》（*Ideal Marriage*）一書，認為可供一般的參考。

[025]　詳見靄氏〈敏感帶〉（*Erogenic Zone*）一文，《性心理學研究錄》第七輯。

第三節　敏感帶

而乙部分發生反應，好像首尾呼應似的，這在當時叫做「交感」。在醫學的病理學方面，最先在這方面有所論列的是法人讓－馬丁・沙可（Jean-Martin Charcot）。沙可研究女子歇斯底里式的精神病時，發現身體上有若干特別區域——最初是卵巢所在的區域，後來又推廣到其他部分——是和歇斯底里的時發時止有連帶關係的，只要在這些部分一按，歇斯底里就可以突發，或可以戛然而止；他就把這些區域籠統地叫做「激發歇斯底里之帶」（hysterogenic zone），也可以叫做「發癇帶」（epileptogenic zone），因為歇斯底里和癲癇發作的情形是很相似的。但沙可並沒有把這種區域和性的情緒連結起來，到西元 1881 年，巴黎醫學家尚巴爾（Chambard）發現，在一般人的皮膚上，尤其是女子，有若干區域，在某種情況下，不斷地輕快地撫摸，不但可以喚起春情，並且可以造成性高潮；有時性高潮的發生，非有這種撫摸的行為同時做陪襯不可。尚氏認為這種區域可與「發癇帶」相比，而不妨就叫做敏感帶，後來查爾斯・費雷（Charles Féré）也觀察到此，更進一步地認為發癇帶與敏感帶不但尚可比擬，簡直就是同一回事；敏感帶的名稱到費氏手中也確定了，一直用到現在；常態下的敏感帶，就等於病態下的發癇帶，這是費氏以來已經受人公認的。精神分析學家弗洛伊德，對於敏感帶的研究也是極深刻的。弗氏分析「欲」（libido）[026] 的發展，認為在第一期裡，即自體性慾或自我戀的階段，性衝動是沒有對象

---

[026] 弗氏與精神分析派慣用的 libido 一詞，譯者在多年前寫《馮小青》一稿的時候，曾譯作「欲性」，今改譯為「欲」，理由詳下文，參看第三章第一節後注 14。

第二章　生物學

的,既無對象,力之所及,只好到敏感帶而止,到春機發陳期以後,更真實的性的對象出現了,於是此種力量才向外伸張。在兒童時期曾經提供性的「前期快感」(forc-pleasure)的敏感帶,到此便成為進一步的快感的一個階梯、一種陪襯、一件穿插。[027]

這樣看來,我們可以知道,所謂敏感帶實在是正當的性生活中一個很正當而重要的部分。要講求性生活的健全與滿足,要教導人家如何可以得到此種滿足,敏感帶的一部分功能,自不能抹殺的。每一個女子有她的一套敏感帶,有的很顯著,有的比較隱晦,尚有待於啟發;做她的配偶的人,在求愛已到適當的程度而準備結合的時候,就先得探尋此種敏感帶的所在,從而加以調教,更從而喚起積慾的過程,作為最後結合的一番自然而應有的準備。

人的先天特質各有不同。圓顱方趾的一般的模式儘管相似,細節是很不一樣的。因為不一樣,所以各人性選擇與求愛時所依據的因素也就不宜一概而論。不過對於敏感帶的探索,我們但需根據觸覺的因素,即不難尋獲,而是盡人可以適用的。關於觸覺之所以為性選擇因素之一,詳見下文第六節。

---

[027]　詳見弗氏所著《性學三論》(*Three Contributions to the Theory of Sex*)。

第四節　求愛[028]

求愛的現象，要是我們了解得正確的話，也是一個生物學的過程。凡是有兩性區別的動物都有這個現象。要是積慾的過程是生理的，求愛的過程便是心理的、行為的，兩者實在是一個現象的表裡兩個方面，其在行為方面，求愛也是取得上文第一節中莫爾所稱的廝磨的方法。

就低等動物中舉一例，雌雄同體的蜓蚰或蛞蝓就有一套細膩的求愛流程。起初是兩條蜓蚰彼此慢慢地追逐，接近以後，便彼此圍繞，彼此的口部休止在對方的尾部上；雙方都釋放出大量的黏液，最後彼此的生殖器官漸漸地伸張出來，進而相互地糾纏不休，形成許多美麗的樣式，同時還散放出珍珠色一般的光，一直要到積慾完成，才告一段落。[029] 這就是蜓蚰的求愛流程。這一套流程，等而上之，我們一直可以推到文明程度極高的人類。

求愛的現象，在鳥類中特別的彰明較著，歷來在這方面的研究，也以關於鳥類的最為細膩，並且所研究的種類也最多、最廣。鳥的羽毛、鳴聲，這種聲色的炫耀，或展翅，或翹尾，

---

[028] 本節內容詳見靄氏《性心理學研究錄》第三輯中〈性衝動的分析〉(*Analysis of the Sexual Impulse*)，第一輯中〈羞怯心態的演化〉(*The Evolution of Modesty*)、和〈性的時期性現象〉(*The Phenomena of Sexual Periodicity*)，第七輯中〈性衝動的月經週期〉(*The Menstrual Curve of Sexual Impulse*) 等篇。

[029] 這宛然是一幅「太極圈兒大，先生帽子高」的太極圖；論者謂太極圖及全部乾坤陰陽的宇宙觀富有性的象徵，可見是不為無因的。

第二章　生物學

或趾高氣揚、大踏步地遊行，或做各種舞蹈的姿勢，無非是雄性求愛的一些表現，無非是雄性的一些方法，一方面自己做一種交配前的準備，一方面刺激雌性對方，使作同樣的準備。這在今日文明的人類裡，也還可以找到一些相類的例子。根據在海牙的一個荷蘭人親口對馬格努斯·赫希菲爾德（Magnus Hirschfeld）[030]說，當第一次歐洲大戰的時候，在荷蘭境內駐紮的英國兵就和荷蘭女子發生戀愛關係，結果是好幾百個荷蘭少女成為了母親；原來英國兵走起路來輕快的步伐是很美觀的，沒想到這種步履竟有很大的魔力，足以顛倒荷蘭的少女。[031]

不過這種例子是不多的。在文明狀態中，懶惰、奢侈以及過度的溫飽，已經使性慾的發作特別來得容易，積慾的過程特別來得短促，以致求愛的現象變成一種無關宏旨的勾當。話雖如此，求愛還是有它的地位，並且還相當普遍，不過方式上很

---

[030]　赫希菲爾德是德籍的猶太人，多年前曾到東方遊歷，歸後著遊記一本。盛稱中國人對性的態度比較健全，與性變態、性病態的例子比較少見。猶憶赫希菲爾德在滬時，住蘇州河路乍浦路橋頭的某公寓，譯者曾去拜訪過兩次，並贈以拙著《馮小青》一冊，後來聽說他歸國不久，他所收藏的性研究的圖書，即被納粹黨人付之一炬，《馮小青》當亦同遭焚如之慘；專制君主焚書坑儒的活劇，不圖復見於今日，真是可以浩歎了。

[031]　這種求愛的例子，中國記載裡也有，試舉一、兩個年代特別早的。《左傳》昭西元年說：「鄭徐吾犯之妹美，公孫楚聘之矣，公孫黑又使強委禽焉。犯懼，告子產；子產曰，惟所欲與。犯請於二子，請使女擇焉，皆許之。子晳（公孫黑）盛飾入，布幣而出，子南（公孫楚）戎服入，左右射，超乘而出。女自房觀之，曰，子晳信美矣，抑子南夫也，夫夫婦婦，所謂順也。適子南氏。」又昭公二十八年說：「昔賈大夫惡，娶妻而美，三年不言不笑；禦以如皋，射雉獲之；其妻始笑而言。賈大夫曰，才之不可以已，我不能射，女遂不言不笑。」盛飾、戎服、左右射、超乘、射雉有獲等，都是一些自我表現的行為，和雄雞的展翅、翹尾、大踏步是一流的。

第四節　求愛

有變遷罷了。文明人的求愛是改頭換面了的，是比較細微而不顯露的，並且往往限於一些心理方面的表現。

求愛的現象又和另一種生物現象有連帶關係。在動物與未開化的人類之中，尤其是在雌性的一方面，性生活是有時期性或季節性的，而不是常年性的。在開化的人類之中，這種時期性的表現也還可以找到一些，並沒有完全消滅。假如沒有這種時期性，即兩性的性的機制隨時隨地可以接應外來的刺激，並且接應得很快，那麼，求愛的手續可以減到一個最短的程度，而積慾的完成也不成什麼困難了。但事實並不如此。一年之中，大部分的時間裡，性衝動是毫無聲息的，因此，就有求愛的必要了。求愛可以看作一種精神與行為上的努力，目的是在喚醒靜止中的性衝動，再度活躍起來。

大部分的高等動物有它們的繁育季節，一年一度或兩度，即在春季、秋季，或春、秋兩季。有的未開化的民族也有這種季節性，世界上有許多分散得很遠而很不相干的這種民族，在春季、秋季，或春、秋兩季，都有盛大、歡樂的節日，讓年輕男女有性交合與結婚的機會。[032] 在文明的國家，得胎成孕的頻率也有它的週期性，一年中的曲線，大抵春季要高些，有時候秋季也比較高，看來就是這種節日的一些痕跡了。無論如何，這

---

[032]　《周禮·地官》有一段文字富有時期性的意味：「中春之月，令會男女，於是時也，奔者不禁。若無故而不用令者罰之。司男女之無夫家者而會之。」特別在這個月裡會男女，奔者不禁，不用令者反要受罰，可見這大概不是周官的一種嶄新的法令，而是有悠久的習慣做根據的，而這習慣本身則又建立在性的時期性之上。

第二章　生物學

些現象的原因是同一個,不管原因究竟是什麼。這個原因究竟是什麼,各家的見解到現在還不一致。有的,例如法國社會學家艾彌爾・涂爾幹(Émile Durkheim),認為這種季節性大半是社會的原因所造成的,好比犯罪與自殺的現象一樣;有的,例如蓋德肯(G edeken),認為真正的原因是太陽的化學的光線,這種光線在春天是最有力量的;有的,例如黑克拉夫特(Haycraft),認為和季節的溫度有關;有的一方面承認春初的暖氣的刺激,一方面也承認秋末冬初的肅殺之氣也未嘗不是一種刺激。[033] 看來最後一說比較的最為近情。

近年以來的研究,不但發現文明社會的女子有性的季節性,男子也有,而男子此種季節性的發現初和性交無涉。獨身與守身如玉的男子夜間不免有遺精的現象,這些有趣的意見便從研究此種現象中推論得來。西元1888年,納爾遜(Julius Nelson)最先提出事實,證明男子有一個二十八天的性的週期循環。佩里－科斯特(F. H. Perry-Coste)的更精密與更長時期的探討,也認為男子也有他的月經,並且認為這個月不是尋常的月,而是太陰的月,每一週期占二十九天半;同時又說這二十九天半之中,又有兩個頂點,即事實上有兩個小週期。但這種結論是有人加以辯論過的。到了呂西安・馮・羅默(Lucien von Römer),

---

[033] 《禮記・月令》裡有一節文字很值得參考。在「季秋之月」下面寫著:「是月也,申嚴號令,命百官貴賤無不務內,以會天地之藏,無有宣出。」譯者疑心「務內」的內字不見得是注疏裡所稱「收斂」的意思,而是同於〈內則〉的內字,即所務是「男女居室」的事。這種號令,到仲冬之月,就變換了:「是月也,命奄尹,申宮令,審門閭,謹房室,必重閉,省婦事,毋得淫,雖有貴戚近習,毋有不禁。」

他又把不由自主的遺精和自主的性交中的射精相提並論，他認為交合與射精也未嘗沒有一個週期；在已婚而性行為比較自由的男子，這是看不出的，但我們若就未婚而需尋覓交合機會的男子來研究，這按月的週期就看得出來了，並且這個週期也有兩個頂點，和佩里－科斯特所見的大同小異。羅默爾又進一步地觀察到這兩個頂點有大小，大的在月圓之候，而小的則在新月之時，這一點倒又是和原始民族的經驗有些暗合；原始民族狂歡的集會也是和月的團圓有關係的。這些結論雖然有趣，恐怕一時還不能算作定論；懷疑這種結論的人並不少，例如哈羅德．M．福克斯（Harold Munro Fox）。[034]

還有一種不由自主的性活動的週期，就是一星期一度，而以星期日為頂點，也往往很顯著。這種週期大概是由於社會的原因。但是以一年為期的週期是不能用社會的原因來解釋的。這一層，我早在西元 1898 年就提出來過，（同注 28）而三、四十年來，也曾再三地加以證實。所有的證據都指出，一年之中，性衝動自然而然的特別活躍的時期的確有兩個，一在初春，一在秋季，並且往往秋季比春初還要顯得活躍。（同注 34）

至於女子方面有沒有這種常年的週期，我們現在還沒有很多與很謹慎的證據。不過，週期或循環的現象畢竟要在女子方面顯得最清楚；女子性生活的一個特點就是此種週期性；月經

---

[034] 福克斯在這個主題上特別有研究，他曾經寫過一本專書，就叫《嫦娥》（*Selene: Or, Sex and the Moon*）（Selene 是希臘神話中的女月神）。

第二章　生物學

就是最明顯的事實。月經的存在，證明在性的週期性方面，女子要比男子原始得多。關於月經的起源的討論很多。以前有人以為，受潮汐影響的低等動物總會表現出一些太陰的週期性，但這方面的證據很少。海邊的貝殼動物，一般並不受什麼月亮的影響。不過蘇伊士灣一帶的海膽是受影響的；月亮上弦，牠們就大些，下弦，牠們就小些。牠們所以大，就因為一肚子卵的關係，一到月圓，這包卵就散出去了。這種影響雖有，卻和四足的走獸風馬牛不相及，並且，就在哺乳類之中，一直要到一部分接近於人的類人猿，才有月經的出現。瑞典的理化學家斯萬特·阿瑞尼斯（Svante Arrhenius）提到過，月經的來源可以推溯到空中的電，上文引過的福克斯對這個主題特別有研究，認為電的說法是對的。（同注 34）他指出，空中的電是有變遷的，而此種變遷亦有其週期性，每二十七天又三分之一天達最高點一次，而這二十七又三分之一天的時光也正是月亮繞地球一周的時光。他在常年人口出生率的曲線裡，也找到一個按月的略有波動的節拍。

在類人猿之中，月經雖屬初次出現，但它是和更原始的一年一度的週期同時存在的，所以月經儘管一月一次，生產還是只限一年中的某一個時期以內。這在人類也還有一點痕跡。在人以下的高等動物，則一定要到所謂「叫春」（oestrus）[035] 的時

---

[035] 譯 oestrus 或 heat 或 tur 一詞為「叫春」，譯者認為最妥。以前有僧人詠貓叫春的詩：「春叫貓兒貓叫春，聽牠越叫越精神，老僧亦有貓兒意，不敢人前叫一聲！」

候，雌性動物才容許性的交合。在人類，女子性慾最強烈的時候通常是在經期的前後幾天；不過，這種性慾是比較分散而不容易確指的，尤其是到了文明大開的人類。但是大多數的專家都承認這一點，例如，德國神經學家理察‧馮‧克拉夫特－埃賓（Richard von Krafft-Ebing）就把女子的這種頂點擺在經期的後幾天。阿德勒（Otto Adler）則說，性慾的增加，是經前、經後與正在行經中都可以感覺到的。科斯曼（Kossmann）認為女子最需要性交的時候是月經剛過後的幾天，甚至於月經快完的幾天裡。居有（Guyot）說經後的八天是女子性慾最盛的時候。哈利‧坎貝爾（Harry Campbell）曾經說到倫敦某醫院就醫的工人，調查他們妻子的性慾的週期性，他發現全數的三分之二中，有的經前慾旺，有的經後慾旺，有的逢經慾旺，有的在三個時期裡都旺。即，四者必居其一。晚近幾年，我們更有了些確實的統計資料。女醫師凱瑟琳‧貝蒙特‧戴維斯（Katharine Bement Davis）研究過 2,000 多名女子的性生活，發現她們性慾最熱烈的時候，幾乎全部是在經期前兩天到經期後七天之內，不過她的發現裡有一點和以前的專家不同，就是經前熱烈比經後熱烈者為多（78 例對 47 例）。吉爾伯特‧范‧塔塞爾‧漢密爾頓（Gilbert Van Tassel Hamilton）醫師觀察過 100 個知識階層的女子，發現 25 人的旺盛期是在月經剛行以後，14 人是在剛行以前，21 人在經前經後，11 人在經行中及月經剛行的前後，19 人完全沒有週期性，其餘 10 人沒有說什麼。

第二章　生物學

　　女子的羞怯也是演化而來的一個現象，它的原始狀態在動物中就可以找到，並且是以性的週期性做為依據。性的週期性，加上羞怯的心態，也是求愛的一個主要條件。最初，羞怯可以說是雌性動物的一種拒絕的表示，因為叫春的時節還沒有來到。不過叫春的時節來到以後，羞怯的心態還繼續存在，到那時，和性衝動的力量結合以後，就成為若即若離、半迎半拒的獻媚的態度與行為，到此，雌的對雄的便時而接近，時而逃避，或雖屬逃避，而走的路線是一個圓圈。所以羞怯這種心態，起初是為了拒絕性交，後來很快地和別的衝動聯合以後，就成為一個很複雜的東西。到了人類，它就包括下列的四、五種成分：（一）就是上文所說的由於時期不合而拒絕性交的表示。（二）一種生怕引人憎惡的恐懼心理，性器官的地位和排泄器官的出口處最接近，排泄物是無用的、惹厭的，即在動物，似乎便有這種感覺，此種惹厭的心理後來不免轉移到生殖器官上去。（三）原始人認為性的現象是有巫術的影響，是很可怕的，此種恐懼心理促成了各種儀式與禮節的行為，又進而演變為若干維持男女有別的簡單的規矩，這種儀節與規矩最後又轉過來成為羞怯心態的一種護符。[036]（四）裝飾和衣服的發展，一方面培養羞怯的心態以抑止男子的慾念，一方面亦充實獻媚的工具，從而進一步刺激男子的慾念。（五）原始民族往往以婦女為男子資產的一部分，這種資產的觀念難免在女子原有的羞怯心態上，加上一種新的約束，認為不但

---

[036]　這種儀節與規矩，不用說，在中國是很發達的，最早的一些記載見《禮記·曲禮》上篇和〈內則〉。

本來如此，也是理該如此。這最後的一種成分也許沒有前四種重要，但也時常有人主張把它加入。

無論成分如何，羞怯總是一個很大的動力，若不問一個民族開化的程度如何，羞怯的心態和衣服也不一定有什麼分不開的關係。最野蠻的民族有難得穿衣服的，有完全裸體的，但同樣怕羞。到了近代，有人提倡裸體主義，如裸體運動、太陽浴運動、很流行一時的德國裸體文明運動（Nackt-kultur）等等，也沒有令羞怯的心態受到絲毫的損失。不過，在文明社會裡，羞怯的表現是分散的，並且改換頭面了；我們在儀式裡找到它，在男女應對進退之節裡找到它；它在原始氏族裡的那種不可抵抗的魔力是沒有了，但羞怯的心態畢竟是求愛的主要條件，時代有今古，這是沒有新舊的。要不是因為羞怯，我們就缺少一種遷延與節制的力量，這種力量的缺乏，一方面使男女積慾的過程來得太匆促，一方面使女子不能有從容觀察與比較向她求愛的男子的特質的機會，來選擇她認為最適當的配偶。[037]

第五節　性擇

積慾的過程，若從外在來說，是各種官能的印象直接或間接所引起的。官能接受外來的印象，印象造成刺激，刺激喚起

---

[037] 此節與下文四節靄氏別有詳細的論著，見《性心理學研究錄》第四輯中〈人類的性選擇〉（*Sexual Selection in Man*）篇。

第二章　生物學

　　反應，反應就是積慾。莫爾所說的廝磨，實際上不是別的，就是通常一性對於另一性的刺激所造成的一切身心兩方面的印象的總和。一個異性的人，最能提供合意的印象的，就是中選的人，這就叫做性選擇。

　　我們用這個「性選擇」或「性擇」的名詞，就牽涉到達爾文的演化論。性擇論是達氏演化論的一部分。[038] 不過，就達氏原有的說法而言，性擇論並沒有完全得到學者的公認。第一，我們要特別記住，這種選擇很難說是建立在審美觀念之上的。求偶之際，所選擇的不見得是美，而是強壯與其他顯著的特點。第二，在一般的動物界中，性擇的效力究竟有多大，也還是一個問題，即便是對動物生活有專門研究的人，也認為這個問題並沒有解決。換言之，這種發乎本能的求偶的方法，究竟有幾分力量，一方面可以選擇一部分的特徵，使遺傳到下一代，一方面可以淘汰另一部分的特徵，使不再遺傳，是很大的一個疑問。近年以來，自從孟德爾的遺傳法則流行之後，性擇的問題就更顯得隱晦不明。不過這個問題其實有兩個部分，一是有選擇的求偶，即對於性對象不能不取捨，一是此種取捨，因遺傳的道理，而影響到後代族類的品質與特徵。成問題的是後一部分；至於前一部分，也是和我們實際上有關係的部分，是比較不成問題的。配偶是有選擇的，不過落選的分子是不是根本得不到配偶的機會，因而獨處終身，我們還不明白；在高等動物

---

[038]　詳見達爾文所著《人類的由來及性選擇》(*The Descent of Man, and Selection in Relation to Sex*) 一書。

第五節　性擇

和未開化的民族之中,這種找不到配偶的分子,在數量上似乎是很不足掛齒的。[039] 對於鳥類,求愛是一件十分重要的事,既費精力,又費時間,無疑地表示一種選擇的工作。但此種求愛的成功是否影響族類的特徵遺傳,有如達爾文所假定,還是很難確定的。亨利・艾略特・霍華德(Henry Eliot Howard)是一位很細密周全的鳥類學專家,在他的《不列顛的鶯類》(*The British Warblers: a History with Problems of Their Lives*)那本鉅著裡,他雖然不完全否認達氏的性擇論,但是對於性擇的影響究竟有多廣,意義究竟有多大,言論之間,是很猶豫的。許多別的鳥類專家也是一樣的小心。

到了人類,性選擇的影響似乎比較清楚了一些。即使遠在古代,落選的人要找到配偶而留傳他們的特徵,事實上恐怕總有幾分困難。古代的巴比倫有一個宗教習慣,就是,凡屬女子都要到米立達(Mylitta)的神社去從事幾年淫業。[040] 根據希臘史家希羅多德(Herodotus)的記載,那些姿色稍差的女子也許要等上三年、四年才有男子過問,古代任何民族的婚姻習慣裡,無疑地也有這種現象,即健美者容易得偶,而反是者不免怨曠終身。不過在未開化與半開化的民族裡,女子似乎遲早會懷孕(有的觀察家說野蠻民族中就是最醜陋的女子也不例外)。所以,就

---

[039] 即在文明大開的中國,我怕連這種分子也是為數不多的。中國江南有兩句俚詩說:「懶婦自有懶郎勾,從無懶婦上灰堆。」

[040] 按這種習慣叫作宗教賣淫,詳見愛德華・韋斯特馬克(Edvard Westermarck)《人類婚姻史》(*The History of Human Marriage*)第一冊,中國人對賣淫者有「神女生涯」的說法,拿這種說法用在這一類賣淫者的身上,是最貼切的。

第二章　生物學

在人類，此種延遲的性擇也許可以減少不中選的特徵遺傳的機會，但對於族類整體的選擇影響畢竟是有限的。[041]

就以往的情形而論，達氏所稱的性擇的影響固屬有限，但若就人類文明的前途而論，這種影響是可以很快擴大的。就在今日，有大量的男女便終身不偶，其所以不偶的緣故，有很大的一部分是因為沒有能力去打動異性的求偶的願望。假如未來的文明，一方面能夠使求偶的事脫離各種世俗的計慮，另一方面更能把求偶真正健全的選擇標準與理想，嚴格地樹立起來，那麼，性選擇真可以成就一番取精用弘的事業，而成為人類進化的一派強而有力的導引的力量。柯奈爾·海門斯（Corneille Heymans）說得好：「假如男子希望未來的女子要比現在的高大些，感情用事得少一些，他們只需就目前已有的女子中，找高大的與不太感情用事的分子做配偶就是了。[042] 這種女子目前何嘗沒有呢？不過這種自由選擇的趨勢，一時怕還不容易發展。」那就是因為健全的標準還沒有樹立起來，而世俗的不相干的計

---

[041] 近代的優生學，就其應用的一部分學說而言，即建立在此種選擇的觀念與方法上。優生學的定義之一就是「人類演進的自覺與自主的導引」。

[042] 類乎這種選擇的行為，中國人很早就有人做過，並且做的時候往往很能撇開所謂世俗的計慮。姑且舉兩個例子，一是成功的，一是沒有成功的，後者無疑是半途吃了世俗計慮的虧。《後漢書·馮勤傳》：馮勤曾祖父揚，有八子，「兄弟形皆壯偉，惟勤祖父偃長不滿七尺，常自恥短陋，恐子孫之似也，乃為子伉娶長妻，生勤，長八尺三寸」。這顯而易見是成功的。《晉書·賈惠皇后傳》：「初武帝願為太子取衛瓘女，元后納賈郭親黨之說，欲婚賈氏。帝曰：『衛公女有五可，賈公女有五不可：衛家種賢而多子，美而長白，賈家種妒而少子，醜而短黑。』」後來惠帝終於取了賈后，可以說是選擇失敗了；而賈郭辛黨的話裡，大約包括不少世俗的計慮。這兩例，不妨再指出一下，都是和身材的選擇有關的，故而引注於此。

第五節 性擇

慮還是太多的緣故。

總之,到現在為止,我們還不能把達爾文的性選擇論看作造化的一把鑿子,把未來的生物不斷地鑿成許多翻新的花樣,同時又把鑿壞了的隨時拋置一邊。在相當限度以內,女子之所以為女孩,或女性形式的演變,多少總要受男子選擇標準的影響,而為所陶冶;男子之所以為男子,或男性形式的演變,也不免同樣地要適應女子的理想。海門斯也有過這種見解,我認為這一項見解是很正確的。獨惜所謂相當限度的限度,似乎是不寬綽的,並且也不容易捉摸;因此,我們到如今還不能把男子看作一個經由女子再三選擇後的創造物,看女子亦然。

上文的一番討論是很必需的;在進而研究性心理學的基本事實之前,這也是一些不可少的準備。我們要了解的是,我們雖襲用「性選擇」這個名詞,我們實際上所注意的只是求偶時一些抉擇的工夫和抉擇時所依據的各種官能的作用。至於這種抉擇的工夫對未來的族類究竟有何種影響,那就屬於達氏演化論的範圍,我們除了上文的一些旁敲側擊以外,暫且存而不論。

求偶是目的,求愛是手段。當手段進行之際,其間雖有比較與抉擇,卻不一定發生與情敵競爭的行為。自達氏的學說流行以後,一般人不察,總以為自然生活裡必須有「物競天擇」,而求偶生活裡必須有「男競女擇」,但至少在性擇範圍以內,這競爭的成分是可有可無的。不過求愛手段的本身是無所不在的,任何人求偶,要用到它;求偶成功以後,要維持性生活的正

常與滿足，在每一度性交之前，也要用到它；求愛所費的工夫，可以有大小，但不能或缺則一。研究家若霍華德，一方面儘管懷疑動物生活中「性擇」的功用，另一方面對於求愛現象的鋪敘卻是不辭瑣碎的。

與求愛及求偶有關的官能是觸覺、嗅覺、聽覺和視覺。我們似乎沒有理由把味覺牽引進來，因為所謂味覺，一大部分還是由通於口腔的後鼻孔所傳達的嗅覺。我們還可以進一步地說，我們不引進味覺是有一個很好的理由的；要知味覺是人生另一個大欲——飲食——的工具，假若味覺區塊也成為男子一大欲的工具，則人生兩大欲不免發生夾雜混亂的危險，而男女在求愛之際，興會所至，也許不以交合的方式，而以吞噬的方式，把求愛的對象變做果腹的對象了。動物中，有時候也有以對偶做食糧的，但畢竟是一些很少的例外，並且總是雌的吞食雄的，而吞食的時候總在交合與受精作用已經成功之後。味覺與求愛很不相干，不但於常態的人如此，即於變態的人亦未嘗不如此，這也是應當說明的。

第六節　觸覺

觸覺是最原始的一種廝磨方式。性交合動作的本身，就是一種廝磨的動作，而其最關緊要的部分便是觸覺。對於兒童，

第六節 觸覺

擠在一起呀，親吻呀，擁抱呀，也是不外乎一些廝磨的活動，用以表示一般的親愛或含有性的成分的特殊的親愛。這些活動，對於成年的戀人是同樣的有用。

觸覺雖與性擇有密切關係，但司觸覺的官能並不因此而有什麼特殊或專化[043]的地方。皮膚是一切知覺官能的基礎，而性的知覺又是最古老的各種知覺之一，所以性的知覺，就總體而言，必然是一般觸覺的一個變通，而沒有什麼很特別的所在。觸覺既屬原始，而所占的面積又廣，既散漫，又模糊，所以一經激發，它的情緒的陪襯總是特別濃厚；所以在一切感官知覺之中，觸覺是最缺乏理智的，同時，也是最富有情緒的。觸覺既有這些特質，又加上它和積慾與解慾的機制很早就發生了拆不開的關係，所以，要找一條方法來喚起性的活動，它是最方便的一條，也是最有力量的一條。

低等動物求愛時，觸覺往往是最占上風的一條途徑，我們根據上文，對於這一層也是可以想像得知的。蝦、蟹的求偶就由觸覺來決定；對於蜘蛛，觸覺往往是主要的求偶的官能。牛、鹿、馬、犬等高等動物求愛之際，舐舐的動作占重要的一部分，紐曼（Neumann）曾經目睹一對象求愛，公象先用鼻子在母象的身上往來撫摸，其次，兩象並肩而立，彼此的鼻子糾結著，彼此把鼻尖塞在對方的嘴裡，人類求愛到達相當程度以

---

[043] 生物學對於個體發育有幾個基本的概念，其中如生長，指的是體細胞的增殖與軀幹的加大，如分化，指的是體細胞的形態與功能的變化；分化而再進一步，便成專化。

後，這種類似的情不自禁的動作也是常有的。有的人，尤其是女子，在沒有或一時不能有完全的交合行為之前，這一類的觸覺方面的活動已足以提供適當的快感與滿足。

女子的情緒生活裡，觸覺原是一個特別顯著的成分，到了她的性生活裡，這一層尤其看得清楚。馬丁（Lillan Martin）研究大學女生的審美情緒，觀察到基於觸覺的情緒比其他的情緒要來得彰明昭著。克拉克（Pearce Clark）談到一個患癲癇的九歲女孩，說她只喜歡一種人，就是和她皮膚接觸時她覺得最舒服的人，又說她把所有認識的人分門別類的時候，是以在握手或親吻時她所得的感觸做標準。女子當春機發陳[044]的年齡，所表現的性的慾望，大抵不在性的交合，而在親吻或擁抱一類比較純粹的觸覺的行為。伊西多·沙格（Isidor Sadger）說：「許許多多年輕女子所輝耀的像佛光似的貞操之光是這樣的，性器官部分的衝動固然很少或沒有，但是在全身的皮膚、黏膜和肌肉系統裡，卻充塞著強而有力的性愛。」這一層，事實上不止春機發陳期的少女如此，就是已婚的女子，已有交合經驗的女子，亦莫不如此。換言之，自春機發陳起到將近解慾或性高潮之頃止，這種氾濫無歸的性愛是始終存在的。[045] 十八世紀的一部性

---

[044] 英文中 puberty 一字通常譯為「春機發動」或「春情發動」，大約是追隨日本人來的。唯中國舊日醫術如《內經》即曾用到「發陳」一詞，其所指即是這個性發育的開始的段落，故今即以「發陳」一詞代替「發動」。陳字有鋪陳展開之意，於義亦較貼切。

[045] 中國江南流行的俚曲中有〈十八摸〉一種，即完全拿一般皮膚、發育帶，及生殖器官的性觸覺做依據。

第六節　觸覺

愛小說裡寫道：「她儘管竭力地撐拒、掙扎，想擺脫他的兩臂的環抱，但一望而知她的目的無非是要把他和她接觸的點、線、面，盡量地增加。」女詩人蕾妮・維維安（Renée Vivien）說：「觸覺的藝術是詭異的、複雜的，它和香氣的夢境以及音樂的奇蹟站在一個平等的地位。」這句話出自女子之口，尤其是值得我們的注意。觸覺對於戀愛的重要性，在一般女子的認知裡，也是一種良知良能，這又是一點足以證明觸覺在性生活裡，比起其他知覺，實在是最初與原始的。

上文說的都是一些有關常態的話，觸覺與性生活的關係也可以有畸形及過敏的發展，此種發展的種類不一，有些情況男女都有，例如各種織戀物或獸毛皮革戀（喜歡撫摸玩弄獸的毛皮、絲絨、綢緞等物）；[046] 有些情況女子患者獨多，而往往與社會治安有關，例如竊盜癖。[047] 又有一種變態不妨叫做擠戀（frottage），則男子患者獨多，至少，其表現的程度在男子為特別顯著。患擠戀的男子喜歡在大眾場所，和完全不相識的女子擁擠摩擦，以獲取性的滿足，而發生摩擦處雖以生殖器官的所在部分為主，但並不限於這一部分；不用說，在這種場合下，即在尋求性慾滿足的男子也始終是衣冠齊楚的。有許多女子有時在群眾中站著（例如在熱鬧戲園的後排，甚至於在禮拜堂裡）忽然感覺到這一類意外惹厭的接觸，那就是此輩之所為了。這

---

[046]　詳下文第四章第五節。
[047]　詳下文第四章第六節。

第二章　生物學

種變態是可以引起法律以至於法醫學的問題的,而有此種變態表現的人也許在別的方面是很正常的人,不但很有身分,並且也是很明白事理的人。

怕癢不妨說是觸覺的副產品;它的基礎是一些反射作用,在胎兒期內,早就有些發展的。[048] 怕癢和性的現象也有密切的關係。比方說,怕癢是積慾的一種遊戲,而笑是解慾的一種遊戲;假設有性的刺激當前,此種刺激也多少已經引起一些性的慾念,但事實上這慾念是無法滿足的,或以不滿足為是,於是便用咯吱一笑的方法,來排遣這種慾念(在已有性意識而害羞的少女往往有此行為)。怕癢雖屬積慾的一種遊戲,但可以弄假成真,引進到積慾的境界,所以一到成年,即性關係通常開始的年齡,它就漸漸地消滅。成年人不太怕癢,就是這個道理。

不過怕癢的意義是不止一方面的。上文把它看作一種皮膚的羞怯現象,遲早不免消滅,不過是方面之一罷了。怕癢的起源,我們可以確定是和性現象沒有關係,它的基本功用大概與身體的保護有關。路易斯・羅賓遜(Louis Robinson)說得很對,在幼小的動物身上,凡屬最容易受侵害而最需要保護的地帶,也就是最怕癢的地帶。話雖如此,性器官一隅以及各個敏感帶的怕癢,和羅賓遜所說的怕癢,是不一樣的。性器官和敏感帶的皮膚裡的神經細胞有一種特別的本領,就是神經學家查爾斯・

---

[048]　最近此方面的研究漸多,例如美國耶魯大學阿諾德・格塞爾教授(Arnold Gesell)發現兩個月的胎兒已能做怕癢的反應,如果你搔背脊的部分,他的嘴就會張開。

第六節　觸覺

賈德森・赫里克（Charles Judson Herrick）所說的，它能夠把許多連續的刺激累積在一起，累積得越多，那神經中樞的皮層細胞被牽涉而積蓄的力量便越大。比方說，山坡上半融解的冰塊往山下流瀉，越瀉越多，其勢便越銳不可當。這種力的累積也就是我們在上文所已討論過的積慾的過程，而其終極，即是力的解放，也就是解慾的過程；還拿冰塊作比方，就算它一瀉萬丈，終於轟然一聲，打著了山腳下的平地，但一般的皮膚裡的觸覺細胞則不然。它們接受刺激後的反應不過是肌肉抽動一下，或忍俊不禁地大笑一陣罷了。無論如何，一切性愛的廝磨，尤其是性交合本身，和怕癢是有一個親切的關係的。哲學家巴魯赫・斯賓諾沙（Baruch Spinoza）著名的戀愛定義就建立在這一點上：戀愛是「同時有外緣印象做原因的一種發癢」（Amor est titillatio quaedam concomitante idea causaeexternae）高爾斯（Gowers）也說過，性交合的動作歸根結柢是一個皮膚的反射。

怕癢的地位也是隨著文明的程度而發生變遷的。在野蠻民族的性愛生活裡，怕癢是很有地位的。即在歐洲民族的初期生活裡，怕癢也還相當重要。到了近代的文明社會，一部分的年輕女子雖或時常用搔癢的方法來覓取性的快感，但整體上這種方法是無關宏旨的。在文明單純的民族中，往往搔癢就是求愛的表示，並且有時候，搔癢和交合在語言上是一個字。南美洲南端的火地島的原住民便是一例。德國人把女子的陰蒂（clitoris）叫做 Kitzler，就是「怕癢之物」的意思，也表示語言上的一

第二章 生物學

種會通。拉丁文裡也有類似的例子。拉丁文裡的一個詞 Pruritus 釋做「癢」,如今在醫學的專有名詞裡還在沿襲通用,但此詞也有「貪淫」的意思。近代醫學說人體上有若干特別怕癢之點,而這些癢點所在的區域,在幼年和將近停經的年齡,往往可以因自發的搔癢而引起性的快感,可見拉丁文中的一詞兩用也是很有意義的。斯坦(B.Stein)說,十八世紀中,俄國某皇后有一個奇癖,她在宮裡豢養著一批宮女,平日專替她捏腳取癢,同時還要說些淫辭,唱些豔曲;有時,此種過度淫亂的生活產生了疲乏,還得替她施行一種特別解悶與提神的方法,就是吸吮她的臀部。擔任這奇特差使的人,不用說,是當時俄國的一部分貴族女子。[049] 俄國某皇后的此種奇癖,是有一個生理學的解釋的,費雷曾經加以證明,搔癢的舉動,適當的話,是一種可以提神而增加活力的刺激,但若過了度,便可以教人疲乏。

怕癢與性感覺的關係還有一些事實的證明。有一個女子講起她的性經驗時說,在她沒有交合的慾念時,假如男子碰到她的生殖器官,她只會發癢,但若慾念起時,癢的感覺便消釋了。因此,我們不妨說,癢的感覺是性的感覺的一個替代,而性的感覺是癢的感覺的一個變相。怕癢的現象,原先好比一個

---

[049] 清袁枚《子不語》卷二十一有〈蔡京後身〉一則,崇禎時某相公癖好甚奇,「好觀美婦之臀,美男之勢。以為男子之美在前,女子之美在後,世人易之,非好色者也。常使女衣袍褶,男飾釵裙,而摸其臀勢,以為得味外味。……有內閣供事石俊者,微有姿,而私處甚佳,公甘為呃弄,有求書者,非石郎磨墨,不可得也。號臀曰白玉綿團,勢曰紅霞仙杵。」與俄國某皇后的奇癖參看,不過這是主動的,而俄國皇后的是被動的。

第六節　觸覺

守門的警衛，拒絕外來的接觸，但後來面目一換，變成一個前哨的先驅，歡迎與招致外來的接觸。

皮膚與性生活有親切的關係，怕癢的現象之外，還可以從皮脂腺的行為裡看出來。皮脂腺是毛髮腺退化而成的。人類的祖先全身有毛，皮脂腺便是體毛蛻落後的遺留。當春機發陳的年齡或性系統發生障礙的時候，皮脂腺有恢復生毛的傾向，但其結果不是毛髮，而是大量的粉刺；女子到停經以後，皮脂腺也真有生毛或鬚髭的。[050]

所以不但皮膚和性系統有密切的關係，連毛髮以及毛髮的變態也是如此。雷蒙・薩布羅（Raymond Sabouraud）發現女子若

---

[050]　中國文獻裡關於女子生鬚的記載頗不少，拉雜徵引於後：
一、李光弼母有鬚數十根，長五寸許。出《雞肋編》。
二、徽宗時，有酒保婦朱氏，四十生鬚，長六、七寸。
三、宋宣和初，京都人朱節，以罪置外州，其妻年四十（一作四十一），居望春門外，忽一夕，覺頷癢甚，至明鬚出，長尺餘，問其實，莫知所以，賜度牒為女冠，居於家。此例出江萬里之《宣政雜錄》，疑與第二例為一事。
四、元至正間（一作明洪武初），南京齊化門東街，達達（韃靼）婦人，有鬚髭長尺許，出郎瑛《七修類稿》，一說亦出《草木子》。
五、元至元元年正月，祥符縣市中，一乞丐婦人忽生鬚髭。
六、明弘治六年，湖廣應山縣民張本華妻崔氏，生鬚長三寸餘，見當時邸報。出《庚巳編》。
七、明《庚巳編》作者之里人卓四，商于鄭陽，見主家一婦，美色。頷下有鬚三繚，長數寸，人目為鬚三娘。
八、明正德十三年，臨河城靳氏女，將笄，忽生鬚，長四寸許，剪之復出。出《開州志》。
九、福建林文格公母黃氏亦有鬚寸許。
以上各例散見或互見明徐應秋《玉芝堂談薈》（卷十二）、朱國楨《湧幢小品》（卷二十一）、清褚人獲《堅瓠續集》（卷一）及盧若騰《島居雜錄》下卷。此種例子當然不一定都和藹氏所說的理由有關，其中一部分也許因為內分泌腺系統起了變化，另一部分也許是胎毛（lanugo）畸形發展的結果，但總有幾個是屬於藹氏在這裡所討論到的一類的。

第二章　生物學

患局部性的禿頂或斑禿（alopecia areata），率以春機發陳的年齡及五十歲光景為多；但在男子便沒有這種年齡上的限制。又如女子因病將卵巢割除，以致月經中途止絕，也往往會引起毛髮的大量脫落；妊娠期內月經暫停，有時候也會發生同樣的現象。

性交合整體上是一種特殊的皮膚反射，固然有如上述，但是在一般的皮膚觸覺和此種特殊的反射之間，還有許多第二級的性觸覺的中心，這些中心的所在區域，我們以前已經介紹過，就是若干敏感帶。

這些第二級的中心有一個共同點，就是，都和身體上的出入口有關係，也就是，都安排在皮膚和黏膜銜接的地方。這些地方的觸覺，經過長期的演化以後，是特別的靈敏，特別的細膩。就總體而言，這種人身上的邊疆地帶和異性同樣的或類似的邊疆地帶接觸之後，假如環境適宜，便可以喚起積慾的過程，以至於產生強烈的性的刺激。此種地帶的彼此接觸，或直接和性器官接觸所引起的反射，可以說和性器官彼此接觸後所引起的反射完全相似，其所發動的神經的力量也是一般無二。它們之所以成為第二級的性觸覺的中心，原因就在此了。

我們必須記住，這些現象，這些出入口地帶的接觸，基本上都算是正常的。有人把這種現象的一部分看作孽邪或淫穢一流，那是不對的。無論如何，假如這種接觸是用作積慾的一些幫助，一些手段，而自身不成目的的話，我們總應當把它們看作在正常的變異範圍以內，而不是變態或病態。從審美的立場

第六節　觸覺

看，可能不堪入目，但這類評判當然另屬一回事。不過我們也得注意，美的標準往往因性的情緒而有變遷；一個不相干的人所認為不美的許多東西，一個在戀愛狀態中的人卻認為是美的；他的戀愛的情緒越是熱烈，他的通常的審美標準越容易產生變化。我們若非從性的觀點討論，全部性的現象事實上可以說是很不美的；除了積慾過程的初期活動以外，其餘全部都說不上一個美字。

利用敏感帶而取得性的興奮，不能算是不正常，還有一個簡單的理由，就是，在人類以外的許多動物裡，這也是一個很普通的現象。總之，假如此種興奮的目的不止在促進積慾，而也在取得解慾，即上文所已說過的不只是手段，而也是目的，那就不免有幾分放辟邪侈了。不過這種放辟邪侈也還在疑似之間，自避孕的方法流行以來，許多人往往改變他們性交的方式，或運用一些特殊的避孕技術，假如這些不能算作邪僻一流，則此種以手段為目的的性行為也還不能看作過分的超乎理法之外。

接吻便是此種性行為的一例。嘴唇是人體上的一大邊疆地帶，是皮膚與黏膜毗連的一個入口，有極銳敏的觸覺作用。在許多方面它很可以和陰門或陰道口相比，並且有一點比陰門還顯得靈活，就是，它還有一個神經更銳敏的舌頭做它的後盾。所以嘴唇的密切與長時間的接觸，在適當而可以招致積慾的環境下，可以引起很強烈的刺激作用，其強烈的程度，雖次於性器官直接的接觸，在各個敏感帶裡，總要推它為首屈一指；一

第二章　生物學

樣是許多條可以把神經的力量匯入性領域的路徑,只有它是第一條大路。一般的接吻如此,而所謂斑鳩式的接吻(columbine kiss)尤其如此。在法國南部某一地區所流行的一種接吻,叫做法式熱吻(maraichinage),也就是斑鳩式接吻的一種;[051]不過在一部分神學家的眼光裡,這種接吻是一樁萬劫不復的罪孽。接吻與類似接吻的表示,在其他動物中也很多,例如蝸牛和昆蟲以觸角相接,鳥類以喙相交,狗與其他動物在交合時彼此的舐咬。到了人類,接吻有兩個成分,一是觸覺的,一是嗅覺的,不過觸覺比嗅覺的來歷為古遠,而在歐洲民族之中,它所占的地位也遠在嗅覺之上。不過偏重嗅覺的接吻,實際上比偏重觸覺的要分布得廣;歐洲或地中海區域以外,大都流行偏重嗅覺的接吻;在蒙古人種的各民族中,這種接吻發展得最完全。[052]

接吻雖屬於積慾的一大手段,還有其他屬於觸覺的比較次要的手段。異性之間任何其他出入口的接觸都是積慾的手段,其效力有時也不在接吻之下:這些手段,其實都屬於接吻一流,不過接吻最富有代表性罷了。舐陰(即以舌舐女子的陰部,英文為 cunnilinctus,普通誤拼為 cunnilingus)和咂陽(即以舌咂男子

---

[051]　按即兼帶咂舌的接吻,盛行於法國西北部的布列塔尼(Bretagne)一帶。在中國也有,參看下文注 68 所引耶律乙辛〈十香詞〉的第五首。
[052]　作者此說蓋出自法人唐汝窪所作〈歐洲與中國的接吻〉一文(d'Enjoy, le Baiser en Europe et en Chine)。唐氏說中國式的偏重嗅覺的接吻有三個步驟:一是把鼻子放在所愛者的頰上;二是一度深呼吸,同時上眼皮向下關閉;三是上下唇翕而忽張,發一種輕而尖銳的聲音,好像是領略著一種美味似的。詳見靄氏所著〈接吻的起源〉一文,現入《性心理學研究錄》第四輯附錄。

第六節　觸覺

的陽具，英文為 fellatio)([053] 及 [054]) 都可以說屬於接吻一類；並且也不能看作違反自然，因為在他種動物和未開化的民族之中，我們同樣可以找到這一類的活動。把它們看作廝磨的一些方式與積慾的一些幫襯，它們原是很自然的，並且，在一部分人的經驗裡，它們正是所以獲取性快感的一些無上的條件；至於這種活動是否合乎審美的標準，那是另一問題了，大概總算不上美吧。不過這一類的活動是可以走入歧途的，假如畸形發展到一個境界，弄得喧賓奪主，取正常的性交合而代之，那就不免受「邪孽」或淫穢一類的譏誚了。

乳頭也是一個有出口的邊疆地帶和很重要的性觸覺中心。這是不足為奇的，因為它根本上和子女的養育及種族的繁衍有關，至於它和性的關係還是後來演變的結果。這無疑是一個很重要的關鍵，嬰兒的唇與母親的乳，兩相接觸，可以說是一切性接觸的濫觴；成年男女唇部的性觸覺就從嬰兒哺乳時唇部的觸覺演進而來。

乳頭既然是分泌乳汁的器官，它和性器官的關係必然是很

---

[053]　中國性愛小說中分別叫作「品玉」、「品簫」，文雖雅馴，總嫌刻畫，茲不襲用。

[054]　靄氏自注：皮埃爾・讓・喬治・卡巴尼斯（Pierre Jean Georges Cabanis）以前，法國動物學家查爾斯・博內（Charles Bonnet）也有過一番觀察；他在西元 1764 年出版的那本《關於自然界的默想》（*Contemplation de la Nature*）一書裡，他提到嬰兒吸食母乳，可以引起「甜蜜的情緒和快樂的感覺」，並且此種溫情與快感的功用即在保障母子間的自然的親愛；保障之說也許還不夠，「我們即使說，此種溫情快感便是親子之愛所由養成的一個主要原因，也不為過」。至於對於哺乳類以下的動物，博氏又添著一筆說：「我們至少也可以考慮到親子之間的體溫所相互供給的一些溫暖。」譯者按正文中說卡巴尼斯是最先記載這一類觀察的人，洵如靄氏這一段自注的話，則最先兩字應當改正。

第二章　生物學

密切的，嬰兒呱呱墜地之頃，便需要乳汁的營養，要不是因為這番密切的關係，乳頭這種得心應手的哺乳的準備便無從而來。乳頭的吸吮，在客觀方面，可以令子宮產生一種反射的收縮作用，在主觀方面，它可以使女子感覺到很濃厚的性的情緒。這種主觀的影響，以前沒有人在學理上發現過，一直到十九世紀的初年，法國的學者皮埃爾・讓・喬治・卡巴尼斯（Pierre Jean Georges Cabanis）才最先有這種記載；他說，有幾位母親曾經告訴他，在嬰兒哺乳的時候，確實會引起這種感覺[055]。這一種很正常的關係是很容易有一個解釋的。為維持哺乳動物的種族的生命起見，這種關係也正是萬不可少。假如沒有這一番快感，做母親的又何樂而必得負起哺乳的辛勞責任呢？乳汁的分泌固然可以減少乳腺的脹悶，而引起一種鬆弛的快感；但這是不夠的，於是最現成的方法是撥開性的情緒的源頭，而讓它來提供更大量的快感；好在這條路是早就打通了的，在妊娠期內，性器官對於乳腺，早就發生過一番作用，女子在受胎以後，卵巢方面便有特殊的信使（荷爾蒙的一種）派遣到乳腺方面去，為的是令它準備乳汁。

不過乳腺和性器官的關係雖屬十分密切，這種關係或許不是很特殊的，即乳腺而外，還有其他可以和性器官發生同樣關係的器官。庫爾迪諾夫斯基（Kurdinovski）用兔子做試驗，發現身體上其他出入口的刺激，例如耳朵，也可以引起子宮強力的

---

[055]　同注54。

第六節　觸覺

收縮，再推而廣之，也許任何身體外的刺激都可以循反射的路徑而喚起子宮的收縮。這樣一個假設，牽扯到皮膚一般的性觸覺以及敏感帶的特殊性觸覺的現象。

乳頭和性愛的興趣有重要的關係，還有一則歷史故事可以證明，就是，天主教的神學家對於這個主題也曾下過不少的工夫。十八世紀中，這些神學家對於撫摸乳頭的罪孽問題，曾經有過一番激烈的論戰。一般的教會與宗教法庭的主張是，這種行為是有罪的，但是著名的耶穌會神學家認為，只要一個人沒有淫穢的動機，就是撫摸女尼的乳頭也不過是一個可赦的罪過。在某一個耶穌會所設立的感化院裡，他們更進一步地主張說，若有人否認這種行為根本上可以是無罪的，那人便有離經叛道的危險，並把自己置身於楊森派（Jansenist）的叛徒之列。[056]

---

[056]　性與觸覺的關係，方面甚多，靄氏所論已不能說不詳盡；不過有一點靄氏似乎始終沒有提到，不但本書裡沒有，就是七大本的《研究錄》裡也沒有。就是觸覺與陽具崇拜的關係。靄氏在下文討論〈性擇與視覺〉及〈裸戀〉的時候，固然都提到陽具或其象徵的崇拜，但此種崇拜和觸覺有何關係，則始終沒有顧到。一個女子，要她在日常環境之下，和男子的生殖器官發生觸覺的關係，當然有各種顧忌，但若和它的象徵發生接觸，就沒有顧忌了。不但沒有顧忌，並且往往是一件公認為吉利的事；至於吉利何在，就得看當時當地社會的說辭了。這一類象徵的接觸在中外通俗的信仰裡也很不少，姑舉兩、三個例子。清梁紹壬《兩般秋雨庵隨筆》說：鳩茲俗，女伴秋夜出遊，各於瓜田摘瓜歸，為宜男兆，名曰「摸秋」。又清初鈕琇《觚賸》說：北京元夜婦女連袂而出，踏月天街，必至正陽門下摸釘乃回，舊俗傳為「走百病」；當時相國陳之遴的夫人徐燦所做的詞裡有句說，「丹樓雲淡，金門霜冷，纖手摩挲怯」，指的就是摸釘這回事。說「宜男兆」，說「走百病」，都是所謂說辭了，要緊的還是那麼摸。又北京城外白雲觀大門門圈的石刻裡也有一件突出的東西，專供燒香的婦女撫摸，門圈是白石雕成的，唯有這突出的一部分最黝黑，且有光澤，當然是摸出來的了。這是許多遊白雲觀的人所親見的。

第二章　生物學

第七節　嗅覺

就動物進化的歷史而言,嗅覺和一般的觸覺起初並不是分化得很清楚。嗅覺漸漸地分化而專化出來以後,又添上更後發展的味覺,動物界最後才有了一個化學的知覺官能。在脊椎動物裡,嗅覺終於成為一切知覺中發展得最進步的一個;動物能察知遠距離的物件,第一要靠它;對於近距離的物件能有一個準確的了解,也靠它;大多數的心理活動要靠它做先導,而這些活動的情緒衝動還得借重它以達於意識的領域。在爬行類裡,與後來的哺乳類一樣,不但一切涉及性的心理活動整體上與嗅覺有關,就是一切外來的印象,也是大部分要經過嗅覺的官能,換言之,嗅覺所接受的印象,在數量上,要超出其他官覺之上。從嗅覺的刺激裡,一個動物不但可以得到相當的性慾的激發,並且此種刺激的力量往往足夠抵過其他感官知覺所接受的刺激而有餘。這是不足為奇的,因為我們知道在動物的腦神經裡,嗅覺中樞所占的區域原是特別的廣大。這方面的專門學者如艾丁傑(Edinger)與史密斯(Elliot Smith)早就指給我們看,大腦的皮層起初幾乎全部是一個接受嗅覺的中樞與令嗅覺得以影響行為的一個發號施令的機關;同時,我們也知道,嗅覺的印象可以直達大腦的皮層,而並不假道於間腦。總之,嗅覺在心理學上的地位是很特殊的,它可以說是「一切高級心理作用的種子」,至少,它有一種力量,可以把它們都連繫在一起。

第七節　嗅覺

原始的脊椎動物是住在水裡的,在水的環境裡,嗅覺的功用特別大,它幾乎控制一個動物的全部行為,它的意義的遠大,自不待言(不過此時的嗅覺和味覺更相近,並且比起其他感官知覺也更容易受刺激的影響)。

到了較高等的類人猿及人類,情形卻完全改變了。嗅覺固然還是普遍保留著,並且還是異常的細緻,不過我們難得用到它罷了。無疑地它依然有許多的用處,不過這種用處已退居輔助的地位。常有人評論未開化的民族不識香臭,至少對於惡臭的東西,漠不關心而不知迴避。這種情形確實是有的。不過,這種民族也往往很能夠辨識各式各樣的臭味,若說他們的嗅覺一定不如我們,或高出我們之上,倒也都不見得。到了文明社會,各式臭味在人的情緒生活裡,當然也始終有它們的地位,尤其是在氣候炎熱的地方。

不過,無論在實際生活或情緒生活裡,也無論在科學的領域或藝術的領域裡,就普通的情形而論,嗅覺總是一個輔助的官能。因此學術界對於嗅覺的研究,一向也是異常的冷漠,一直到西元 1888 年,荷蘭烏特勒支大學(Utrecht University)的亨德里克・茲瓦迪梅克(Hendrik Zwaardemaker)發明了嗅覺計(olfactometer)並發表他的研究工作之後,這一部分的學問才算恢復了它應有的地位。[057] 過了幾年,比利時布魯塞爾的黑寧克

---

[057] 指茲瓦迪梅克所作《嗅覺生理學》(*Die Physiologie des Geruchs*),西元 1895 年出版。

第二章　生物學

斯（Heyninx）又做進一步的研究，他想把它安放在嚴格的物理學基礎上，定出了類似光帶的臭帶，把各種臭味，根據它們的波線長短，安排在上面。照他的看法，臭味之所以能感動嗅覺器官而成為意識的一部分，乃是由於一種分子的顫動力量，而不是由於化學的力量。

同時，別的專家，例如喬治・霍華德・帕克（George Howard Parker），則始終認為化學的知覺有別於物理的知覺，例如觸覺之於壓力，聽覺之於聲音，視覺之於光的刺激，而嗅覺其實是一種化學的知覺，並且是化學的知覺中最主要的。化學的知覺由來甚古，可以遠溯到當初水棲的時代；主要的嗅覺之外，又包括味覺、包括通入鼻腔的鋤鼻器（organ of Jacobson）的功能和一個共同的化學的知覺，關於嗅覺方面，我們雖有這一類的研究，但可靠的結論到現在還不能算多。

嗅覺從觸覺分化而來，所以其傳達的知識也多少有幾分模糊不清，不過它所牽扯到的情緒作用往往是很濃厚的。因為這各種特點（即雖然模糊，卻有它特殊的功能，雖屬無用，卻與動物的生存十分關切），有許多研究者認為一切知覺之中，唯有嗅覺最配叫做想像力的知覺。的確，嗅覺接受暗示的力量是最強的，它喚起遙遠的記憶而加以濃厚的情緒渲染力也是最豐富的；同時，同樣是感官知覺，只有它所提供的印象是最容易改變情緒的力度和格調，和受刺激的人當時的態度互相呼應。所以各式香臭之氣往往特別容易控制情緒或受情緒所役使。在文

第七節　嗅覺

明社會裡，原始時代的情緒生活所養成的各種對於臭味的連結關係，不免有解體之勢，不過，同時嗅覺和想像力的一部分關係卻比以前發達了；文明人在嗅覺方面會有什麼奇怪的癖性，也就在想像力這一端上表現出來。

香臭的氣味對於整個神經系統是一些強而有力的刺激，像許多別的刺激一樣，適當的話，可以增加活力，過度或時間太久了，又會使精神疲乏。因此，醫學界很早就發現凡是含有揮發性的油質香料可以用作麻醉藥和治痙攣的藥；這些香料也可以增強消化作用，促進血液循環，並刺激神經系統，但若分量過重，則功用適得其反。費雷的試驗，一方面教人吸用各種香氣，同時用測力計和肌動描記計一類的儀器來測量他們出力的大小或疲憊的程度，對於研究嗅覺刺激的各種作用有特別大的貢獻。

我們現在可以討論人類性生活與嗅覺的關係了。第一層我們應當注意的是，無論男女，身體上總有幾分臭味。這種臭味往往因年齡及族類[058]而有不同。關於因年齡而發生的不同，西洋醫學的祖師、希臘人希波克拉底（Hippocrates）在二千幾百年前就有所了解。就是，凡是和性現象有關係的臭味，總要到春機發陳的年齡才取得成熟的各種特點。事實上，嬰兒、成年人、老年人各有各的臭味；莫寧（Monin）甚至說，[059]在相當程

---

[058]　靄氏在《研究錄》第四輯中詳論嗅覺的時候，曾一再說到中國人的體臭很像麝香，見第四輯60頁及96頁。
[059]　見莫氏所著《人體的臭味》一書。

第二章　生物學

度以內，我們也許可以根據一個人的臭味，來發現他的年歲。無論男女，從春機發陳期起，經過青年期、成男的初期或成女的初期，都得經過一個體臭的漸出發展的歷程，而其臭味的成熟也可以從皮膚上與排泄物裡聞得出來，並且這種漸進的發展是和第二性徵如毛髮與色素等的發展並進的。事實上義大利人西爾維奧・文圖里（Silvio Venturi）確實把體臭歸作第二性徵的一種。[060]

嗅覺的地位雖然重要，但在人類實行性擇的時候，真正完全靠嗅覺的力量的卻也不太多見。這倒不是因為嗅覺所得的印象不管事，乃是因為使人產生舒服之感的各種體臭力量方面總是不夠強，而嗅覺又過於遲鈍，於是嗅覺的地位便不得不退居視覺之後。

話雖如此，許多人的體臭，尤其是體格健全、而在性的方面容易教人愛慕的人的體臭，是並不惹厭的，甚至於聞起來相當舒服。要是這種體臭的來源是一個戀愛的對象，那就不但不惹厭，並且會有很大的引人入勝的魔力。[061] 還有一點可以增加

---

[060]　見文圖里所著《性心理的退化現象》（Le Degenerazioni Psico-sessuali）一書。
[061]　這種體臭的記載見於中國文獻裡的也不少，姑舉數例於後：
伶玄《趙飛燕外傳》說到飛燕和她的妹子合德的一大區別，以及合德之所以獲取漢成帝的愛寵的一大原因就是這種體臭：「后浴五蘊七香湯，踞通香沉水座，燎降神百蘊香，婕妤浴豆蔻湯，傅露華百英粉。帝嘗私語樊嬺曰：『后雖有異香，不若婕妤體自香也。』」
唐張讀《宣室志》記道士尹君說：「故尚書車公銳鎮北門時，有道士尹君者……容貌若童子……常有異香自肌中發，公益重之。公有女弟學浮圖氏，嘗曰『佛氏與黃老固殊致』，且怒其克與道士遊。後一日，密以堇斟致湯中命尹君之，尹君既飲，驚而起曰，吾其死乎！俄吐出一物甚堅，有異香發其中，公命剖而視

第七節　嗅覺

此種體臭的引誘的力量，那就是上文說過的許多臭味對神經有興奮的作用，如今一部分的體臭恰巧就屬於這一類。

無論男女，鼻子裡司嗅覺的黏膜和整個生殖器官也有一種密切的關係，而時常發生一些交感的作用，這一層也似乎是已經相當確定而無可懷疑的。因此，外界對生殖器官所產生的影響有時候也會牽涉到鼻子，而外界對鼻子所發生的刺激，經由反射作用也會牽動到生殖的領域。

在一部分人的情緒生活裡，嗅覺不尋常的占據特別突出的地位，這種人為數不多，但在生活的其他方面卻也十分正常，而與普通人沒有區別。這些少數人，法人阿爾弗雷德・比奈（Alfred Binet）在他研究戀物[062]的時候，就叫做「嗅覺型」，嗅覺型的人，雖不如視覺型、聽覺型與精神動力（psycho-motor）型的多而重要，但也自成一型，而很可以和他們相互參較。嗅覺型的人，比起別型或普通的人，不但特別注意到各式的臭味，並

之，真麝臍也，自是尹君貌衰齒墮，其夕卒於館中……」尹君的肌香是不是有特別的器官，有如《志》中云云，和此種器官是不是有駐顏益壽之功，我們都不問，不過麝臍之說卻很可以和上文注58中所說的互相印證。

冒襄《影梅庵憶語》講到和董小宛閨中品香之樂說，沉水香結而未成，「如小笠大菌，名蓬萊香，餘多蓄之，每慢火隔砂，使不見煙，則閣中皆如風過伽南，露沃薔薇，熱磨琥珀，酒傾犀罌之味；久蒸衾枕間，和以肌香，甜豔非常，魂夢俱適」。

清代野史裡所盛稱的香妃，在概也是一例。有一段記載開頭說，「回部王妃某氏者，國色也；生而體有異香，不假熏沐，國人號之曰『香妃』。或有稱其美於中土者，清高宗聞之，西師之役，命將軍兆惠一窮其異。兆惠果生得香妃，致之京師……」

清諸晦香《明齋小識》（卷三）記：「姻戚某夫人竟體生妙香，中裙廁喻經瀚濯，香恒不減……一女現年三十餘，貌肖母，卻無他異。」

[062]　詳下文第四章第四節。

第二章　生物學

且容易在這方面表示好感或表示惡感。[063] 這種人甚至可以從嗅覺方面獲得性的滿足。詹姆斯・G・基爾南（James G. Kiernan）曾經創製一個名詞「戀臭癖」（ozolagny）來稱呼這種性心理的特點。有許多不能說是不尋常的女子會因特殊的臭味刺激而產生強烈的性慾（並且竟有不假其他的力量而到達亢奮程度的）。這類特殊的臭味包括所愛的男子的一般體臭，或此種體臭與菸葉的混合臭味，或各種皮革的臭味；而皮革的臭味，究其極，還不就是皮膚的臭味嗎？這種女子，有時候想起了所愛男子的體臭，或嗅覺方面突然發生類似此種體臭的幻覺，也會引起積慾以至於亢奮的反應。

就是在尋常的人，體臭在性的交際方面也有不少關係。兩性之間，或因其臭味相投而接近，或因不相投而疏遠，也是常有的事。[064] 這種現象有人就叫做「嗅覺現象」（olfactionism）。不過因為人類的嗅覺要比其他的動物為遲鈍，所以嗅覺的活動，就一般情形而論，總要在求愛的歷程已越過初期的境界以後，因此，它的性擇的意義也就不如對其他動物的深遠。無論如何，嗅覺在人類性擇中多少還是有它的地位，族類的文明程度儘管不同，對於性擇的成敗利鈍，嗅覺自有它的一番影響。這一層是可以確定的，不幸的是這種影響既比較不顯著，我們只能有

---

[063]　對於別人的體臭特別容易生惡感的人並不太少，即在中國正史裡都可以尋出例子來。南北朝時，昭明太子蕭統的兒子蕭詧「不好聲色，尤惡見婦人，雖相去數步，遙聞其臭；經御婦人之衣，不復更著。又惡見人髮，白事者必方便以避之」。見《周書》本傳。

[064]　中國人交友，有「臭味相投」之說，可見是有生理的根據，而不只是一個比喻。

第七節　嗅覺

零星與偶然的一些觀察罷了。

上文引述過的基爾南認為,嗅覺對於文明人類性生活的影響實在是不小的,不過一向的看法不免把它的價值估得太低了些。這一項見解我認為是對的。不過我們也不必追隨古斯塔夫·耶格爾（Gustav Jäger）而走上另一個極端,認為人類的性衝動,和別的動物一樣,大部分或全部是一件嗅覺的事。[065]

人類和其他的動物還有一點不同,就是,不但嗅覺的性的意義減少了,並且身體上的嗅覺的對象也產生了改變。這對象本來是在下半身或後半身的性的區域,到了人類便移向上半身來了。視覺的對象,在這一點上也有同樣的情形。男女的生殖器官,在異性的眼光裡,通常都算不得是很美觀的東西,所以非到求愛的工夫相當成熟以後,不會輕易呈露出來,而實際上可以呈露而有吸引價值的也是上半身的各部分。人類有文明以後,就有將生殖器官深藏禁錮的習慣,吸引的對象之所以產生地位上的改變,無疑也和此種習慣有些關係。因此,體臭的性的誘惑,到了人類,就不從胯下出發,而從腋下出發,即所謂腋氣;此外如皮膚、毛髮等,當然也有它們的氣息,但就一般的情形而言,總以腋下為主要的泉源。就歷史與理論說,腋氣一類的體臭是應該有積極的性的效力的,但就日常的經驗而論,它們的效力也許適得其反,即不但不能誘致異性,並且會招人厭惡,除非是積慾的過程已經進入相當階段以後,不過,

---

[065]　見耶氏《靈魂的發現》（*The Discovery of The Soul*）一書。

第二章　生物學

這還是就一般的情形而言,對於有的人,就在這一階段,腋氣一類的體臭依然可以引起厭惡而成為性生活的嚴重障礙。[066] 就這一點說,我們對於人體的嗅覺經驗,認為是可以和觸覺經驗相比,而不能和視覺經驗相比。嗅覺到了人類,已不再是理智的好奇心理的第一條途徑,這第一條途徑的地位已經讓給視覺了。各種體臭也還有它們的引誘的力量,但大抵只限於情緒想像等方面,而且僅限在關係極親密的人之間,至於理智方面就更談不到了。即使在情緒與想像等方面,體臭有時候也似乎只有拒人於千里之外的效力,而喚起美國心理學家威廉·詹姆士（William James）所謂的「反性的本能」,即與性慾相悖謬的一種本能。

在動物之中,兩性似乎彼此都容易受到體臭的影響；要是雄性的方面在生殖器官部分往往有它的臭腺,雌性在交尾的季節裡也往往有她的特殊的體臭,而其誘惑的力量也不在雄性之下。到了人類,男女兩性對於臭味的一般感受力卻並不相等,女子的感受力要比男子的大。德國學者格魯斯（Groes）告訴我

---

[066] 中國關於腋氣的記載也還不少,姑就所見徵引如下。漢代金日以胡人入侍,欲衣服香潔,變胡虜之氣,自合香物一種,後世即名「金香」。此段出洪芻《香譜》引《洞冥記》。腋氣俗名狐臭,因此有人以為狐當作胡。又唐崔令欽《教坊記》說:「范漢女大娘子,亦是竿木家,開元二十一年出內,有姿媚而微慍羝。」「羝」指的就是腋氣。醫書也時常提到胕氣。《千金方》說:「有天生胡臭,有為人所染臭者」；《奇效良方》說:「治腋氣用蒸餅一枚,劈作兩片,糝密陀僧細末一錢許,急挾在腑下,略睡少時,候冷棄之,如一腋止用一半。」據說此方很有效。《真珠船》說:「葉元方平生苦此疾,偶得此方,用一次,遂絕根。」以上各則記載見清褚人獲《堅瓠廣集》（卷三）及梁紹王《兩般秋雨庵隨筆》（卷二）。狐臭於中國江南亦稱豬狗臭。用狐、羝、豬、狗一類字樣來稱呼腋下的臭味,也足徵一般人的厭惡心理。其實「羝」的名稱最較正確,見下文注68。

第七節　嗅覺

們，就在兒童之中，女童對於香味的興趣要比男童為強；同時其他學者的研究，尤其是義大利的加比尼（Garbini），發現女童不但感受力強，辨別力也大。其在美國，塞耶（Alice Thayer）證明女童的愛惡心理所受臭味的影響，要比男童的大得多。義大利安東尼奧·馬羅（Antonio Marro）的調查還要進一步，他對於春機發陳期前後的女子做過一番長時期的觀察，終於發現女子一到春機發陳的年齡，在廣義的性生活開始的時候，臭味的感受力便會增加，而在其他感官知覺方面，則不如此。[067] 此外，我們不妨再補充一些類似的觀察，就是有的女子在懷孕的時候，嗅覺會變得過分的靈敏，女子即使到了晚年，這種超越男子的嗅覺，也還可以維持於不敗，這一點，尼古拉·瓦希德（Nicolae Vaschide）的試驗可以證明。總之，就總體而言，對於嗅覺的印象，更容易受它的影響而感受得更多的，是女子而不是男子，這是范·德·維爾德和許多婦科專家現在已經公認的。

　　臭味的種類雖多，來源雖不一，但化學的成分往往很近似或根本相同；因此文明社會裡香水、香粉一類的化妝品或許也有它們的性的效力，和原始時代體臭的效力大致相同。這種香品的由來似乎很古早，伊萬·布洛赫（lwan Bloch）特別注意到這一點，認為原始的女子很早就知道利用它們；不過她們的用意和文明女子的有些不同；文明女子的用意往往在掩蓋身體上自然的臭味，而原始女子則在增強她原有的體臭。假使原始的

---

[067]　見馬氏著《春機發陳期論》第二章。

第二章　生物學

男子對於體臭微薄的女子不免存鄙薄之心，這種女子總得設法來補救她的自然的缺憾，好比近代的女子喜歡在身體的曲線方面，特別地下功夫一樣。這種情形倒不是憑空想像的。太平洋中玻里尼西亞群島（即西太平洋上諸島的總稱）的原住民（Polynesian）到澳洲雪梨遊覽，見了白種女子便趕快躲開，說：「她們沒有女人的氣味！」[068] 看到這種情形，布洛赫就替我們找到一個解釋，為什麼近代以前女子所特別喜歡而採用的香品並不是一些最細膩的、最幽雅的，而是最強烈的、最富於獸性與肉味的、最充滿性的含義的，例如麝香、海狸香、麝貓香和龍涎香。在這幾種香品裡，麝香無疑是最足以代表的，瑞典植物分類學家卡爾·林奈（Carl Linnaeus）所做的香料分類裡，有豕草香的一組，麝香與龍涎香便是這組的主要分子，若就其性的效

---

[068] 遼耶律乙辛有〈十香詞〉，是近人陳衍《遼詩紀事》（卷四）引《焚椒錄》。《焚椒錄》說，此詩原為誣懿德皇后與伶人趙唯一私通而作，但無論動機如何，此類作品恐怕不是胡族的人做不出來。嗅覺與性擇的關係，到了人類，雖屬一般的輕減，但輕減的程度往往視民族開化的程度而有不同。歷代入主中國的胡族中，遼族的文明程度本來是最為低下，其與中國文明接觸後所表現的成績也較微薄，所以嗅覺比較接近原始的狀態，是很可能的一件事。〈十香詞〉一共十首，全是描寫女子體臭，每首描寫身體的一個方面，按照十首的次序是：髮、乳、頰、頸、舌、口、手、足、陰部，及一般體膚。原詞是這樣的：
青絲七尺長，挽作內家裝；不知眠枕上，倍覺綠雲香。
紅綃一幅強，輕闌白玉光；試開胸探取，尤比顫酥香。
芙蓉失新豔，蓮花落故妝；兩般總堪比，可似粉腮香？
蝤蠐那足並？長須學鳳凰；昨宵歡臂上，應惹領邊香。
和羹好滋味，送語出宮商；安知郎口內，含有暖甘香。
非關兼酒氣，不是口脂香，卻疑花解語，風送過來香。
既摘上林蕊，還親御院桑；歸來便攜手，纖纖春筍香。
鳳靴拋合縫，羅襪卸輕霜；誰將暖白玉，雕出軟鉤香？
解帶色已戰，觸手心愈忙；那識羅裙內，銷魂別有香？
咳唾千花釀，肌膚百和香，元非啖沉水，生得滿身香。

力而言,則這組的地位僅僅次於山羊臭的一組;[069] 同時,我們應當知道,**麝香**的氣味往往與人體的氣味最相近似。[070]

歸結上文,我們可以說,嗅覺到了人類確實是退化了;不過,在我們遠祖的生活裡,它是性的誘惑的第一條大路。到了人類,甚至於在猿類之中,這種優越的地位已經多少被視覺取代。此種退化固然是一個事實,但即在今日,嗅覺依然有相當的力量,讓我們浸淫在各種臭味之中,而演繹為各種喜怒哀樂的情境;而就它比較細膩的一部分功能而言,我們不但沒有忽略它,並且始終在進行一些培養的工作。

第八節　聽覺

生物的主要生理功能都是有時期性或週期性的,所以節奏的原則很早就自然而然地深深地印在我們個體的身上。結果是,無論什麼外界的事物,凡是足以輔助神經與肌肉的節奏傾向的,或足以加強或進一步發展此種傾向的,都有一種切實的力量,使生活更興奮、更發揚。我們雖不能接受卡爾・畢歇爾

---

[069] 豕草香的一組,林氏叫作 Odores armbrosiacse,山羊臭組叫作 Odores hircini。從性的意義方面說,山羊臭組列第一,而豕草香組列第二。山羊的膻酸(Caproic and caprylic acid)在人的汗裡就可以找到,有腋氣的人這種膻酸的臭味自然特別強烈。所以上文注 66 裡說用「羝」字來稱呼狐臭,較為正確。

[070] 信如此說,再參看上文注 58,則中國人在人類各族類中應是第一個有人的氣息的種族!

第二章　生物學

（Karl Bücher）和威廉·馮特（Wilhelm Wundt）的見解，[071] 認為人類的詩歌音樂只有一個來源，就是在我們做有系統的工作時，我們總有一些打著拍子的喉音的陪襯，例如建築工人打樁時的口號或搬運工人的吆喝。我們總得承認，節拍這樣東西，無論是簡單的呼喊或複雜的音樂，對於肌肉的活動確實是有強大的興奮的力量。瑞典語音學家斯珀勃（Sperber）認為性的現象是語言發展的主要泉源。這一層我們倒覺得很有理由可以接受。斯氏的理論是這樣的：原始生活裡有兩種情形，每一種之中總是一方面有呼，另一方面有應：一是新生的動物在飢餓時呱呱的哭和母親的應答；二是雄性在性慾發作時的叫喚和雌性的應答。[072] 兩種情況之中，大概第二種的發展在先，所以說語言大概是淵源於性的現象了。這種一呼一應的發展，大概在脊椎動物進化的初期就有了。

不要說節奏音調，就是一個單音符在生理上也可以發生一些刺激的效力；這是費雷所已證明得很清楚的。[073] 至於音調對於肌肉工作的影響，研究的人不止一家了。不論用測力計來衡量短時間的出力，或用肌動描記計來衡量長時間用力後的疲乏，音樂上場以後，都可以發生一些興奮的影響。伊萬·塔爾

---

[071]　見畢歇爾《工作與節奏》（*Arbeit und Rhythmus*）和馮特《民族心理學》（*Völkerpsychologie*）第一篇。

[072]　參看中國婚姻哲學裡夫唱婦隨的原則，《詩·鄭風·豐》序說：〈豐〉，刺亂也，婚姻之道缺，陽倡而陰不和，男行而女不隨。

[073]　費雷有兩部著作都提到這一點，一是《知覺與運動》（*Sensation et Movement*），一是《工作與樂趣》（*Travail et Plaisir*）。

第八節　聽覺

　　哈諾夫（Ivan Tarkhanov）的試驗[074]是用肌動描記計的，他發現輕快的音樂對於神經銳敏的人，可以暫時抵消疲乏的影響，而弛緩和低音調的音樂則恰好相反。費雷的研究發現不協調的聲音可以增加疲倦；大部分的高音調或長音鍵是興奮的，但不是全部的高音調，大部分的低音調或短音鍵是憂鬱的，但也不是全部的低音調。不過假如疲乏的狀態已經確立，則低音調比高音調反而見得更有興奮的力量。這一層結果是很有趣的。我們研究性虐狂的時候，[075]發現在疲乏的狀態中，各種痛苦的情緒反而有興奮的功用；低音調的影響大概也是這一類的了。總之，不論細膩的或豪放的肌肉活動，也不論隨意肌肉或不隨意肌肉的活動，音樂都可以刺激得到。

　　神經與肌肉系統直接或間接受到音樂刺激的時候，循環作用與呼吸作用也有它們的反應。關於音樂對於心臟與肺臟的影響，已經有人做過不少試驗，有用人做對象的，也有用其他動物做對象的，最早的一位是俄國的生理學家亞歷山大・多吉爾（Alexander Dogiel），他在西元1880年就發現動物的心臟可以因音樂而增加跳動的力量和跳動的速度。後來的各種研究證明不但心臟受到刺激，循環系統與呼吸系統的全部都受影響。即便如腦神經部分的血液循環，音樂也可以直接加以刺激；這是義大利人帕特里齊（Patrizi）所觀察到的結果；有一個年輕人頭部

---

[074] 見塔氏於第十一次（1894年，羅馬）國際醫學會議所提論文，《音樂對於人及動物的影響》（*Influence de la Musique sur l'homme et sur les Animaux*）。
[075] 詳見下文第四章第八節，及靄氏《研究錄》第三輯中〈戀愛與痛苦〉一文。

第二章　生物學

受傷，腦殼破落了一大塊，因此就成為帕氏的觀察對象。音樂的影響使得大量的血液向腦部流注。[076]

由此推之，音樂對腹部的內臟和它們各別的功用也自有它的影響。它也影響到皮膚，可以增加汗流；它可以激發流淚的傾向；它可以喚起排泄的欲望，有時真可以叫人遺尿。在狗的試驗裡，有人發現聽覺的刺激可以增加氧氣的消耗和二氧化碳的代謝。在各種不同的動物裡，尤其是昆蟲及鳥類，音樂也確實有吸引的力量。[077] 因為我們知道在性擇的時候，兩性彼此都能利用自己身上所發出的自然的聲音。關於這一點的證據，達爾文在他的性擇論裡曾有過多方面的調查。[078] 斯賓賽則認為鳥類之所以能歌唱，是一種「活力充溢」的表示，而歌唱對於求愛的關係，不過是一個配角罷了。[079] 有人根據斯氏的這種見地，來為難達爾文，例如威廉‧亨利‧哈德森（William Henry Hudson）。但就目前已有的更多的資料而論，斯氏的見地是站不住的了。無論動物的音調究竟是怎樣來的，一般動物的聲音以及鳥類的歌唱，在求愛現象中占很大的一個地位，總是一個已經確定的事實。就一般的情形來說，好像總是雄的用牠的演奏來

---

[076]　見帕氏於西元1897年慕尼克國際心理學會議所提論文。
[077]　《書‧舜典‧益稷》：「夔曰，戛擊鳴球，搏拊琴瑟以詠……下管鞀鼓，合止柷敔，笙鏞以間，鳥獸蹌蹌；簫韶九成。鳳皇來儀；夔曰：『於！予擊石拊石，百獸率舞。』」雖然是一些過甚之詞，但動物的確可以感受音樂的影響，是可以無疑的。
[078]　見達氏《人類的由來及性選擇》（The Descent of Man, and Selection in Relation to Sex）第十三與第十九兩章。
[079]　見斯氏文集中〈音樂的由來〉（The Origin of Music）一文。

第八節　聽覺

引誘雌的，雌性引誘雄性的物類也有，但總屬例外，並且我們只能在更低的動物裡找到，例如有幾種昆蟲就是如此。無論演奏者是雌的或雄的，有音調天才的總只限於兩性中的一性，即此一端，也足徵此種才具是與性擇的現象不無關係的。

許多哺乳動物的雄性成員都能運用發聲的力量，有的平時也用，但在繁育的季節內用得特別多，有的則專門在叫春的時候發揮出來。在類人猿之中，喉間的聲音實際上是求愛的主要的工具，同時也是表示興奮或驚駭的一個普通的方法。達爾文在他的性擇論裡，也曾指出這一點。到了人類，整體上也還是如此。並且比起別的感官知覺，只有聽覺和性擇的關係似乎最正常。[080] 費雷研究人類性衝動的病理有年，認為在聽覺方面，我們未能觀察到什麼嚴重的變態現象，至少他在這方面找不到什麼縝密的觀察資料，來證明這種變態的存在。[081]

人類以及和人類有密切的演化關係的高等動物都有一個發育上的特點，那就是，一到春機發陳的年齡，喉頭和聲帶都要經歷一番顯著的性的分化。這種分化和性選擇以及性心理的發展不會沒有關係，是不難想像得到的。在這年齡裡，在男子方面，喉頭和聲帶都有很快的發展，喉頭長大了，聲帶變厚了，

---

[080] 中國人以前說到婚姻生活的健全，最喜歡用音樂的和諧來比喻，可見是很有根據的；並且事實上也不只是一個比喻。《詩‧鄭風‧女曰雞鳴》篇第二章說：「弋言加之，與子宜之，宜言飲酒，與子偕老，琴瑟在御，莫不靜好。」又《小雅‧常棣》第七章有句：「妻子好合，如鼓琴瑟。」後世又每稱美滿婚姻為得唱和之樂或唱隨之樂，也有同樣的根據。

[081] 見費雷所著《性的本能》(*The Evolution and Dissolution of the Sexual Instinct*) 一書。

喉音也變得沉著。在女子方面，這種變化也有，但程度較淺薄；在男子方面，則前後的區別很大，簡直可以降低一個八度的音程，西洋人通俗把這種變化叫做「破嗓」。[082] 女子喉頭的放大不過是五與七之比，而男子的則為五與十之比，即放大了一倍。這種變化與一般性發育不無直接關係，是很容易證明的；早不發生，遲不發生，而必在春機發陳的時候發生，固然是一個簡單的證明；但比較更有趣的一個證明或反證是：當太監的人，就是在春機發陳的年齡以前，睪丸就被割除的人，他的喉音始終保持童年的狀態。

根據上文的討論，可知喉音與音樂和人類性擇的關係一定是相當密切的，可知在求愛的時候，喉音和音樂必然是一個重要的方法。在這一點上，我們對莫爾說過的一句話很可以表示同意，就是「從耳朵傳達進去的性刺激是多而且有力，其多而且有力的程度要在我們平時想像之上」。[083] 不過，同時我也以為這種刺激的力量雖大，男女之間還有一些區別，即女子的感受力比男子更要大些。這也是很自然而不待特別解釋的。女性的喉音始終保留著童年的喉音的特質，男性的喉音確實是很屬於男性而自成一派；但女性的喉音則不然，女性聽了男性喉音，便知道發音的是男性，而男性聽了女性的喉音，卻不便十分肯定發音的是一個什麼屬性的人，安知不是一個孩子呢？女性容易

---

[082] 中國演小生及旦角的伶人必用假嗓來歌唱，此種假裝到了春機發陳的年齡便十有八九不能維持，叫作「倒嗓」。可供參較。

[083] 見莫爾所著《性慾研究》(*Untersuchungen über die libido sexualis*) 一書。

第八節 聽覺

感受性的刺激,便從容易辨別男性的喉音而來。這一層,繆勒也曾討論過。

固然,男子往往能夠把童年時期最早的戀愛觀念和女子的歌唱或吹彈樂器聯想在一起;不過,我們若加以推敲,這種觀念,這種一時的「著魔」,只含有浪漫主義與感傷主義的意味,而不是確切的性愛。至於一到成年,男子也往往受到音樂的感動,並且以為這種感動是顯然屬於性愛的,但事實也不盡如此,這種貌似性感的情緒是兩種別的力量所造成的,一是音樂後面必有故事,往往是一個性愛的故事,一面聽音樂,一面聯想到故事的情節,就覺得音樂也富有性愛的意味了;[084] 二是在聽的時候,理智方面總像在領會作曲者想把熱情從音調裡表示出來的一番努力,而此種熱情在聽者又認為多少有些性的成分在內。實際上這種音樂也許根本不引起什麼性感。有人做過這樣一個試驗,就是在催眠狀態下,讓被試驗的人聽取通常認為最富於性感的音樂,(同注82)而觀察他有無性感的反應,結果是沒有。但有人發現第二流作曲家的音樂,尤其是朱爾·馬斯奈(Jules Massenet)的,確實有些性的影響。德國心理學家赫爾曼·馮·亥姆霍茲(Hermann von Helmholtz)的見解最為極端,他認為音樂中所呈現的對性的飢渴和對宗教的飢渴其實是同一回事;這個見解我認為是過火的。

---

[084] 靄氏所指通常認為最富有性感的音樂是歌劇家理察·華格納(Richard Wagner)的《崔斯坦》(*Tristan*)。

第二章　生物學

費雷提起過一個很特別的例子。某醫院有一個患急性關節炎的男子,他在病房裡只要聽見(並非看見)院中負責掌管被單、襯衣的某位少女的聲音,就覺得有趣,陽具便不由自主地勃起,勃起時卻是十分疼痛;要不是因為這疼痛,也許他根本不告訴醫生,而費雷也就無從知道了。(同注82)不過這種現象似乎是很難得的,至少也是不太顯著的,就我個人探討的結果而言,我總認為只有很少的男子,聽到音樂之後,會發生性的感觸。

男子之所以不容易在聽覺方面引起性感的理由,也就是女子之所以容易在這方面引起性感的理由。春機發陳期內生理上的變化,使男子的喉音很清楚地成為第二性徵的一種;同時,在一般的哺乳類裡,也總是雄性的喉音特別響亮,而此種喉音的運用雖然以叫春時節為多,卻不僅以叫春時節為限——諸如此類的事實都可以讓我們推論到一個結果,就是在雌性方面,對於雄性喉音的性的意義,總有一種感受的能力,此種能力有已經顯露於外的,也有隱而未顯的,但它確實存在。我們可以做更進一步的推論,即這種感受的能力,到了有文化的人類,便轉移到一般的音樂上,換言之,起初所感受的只是男子的喉音,到此更添上一般的音樂,法國小說家龔固爾兄弟(Goncourt)說得好,音樂對於女子是等於「戀愛的彌撒禮」。[085]在女子所寫的小說裡,我們往往發現作者特別注意到男主角喉音的

---

[085]　參看《詩·周南·關雎》第四、五兩章中「窈窕淑女,琴瑟友之」、「窈窕淑女,鐘鼓樂之」諸句。

第八節　聽覺

特色和女主角對它所產生的情緒上的反應；同時，在實際的生活裡，女子對於男子的喉音，往往一見傾心，甚至於有雖未謀面，而一聆傾心的。這些事實也是很值得我們注意的。瓦希德與克勞德·沃爾巴（Claude Vurpas）又告訴我們，音樂對於女子即使或不引起什麼特殊的與狹義的性影響，至少也可以引起一些生理上的反應，而此種反應又是和性的興奮十分相像而不易辨別的。大多數身心健全而受過教育的女子，聽了音樂以後，總感覺到幾分性的刺激，所聽的音樂雖不限於一定的類別，而其同樣感受到刺激。對於精神上有變態的女子，這種刺激不免顯得格外有力；而對於已成病態的女子（也是瓦希德與沃爾巴所說的），性交合的時候，必須有音樂的伴奏才能成功。[086]

還有一點值得留意的，就是春機發陳的年齡來到以後，年輕人對於音樂及其他藝術總會表示一些特別的愛好。知識階層的子女，尤其是女的，在這時期裡，對於藝術總有一陣衝動，有的只維持幾個月，有的維持到一、兩年。[087] 有一家的研究說，六個年輕人裡，差不多有五個在這時候對於音樂的興趣表

---

[086] 中國的江南迎神賽會時，必於高竿上紮扮戲劇，由多人抬之而行，叫作「抬閣」；每一抬閣也必有一個樂隊隨行，叫作「抬閣鑼鼓」；有人說這種音樂是唐代則天皇后發明的，她和張昌宗通姦時，即用此種音樂伴奏，確否當質之熟悉唐代掌故的人。

[087] 譯者記得美國心理學家史丹利·霍爾（G. Stanley Hall）的《青春期》（Adolescence）一書裡有一句最有趣的話，大意說：「一隻不會唱歌的小鳥，到了春機發陳及求愛的年齡，也總要唱幾聲！」當時同學中有一位朋友又正好做了這句話的一個證明。他並不是一個愛好文學的人，但因為正當求愛的年齡，而同時也確乎追求著一個物件，他忽然做起白話詩來。後來這位朋友學的是商科，目前在商界也已有相當的地位，這白話詩的調門卻久已不彈了。

第二章　生物學

現得特別熱烈,假如用一條曲線來描寫的話,這興趣的最高點是在十五歲的時候,一過十六歲,也就很快地降落了。

第九節　視覺

在人類演化的過程裡,視覺已經漸漸地取其他的感官知覺而代之,而終於成為我們接受外來印象的第一途徑。視覺的範圍最廣,幾乎是沒有限制,它有切實的用途,也有抽象的用途。好幾種藝術是用視覺做基礎而發揮它們引人入勝的力量;同時,我們飲食營養的功能也多少要靠視覺做幫襯,從性擇的立場看,視覺更是一個至高無上的感官知覺,可見是不足為奇的了。人類狹義的相思病總是為了一個異性的對象而生,但廣義的相思總是對於美的東西不斷的沉思與渴慕。

美的觀念到底怎樣來的,是屬於美學的一個問題,而與性心理學無關;然而即便在美學的範圍,專家的意見也很不一致。至於性的美感標準是怎樣來的,是在一般的、更基本的美的法則的影響下發展出來的呢?抑或在我們一般的美的觀念之下早就有性的基礎呢 —— 我們目前也不打算做什麼肯定的答覆,就人類與人類的祖先的實際經驗而論,美的性成分與性以外的成分是一開始就交光互影似的夾雜在一起的。一件從性的觀點看屬於美麗的東西當然開頭就有一種力量,可以打動基本的生

第九節 視覺

理反應的傾向；但一件普通的美麗的東西一定也有這種力量；我們見了美麗的東西總有一番愉快的感觸，初不論這件東西是個尋常的事物，還是牽涉到性的事物。換言之，事物儘管有性與非性的區別，而我們的反應總歸是一回事。我們討論嗅覺的時候，不也有過類似的情形嗎？有的香味有性的影響，有的香味沒有，但香味總是香味，就香的感覺說，兩者也是分不清楚的。總之，美之一詞是內容極豐富的一詞；它是許許多多錯綜互動的印象的總和，而這種印象的全部都是由視覺的一條路以達於意識。

假如我們約略調查一下比較不太開化的民族對於女性美的標準，同時又把這些標準和我們自己的比較一番，我們可以發現這些標準往往和文明社會的沒有很大的區別；他們認為美的，我們也認為美，至少也是和我們的標準不太衝突。我們甚至可以說，所謂野蠻民族的標準在我們身上所喚起的共鳴，比我們歐洲中古時代的祖宗所遺留下來的所能喚起的還要多些。近代的歐洲人可以說是特別講究審美的，對於美的事物感覺得特別銳敏，但他在所謂野蠻民族的女子身上，依然可以找出美來，即此一端，足證無論文明的程度有多少潤色的影響，美與不美，整體上畢竟是一件客觀的事情。文明落後的民族對於歐洲女子所表示的豔羨，有時候比對於本族的女子所表示的還要熱烈；這一點更足以坐實這客觀的說法。

在一般的生物界也有同樣的情形。自然界裡人類所認為最

第二章　生物學

美麗的東西,全都和性的現象或性的衝動有連帶關係或因果關係。植物界的花開花落就是例子。動物界的事實更多。英國動物學家愛德華・巴格諾爾・波爾頓(Edward Bagnall Poulton)說,「雄雞的歌聲或羽色,一方面固然可以打動母雞的求偶衝動,但在人看來,也是十有八九認為是可愛的」。[088] 這一類人獸相通的事實,以前很少有人解釋過,甚至於很少有人理會過,但看了上文客觀的說法,也就覺得不足為奇了。

男性美和女性美的標準裡,性的特徵很早就成為一個很重要的成分;這是事實上無可避免的。用一個原始人的眼光來看,一個可愛的女子就是性徵特別發達的女子,或因人工修飾而特別顯著的女子,這樣一個女子是最能擔當生育與哺乳的任務的;同理,原始女子眼光裡的男性美也包括各種剛強的特點,保證他在性的能力上可以做一個健全的配偶,而在一般的體力上,也可以做一個女子的保護者。因此,在所謂野蠻民族裡,第一性徵往往成為可以豔羨的對象。在許多原始民族的舞蹈裡,男子性器官的賣弄有時候是一個很鮮明的特色;原始的舞蹈本來又往往富有性的意義,這一類的賣弄自屬在所不禁。不說原始的情形,就在歐洲中古時代,男子的衣飾有時候特別要在性器官的部分加些手腳。在有幾個半開化的民族裡,女性在生殖器官的部分,如大小陰唇及陰蒂,特別要用人工放大,越放得大,越是令人豔羨。

---

[088]　見波爾頓所著書《動物的顏色》(The Colours of Animals),1890 年。

第九節　視覺

不過這一類赤裸裸的拿生殖器官來炫耀的現象，一般只限於文明很落後的少數民族。在日本，性愛的圖畫裡往往把兩性的性器官畫得特別大，只好算是一個例外了。此外引人注意的方法還多，事實上也是要普遍得多：一是在性器官上黥墨，二是加上飾物，三是服裝上在這一部分添些特點，用意所在，有時候貌似遮掩，事實上卻在引人注意。拿衣服之美來替代身體之美，也是很早就出現的一個原則，並且我們知道，到了文明社會裡，更成為一種天經地義的趨勢。這種趨勢發生之後，我們實際上的審美觀念和傳統的審美觀念有時也弄得南轅北轍，彼此完全不能呼應。我們的藝術家眼光短淺，也往往弄得莫名其妙，無所適從；德人卡爾·海因里希·施特拉茨（Carl Heinrich Stratz）曾經再三地說，他們的肖像畫，時常根據一些很不健全的活人的模型，而以為天下之美，盡在於此，豈不可笑。[089]

不過原始時代裝飾與衣著的主要目的之一，上文已提過，是不在掩蓋身體，而在教人注意，教人羨慕。同時我們也得承認，裝飾以及肢體的人工毀損另外有一個作用，就是，從巫術的立場看，它們可以把原始人所認為有危險性的生理功能隔離起來而加以禁衛。這兩種動機整體上是交織在一起的。在草昧初開的時代，性器官便開始成為一種神聖的東西，而性的功能也就從而取得了宗教上的尊嚴。生殖之事，造化生生不已的大德，原始的人很早就了解，是原始文明所崇拜的最大原則，原

---

[089]　施特拉茨曾著一書，叫作《世界女性人體美》（*Die Rassenschönheit des Weibes*），就是這句話的出處。

第二章　生物學

始人為了表示這種崇拜的心理，設定各種象徵，其中主要的一個就是生殖器官本身。這樣一來，生殖器官就成為比較不可侵犯的東西，要把它特別妝點起來，一方面既然不可以侵犯，一方面要它施行性的誘惑，也就不太可能了。陽具的崇拜可以說是一個普遍的現象，即在文明很高的族類裡也可以找到，例如帝國時代的羅馬和今日的日本。[090]

除了巫術與宗教的理由之外，性器官之所以不能成為普通的性誘惑的直接刺激物，或始終保持這種地位，也還有別的理由，一是無須，二是不便。即在動物中，性器官極難得有形色美麗而足以打動異性的視覺的；其往往可以打動嗅覺則是另一回事。性器官所在的區域也是特別容易受攻擊而需要保護，尤其是到了直立的人類，這種保護的需求又不免和賣弄的動機產生衝突。既不好看，又需保護，是「不便」之說了。不好看的一點，後來另有補償的辦法，就是把前半身和上半身的一些可以施展性誘惑的要點演變得更鮮明，更可愛。這在低等動物裡也早就很普遍地成功了，到了人類，更不待說。這便是「無須」的說法了。

性器官的不美觀還有一個解釋。它和別的器官不同，因為功能的關係，陽具所以插入陰道，陰道所以接納陽具，事實上根

---

[090]　中國似乎也有，商代甲骨文裡，祖宗的祖字作「且」，有人說就象徵著陽具；晉代以後流行叫作「如意」的飾物，也似乎是陽具的象徵；至今中國江南一帶行舊式訂婚禮的時候，乾宅往往向坤宅致送金屬所製的如意一件，叫作「一定如意」，更顯得富有性的意味；如意的對應，似乎是「元寶」。

第九節　視覺

本不能不保留動物界原始的狀態。性的選擇與自然選擇的修改的力量在這一方面勢必很有限。因此在情慾的驅策之下，無論性的器官對於異性如何的可愛，要從心平氣和的審美立場看，我們總不容易加以稱讚。在藝術的影響之下，我們甚至於不免加以貶薄，因此，在反選擇的影響之下，說不定我們的生殖器官已有縮小的趨勢；在我們的文明裡，藝術家要用一種作品來表示標準的男性美時，他絕不會把勃起的陽具安排進去。女子的性器官也不能算美，但在尋常裸體的姿勢之下，比較隱而不現，所以一般的看法總以為女子的體態比男子的更自然美麗，而值得鑑賞。一般人口口聲聲講曲線美，藝術家創造裸體像也多喜歡造女的，這便是一個主要的原因了。假如撇開了這一點顯隱的區別，而從嚴格的審美立場說話，我們不能不承認男子的體態之美至少不在女子之下。女子體態之美，很容易越過一個頂點而降落下來，男子的卻不然。

　　文明進展以後，最初所以引人注意到性器官的各種方法終於改變了用途，而成為遮掩性器官的工具；我們討論到此，也就可以略過不提了。用第二性徵來做性的誘惑的各種方法畢竟要普通得多，不但起初在動物界就很流行，就是到了現在，在文明大開的社會裡，絕大多數的人口還是在這方面下工夫；在發育健全的人身上，凡屬主要的第二性徵也確實是很美觀的。我們不妨分別地詳述一下：

　　歐、亞、非三洲的原始民族大都承認女子肥大的臀部是很

第二章　生物學

美的,這一個第二性徵本來是女性在結構上和男性分歧得最清楚的一個,也是女性的生殖功能所必需的一個條件。美的東西既受人擁戴,就和性擇發生了關係,生殖功能既為種族競存的前提,就和天擇發生了關係;所以這一方面,天擇和性擇是完全同功的,而其結果是女子的臀部越來越肥大。這種肥大的趨勢,過了相當程度以後,是和審美的標準不合的;不過這總是陳義過高的話,若就一般的眼光而論,大臀總比小臀為美。[091] 男子的臀部是組織得很緊密的,和女子的恰好相反。這種大小的相形,加上臀部和活動有連帶關係的觀感,再加上臀部的健全發展是胎養與母道的基本條件——這些事實併在一起,就使大臀為美的標準越來越牢不可破。同時,我們不要忘記,世界上高級的族類都是有大的臀部的;臀部大,表示骨盆也大,骨盆大,才可以容許大的頭顱通過,而高級族類的頭顱也一定是大的。

一部分黑人很羨慕有的族類的大骨盆,並且進而就自己的骨盆部分加以後天的培養,而成為所謂「脂肪腫臀的現象」(steatomata of the buttock 或 steatopygia);這一部分黑人的骨盆本來最小,有小骨盆的因,才有這種欣羨的心理與人工培養的努力的果,可見不是偶然的了。所謂脂肪腫臀,顧名思義,是由脂

---

[091] 希臘關於愛神阿芙蘿黛蒂(Aphrodite)的雕像最多,流傳到今日的也不少,其中有專門表示臀部之美的一尊,叫作 Aphrodite Kallipygos,kalli 是希臘文的美字,pygos 是希臘文的臀字。幾年前譯者為德人漢斯·利希特(Hans Licht)所著的《古希臘的性生活》(*Sexual Life In Ancient Greece*)作一書評,曾經把 kallipygos 譯作「佳麗屁股」,音義兩合,可稱奇巧。

第九節　視覺

肪造成的,女子臀部及大腿上部的皮層下,本來有一片很厚的脂肪,這層脂肪的畸形發展可以成為一種脂肪性的瘤,那就是脂肪腫臀了,真正的脂肪腫臀,現在只有非洲的布希曼（Bushman）與霍登圖（Hottentot）兩族以及和他們有血緣關係的部落的女子才有。在其他的非洲民族裡,骨盆雖小,臀部卻也異常發達,唯不到脂肪腫的程度罷了。有時候一個讚美大臀的民族也往往讚美一般身體的肥胖。這也是很自然的,女子的肥胖,假如不太過分,也可以說是一種第二性徵,自有其引人的力量。[092] 這種對於一般肥胖的愛好也是一部分非洲民族的一個特點。大臀的愛好與對妊娠時大肚子的讚美也有些連帶關係;中古時代的歐洲人把懷孕的女子看作女性美的登峰造極,而形諸繪畫,便是一例了。

女子的臀部以外,在比較有高級文化的社會裡,最能夠引人入勝的第二性徵,要推女子的乳峰了。在歐洲人之中,乳峰的特別受人重視有一個很簡單的證明,就是,社會生活一方面嚴禁肉體的裸露,一方面卻又容許女子在雍容華貴、衣冠齊楚的場合裡,多少把乳部暴露於外。反之,在所謂野蠻的族類裡,乳部卻不太受人注意,有的甚至於認為高起的乳部是很醜的,而設法把它壓下去。這種看法,在近代的歐洲間或也有,而在中古時代的歐洲,還相當流行;中古時代以苗條瘦弱為女性美應有的標準,當然是不歡迎高起的乳部的,所以當時女子的衣服

---

[092]　我們到此很容易聯想到唐代楊太真的美。

第二章　生物學

也趨於逼窄一途，使高起的變為平坦。[093] 不過，到了文明更進步的今日，這種看法是沒有了；這倒又是和半開化的民族一樣，在這種民族之中，乳峰的發展是很自然的。因為重看乳部，同時也注意到肥大的臀部，這一類的民族又用束腰的方式，使兩部分變本加厲地突出，[094] 古代流傳下來的束腰便是此種方法之一了。束腰的利用在歐洲人中最為普遍，在有些時代裡幾乎普及全部的婦女界，在別的族類裡也有。[095]

還有一個顯著的第二性徵，就是男子的鬚。它和女子的乳部與臀部不一樣，它的發達與否，雖和性的功能不無關係，此種關係卻不顯明，而不能用作一個指標。因此，我們只能把它當作一個純粹的性的點綴品，可以和許多雄性動物在頭部所生的羽毛互相比較，例如公馬的鬣。鬚髯的培養因時代與文明程度而有不同，但在未開化的民族裡，培養的工夫最為精到；這種民族甚至於把個人的鬚髯認為與人格的神聖有關，不許侵犯。但一到文明社會，鬚髯的一般價值便漸漸地減少，至於性擇的意義便更沒有人過問了。在古代的文明裡便已經有這種情形。初期的羅馬人很講究鬚髯與長髮的美觀，[096] 但到了後期，風

---

[093]　幾年以前，中國通商口岸及女學生界也盛行束胸的風氣，把發育中的乳部用所謂小背心強壓下去，顯而易見是一種退化。
[094]　相傳戰國時代，楚王好細腰，宮中竟有餓死的女子，其實所好並不在腰，而在腰的上下兩頭，和多年前西洋所流行的是同一件事。
[095]　近年來中國女子用此種束腰的也漸多，但主要目的似不在束腰，而在束肚，至少已婚而已生育的女子注重的是後一個目的。
[096]　中國男子向亦崇尚鬚髯，三國時關羽有美髯公的稱呼。晉王育、劉淵鬚長三尺，淵子曜長五尺，但只百餘根。六朝時，崔琰鬚長四尺，謝靈運鬚美，其長

第九節　視覺

氣一變，鬚髯成為從事學問的人的一種專利點綴品。只有讀書人才配有這種莊嚴的標識，其他行業的人就沒有了。同時在羅馬，女子陰毛的拔除，也曾經成為一種時髦的習尚。在希臘人雕塑的女像裡，我們固然也找不到陰毛，但這不過是藝術上的一種習慣，顯然與實際的生活無關；在同時代的花瓶上的畫裡，所有的女像是有陰毛的，甚至於在藝妓的裸體像上，陰毛也還存在；特洛伊的海倫（Helen of Troy）是希臘女性美的典型人物，她的畫像裡也有陰毛，其他就可想而知了。總之，人類對於毛髮的估價，因民族而大有不齊，而在一個民族之中，又往往因時代而各異其趣〔關於這一點斯托爾（Stoll）曾經有過一番詳細的討論〕。有時候它的價值極高，在男子，它代表著人格的尊嚴華貴，在女子，它是美貌的一個至高無上的標識；但有時候它不免遭人厭棄，以至於被截短，被剃光，甚至於被拔淨。[097]

　　這種好惡無常的主要理由是不難尋找的。全部的毛髮系統當然和性的現象有連帶的關係，但雖有關係，卻又沒有什麼確定的生物的價值，有之不足為多，無之不足為少。因此，好惡的心理就可以自由地發揮，而形成各種不同的習尚。宗教中的

過膝。明石亨、張敬修鬚皆過膝。清初有陳國忠，湖北公安人，其鬚亦長過膝，行則自兩肩搭於背上。以上各例先後見《三國志》、《晉書》、《宋書》、《北史》、明徐應秋《玉芝堂談薈》卷十四及清王士禛《香祖筆記》卷三。《香祖筆記》又引二例——趙統《詩話》：「杭人陸濤，言其鄉有役為老人者，鬚長委地，行則辮而繞之頸」。《白醉瑣言》：「攸縣有徐寨主者，鬚十餘莖，以囊盛之，舒之則其修二丈。」專說鬚長，多少已失審美的真意，而涉及了好奇愛異的心理。

[097] 北齊顏之推《顏氏家訓》說：「梁朝子弟，無不熏衣剃面，傅粉施朱。」所謂剃面大概是不利於鬚的存在的。

第二章　生物學

禁慾主義的成分顯然是和毛髮作對的,在古代埃及就有這種情形,雷米‧德‧古爾蒙(Remy de Gourmont)說過一句很能夠揣摩政教家的心理的話:「人體的不道德必有所寄託,而最大的窩主是毛髮的系統。」[098] 基督教富有禁慾主義的色彩,它當然也不免和毛髮作對,所以早年則極力反對鬚髯的培養,後來又主張陰毛的芟除。就英國而論,即降至維多利亞女王(Queen Victoria)的時代,一般人認為把陰毛在人像畫裡描繪出來是可以令人作嘔三日的事。總之,毛髮的存在於文明社會的眼光中本來是一件不太雅馴而有傷風化的現象,宗教既以維持風教自任,自不免在這方面多用一些工夫了。到了今日,男子刮鬍子,女子拔腋毛以至於陰毛,男女雙方又就一般的毛髮系統,努力設法縮減,相習成風,越流越廣,其實還是這種見地的結果。

上文說過,美的標準是多少有客觀的根據的,所以不論東西古今,至少就最有知識的一部分人而言,這方面的經驗是可以共通的。不過共通的標準並不根本排斥各民族的地方色彩。不同的民族裡,或一個民族的不同時代裡,性衝動活動的結果,總有一種傾向,一方面把這個第二性徵抬出來,另一方面把那個第二性徵壓下去,而這種故為軒輊的行為就未必都合乎審美標準了。

此外還有一個趨勢,可以使共通的審美標準發生比上文所

---

[098]　古爾蒙著有一書叫作《戀愛的體質》(*Physique de l'Amour*),大概就是這句話所從出。

第九節　視覺

說的更大的變化，那就是種族典型或民族典型的影響。一個種族或民族總有它體格上的特點，愛護這種特點的心理很容易變為讚美與頌揚的心理。[099] 在一般民族分子看來，凡是最足以代表民族典型的，即這種特點最多與最發達的人，大約是最美的了。一部分人工的肢體的毀損與形態的畸變，目的往往就在於使原有的特點變本加厲地顯露出來。[100] 東方女子本來就有很大與很鮮明的眼珠，這種大而鮮明的程度，東方人卻猶以為未足，還要在藝術上加以渲染；日本北海道的蝦夷是毛髮最多的民族，所以蝦夷的美的標準裡，髮是最重要的一個成分；緊密而圓滿的乳峰，確實是一個很美的特點，[101] 但在非洲的黑種女子，這種乳峰很早就鬆弛而下垂，因此，非洲民族裡往往有認為下垂的乳峰是最美而最可愛的。非洲人這一類的美的觀念就不免和共通的標準離得太遠了。男女所屬的種族典型太不相同，彼此之間不容易發生性的吸引，美的觀感不一樣，也就是一個原因了。

要把性的美感觀念分析得相當周到，我們還得提出一個因素來，那就是個人的風格愛好。每一個男子，至少每一個文明

---

[099] 靄氏嘗引施特拉茨的見解，認為觀音像代表中國的女性美，觀音的崇拜雖來自西方，觀音的面貌體態卻是中華民族。斯氏的見解見其所著書《世界女性人體美》，而靄氏的討論則見《研究錄》第四輯，154 頁。

[100] 依靄氏及施特拉茨的看法，中國人纏足的風氣就屬於這一類，中國女子的足本來比較小，如今中國人喜歡令小的變得更小，甚至於認為越小越可愛。見斯氏所著另外一本書，叫《女性著裝及其演變》(*Die Frauenkleidung und ihre natürliche Entwicklung*)，靄氏自己的討論則見《研究錄》第四輯 176 頁及 177 頁。至於裹足的由來演變，可以看看清錢泳《履園叢話》卷二十三。

[101] 中國的女性美的標準裡也有這一點，「嫩紅新剝雞頭肉」一類的詩句可以作證。

第二章　生物學

社會裡的男子，在相當限度以內，總是獨自有一個女性美的理想。這個理想往往有兩個根據，一是他個人的身體和此種身體的需求，二是他有生以來一些偶然機遇而有性的引力的經驗。這一個因素的存在，是文明社會裡的男女都曉得的，在實行選擇的時候，誰也都知道運用，我們自然無須加以申說。不過這一項因素可以有很多的變相，在熱戀中的男女竟會把對方很醜的特點認為極美，而加以譽揚頌讚。[102] 到此我們就接近性的歧變或性的病態的領域了。

時地的不同、種族的各異、個人的區別之外，我們還得承認另一個因素的存在，那就是愛奇好怪與喜歡遠方異域的東西的心理。[103] 在一般人的眼光裡，凡屬稀罕的東西總有幾分美。嚴格說來，這是不確實的，除非這東西並不太稀罕。他們也許見到一種新的拼湊出來的東西，也許在一件東西身上發現一些以前未見到過的特點。但這些整體上總得和我們經驗裡早已認為美的事物並不差得太遠，否則還是不美，而只是稀有罷了。古語說得好：只有花樣翻新的東西才有趣 (Jucundum nihil est quod non reficit variatas)。近代文明生活的熙來攘往，厭舊喜新，更使這種心理變本加厲地發展，即便在有美術天才的人亦

---

[102] 此種性愛的心理，中國人也所深悉；有一句俚語來形容它，叫「情人眼裡出西施」。自精神分析學派出，我們才得到一個比較合理的解釋；這派的學者又替它起了一個名詞，叫「性的過響」(sexual overestimation)，詳見拙作《馮小青》，新月書店第一版、第二版，續版歸商務印書館。

[103] 中國俗諺有「遠來和尚好念經」的話，佛經猶且如此，揆諸好德不如好色的一般原則，性的美感更容易受此種心理的支配，自不待言了。

第九節　視覺

在所難免。因此,在各國的大都會裡,民族的審美標準多少要因外國輸入的影響而產生一些變遷,甚至於外國的標準、外國的時尚,喧賓奪主似的替代了原有的標準。

總之,性擇與視覺的關係裡,審美的觀念固然是一個主要的成分,但不是唯一的成分,不論古今中外,一向就是如此,也是各地都是如此,在求愛的過程裡,在促進積慾的各種努力裡,審美之外,視覺的用途,尚不止一端,同時別的幫襯的力量也不少。

這種視覺的用途我們不妨略舉一二:有一種現象叫做「窺視癖」(scoptophilia 或 mixoscopia),就是喜歡窺探性的情景,從而獲取性的興奮,或只是窺探異性的性器官而得到同樣的反應。在相當限度以內,這也不算是不正常的;有此種行為的人不能不採取窺探一途,倒不一定因為這個人根本心理上有變態,乃是因為社會習慣太鄙陋,平時對於性生活及裸體的狀態,太過於隱祕了;平時禁得越嚴的事物,我們越是要一探究竟,原是一種很尋常的心理。有許多操行很好的男子在年少時期曾經探過女子的臥室,女子亦然;不過誰都不願意把這類行為招認出來就是了。至若旅館的女主人以及僕婦之類,這類行為幾乎成為一種習慣,不足為奇了。那些專事窺探而一心培養這種所謂窺視癖的人,在西洋就叫做「窺探者」(peeper);這種人往往喜歡在公共廁所一帶逗留,而被警察逮捕。

窺視癖還有一種方式,就是看性愛的圖畫或裸體的雕像。

第二章　生物學

喜歡看所謂淫書春畫的心理屬於前者,而所謂「雕像戀」或「比馬龍現象」(Pygmalionism)則屬於後者。相傳古希臘有一個雕塑家叫比馬龍(Pygmalion),有一次雕好了一個女性雕像之後,竟和它產生戀愛起來;「比馬龍現象」的名稱就是這樣來的。窺視癖,包括閱讀性愛的小說及觀看春畫在內,只要不到一個非看不可的程度,是自然的,也是正常的。但雕像戀卻是一種病態,因為所戀的對象,已經替代了活人,而自成一個目的。[104] 患雕像戀的人以男子為獨多,但赫希菲爾德也曾提過一個女子的例子。一位很有社會地位而在高等交際場所中進出的女子,常喜歡到美術館,把陳列的男石像胯下的無花果葉子輕輕舉起,而在掩護的一點上不斷地接吻。近年以來,窺視癖表現得最多與最普遍的場合是電影院;影片不比普通的圖畫,不只是栩栩如生,簡直就是活的,也無怪其魔力之大了。許多人,尤其是年輕女子,每晚必到電影院光顧一次,為的是要對其崇拜的某一個著名的男主角,可以目不轉睛看一個飽,因而獲取一番性的興奮。要不是因為銀幕的媒介,遠在千萬里以外的男主角又何從得見呢?

視覺在性擇方面還有一個用途,不過這個用途必須和身體的動作配合之後才發生效力,那就是舞蹈。沙格把舞蹈叫做「肌肉的性愛」(muscle erotism),希利認為舞蹈是一種肌肉與骨節的享樂。又添上「皮膚的性愛」。不過舞蹈的時候,視覺確也有

---

[104] 中國「畫裡真真、呼之欲出」的故事所代表的性愛心理,似乎是介乎窺視癖與雕像戀之間的。

第九節　視覺

它的任務；視覺的觀看與肌肉的活動需雙方合作，缺一不可；而在相當形勢之下，兩者又都可以成為性的刺激，有時候觀看所引起的性刺激比動作還大。在許多所謂野蠻的族類裡，舞蹈是很重要的一種性擇方法；體格健全、動作精敏的舞蹈者的確可以接受女子的青睞而無愧。到了文明社會，舞蹈的影響究竟屬健全或不健全，往往成為一個辯論的問題。幾年以前，美國精神分析學派心理學者亞伯拉罕·布里爾（Abraham Brill）曾經在紐約調查過這個主題，[105] 他找了三百四十二名特別熱心提倡所謂「新式」舞蹈的人（其中有他的朋友，也有精神上小有問題而曾請他分析過的病人，以及其他可以提供可靠答案的人）；其中三分之二是男的，三分之一是女的。他提出三個問題來讓他們答覆：一，你作新式舞蹈時感受到性的刺激嗎？二，假如你只看別人跳，而自己不跳，你也感受到刺激嗎？三，假如你作舊式的舞蹈或看別人的舊式舞蹈，你也感受到同樣的刺激嗎？

對於第一個問題，作肯定答覆的，有14個男子和8個女子；對第二個，則有25個男子和38個女子；對第三個，有11個男子和6個女子。對第二個問題作肯定答覆的若干男女之中，也包括所有對第一、第三兩個問題作肯定答覆的那些人。作肯定答覆的，絕對的數目雖男多於女，但相對的，則女比男的略微多幾個；這些人都是布里爾認識的人，而在布氏的眼光裡，他們在性的方面都是有些神經過敏的人。其餘的人之中，大多數

---

[105] 見布里爾所著文〈新式舞蹈的精神病理學〉（The Psychopathology of the New Dance），載《紐約醫學期刊》（The New York Medical Journal），1914年4月號。

第二章 生物學

答覆說,他們只得到一番高興與舒服的感覺。無論如何,要說新式的舞蹈是一種粗野的舞蹈,足以煽動性慾,實在是不確實的。布氏全文的結論是很公正的;他說新舊各式舞蹈多少都可以減輕一些性的緊張程度,無論它們所能減輕的分量如何,對於神經過敏與多愁善感的女子往往是大有裨益的,舞蹈的風氣有時候可以弄得很披靡、很猖狂,那固然是要不得的,但儘管有這種危險,文明社會還是值得加以培養,因為它是縱慾與禁慾兩種勢力之間的一個折中,既然文明社會的生活鍋爐裡有來自這兩方面的高壓力,舞蹈便可以權充這座鍋爐的一個安全閥了。[106]

我們的討論將近結束了,不過還有一點應當添上,美根本是女子的一個特質,可以令男子低徊思慕,就是女子所欣賞的也仍然是別人的一些女性的美;[107]反之,一般的女子對於男子的美卻不這樣景仰崇拜。男子何嘗不美,其美又何嘗不及女子?不過男子之美所能打動的只有兩種人,一種是藝術家和

---

[106] 中國在這方面有一派比較合情理的哲學,禁慾與縱慾之間,我們也有一個折衷的主張,叫做「及時的婚姻」。《詩經》所稱「周南召南」之化,談論「好色而不淫」的《國風》,「內無怨女,外無曠夫」的社會政策,所再三諷詠講述的無非是這個主張。我們認為即在今日,這個主張還是有它的中心地位,假使它完全沒有地位,而非要靠舞蹈一類的安全閥的方法不可,那座高壓的鍋爐還是要爆炸的,事實上零星爆炸的慘禍也正天天發生著。

[107] 這個觀察是很對的。日常經驗裡,不但男子稱譽與注視女子的美,女子見了美的女子,也不斷地注視與稱讚,假如一般人或女子特別重視或稱讚一個美男,那美男之美大概近似女性的美。中國在兩晉六國的時代,是盛稱男子之美的,官史裡也往往把美男的例子特別記載下來,例如潘岳的擲果盈車、衛玠的被人看殺、王濛的破帽有女子搶、王博受衣冠金玉的饋遺(最後一例見《拾遺靈》,餘見正史及《太平御覽》);這種美男的美很有可能是一些女性美。

第九節　視覺

美學家,一是有同性戀傾向的男子,至於能打動性的興趣,那就只有這兩種之中的後面一種了。無論在一般動物界的情形如何,也無論所謂野蠻族類的情形如何,在文明狀況之下,最能得女子歡心的男子往往不是最美的,說不定是美的反面。司湯達站在女子的角度說:「我們要求的是熱情,只有熱情是靠得住的,美不過提供一些有關熱情的機率而已。」[108]的確,女子所愛的與其說是男子的美,毋寧說是男子的力,身心兩方面的力。力是多少看得見的,所以還在視覺的範圍以內;但我們一想到力的使用,我們便又牽涉到另外一個感官知覺的領域,那就是我們已經討論過的觸覺。我們往往很自然地與不知不覺地把看得見的活力翻譯成為感受到的壓力。我們稱讚一個人有力,我們其實並沒有直接覺得他有力,不過間接看出他有力罷了。所以,男子愛女子,是因為女子美,而美的印象是從視覺傳達給意識的;而女子愛男子,是因為男子有力,而有力的印象,雖屬於更基本的觸覺的範圍,卻也須先假道於視覺以達於意識。

力的充盈在視覺方面產生印象,固然是人人皆有的一種能力,不過這種能力,在女子一方要比男子一方強大得多。為什麼男女有此區別,是很容易答覆的。女子不作性的選擇則已,否則她總會選一個強而有力的男子,因為只有這樣的一個男子才有希望成為健全兒女的父親和保家之主。這固然是一個很普

---

[108]　見司湯達所著《戀愛論》(*De L'Amour*)第十八章。

第二章　生物學

通的解釋。不過,這個解釋總還是間接的,我們不妨暫置一邊。我們還有一個更直接的解釋。男女的性的結合是需要體力的,不過比較主動而用力的總是男子一方面,而女子則比較被動;因此,女子有力,並不能證明她是一個富有效率的愛侶,而男子有力,卻多少是一個保證,這項保證也許是靠不住的,因為一般肌肉的能力和性的能力並不一定有正面的關聯,有時候肌肉能力的極端發達和功能的特別薄弱倒有幾分關聯,但無論如何,肌肉能力的發達多少可以提供一些上文司湯達所說的「有關熱情的機率」,多少總是一個功能旺盛的象徵,不會全無效果的。這一番的討論雖然很實在,一名正在擇偶中的少女,即或她選上一個富有體力的男子而拋棄了另一個美貌的男子,[109] 她當然不會有這一類精密的考慮。這是不必說的。不過,性擇多少是一個良知良能的舉動,她自覺的意識裡儘管不做這種計較,她一般的情緒態度裡卻自有一番不自覺的辨別與抉擇的努力,而這種努力總不會錯得很厲害。總之,一樣講性擇,一樣用視覺來做性擇,女子所注意的始終是更原始的觸覺方面;觸覺原本是最基本的性的感官知覺,上文早就討論過了。

有人特別喜歡觀看運動家那種敏捷、矯健與富有流線型的動作,而獲得性的興奮。費雷替這種心理起了一個特別名詞,

---

[109] 靄氏在原文中引用希臘神話中的兩個神,一是有神力的英雄海克力斯(Hercules),二是愛神所悅的美少年阿多尼斯(Adonis)。這兩個神,一個喻力,一個喻美,是後來西洋文學裡常用的典故,好比中國以烏獲以喻力,子都以喻美一樣。

第九節　視覺

叫做「動作戀」（ergophily）。動作戀男女都可以有，但女子的表現往往特別顯著。這種心理雖不正常，卻還不是病態；另有一種人不僅喜歡觀看動作，而喜歡觀看殘忍與驚駭的動作，因而得到性的刺激，那才是一種病態了。費雷曾經提過一個極端的動作戀的例子，我們不妨在此轉述一下。有一位少婦，對丈夫相當沒有愛情，但也沒有什麼特別的惡感。她從小就很脆弱，在四歲的時候，有人帶她出去看巡迴的馬戲表演，馬戲團裡有一名玩球的女孩，年紀比她稍微大些，可是玩球的一套把戲真是高明，她看到高興處，覺得生殖器官的部分一陣發熱，接著又一陣抽搐，就不由自主地遺了尿。（抽搐是解慾的表示，但幼年時的解慾時或訴諸遺尿一途。）從此以後，這個馬戲團裡玩球的小姑娘就成為她的白日夢裡的主角，夜間睡夢之中，也時常有她的蹤跡，而其結果也總是一陣抽搐與一次遺尿。到了十四歲，已在春機發陳以後，她又有機會看馬戲表演，其中某一個漂亮而技術純熟的運動家又在她身上產生這一類的影響；從此以後，那個小姑娘和這個運動家就在她的夢魂裡輪流光顧。十六歲那年，她登山遊覽，一度飽餐之後，她睡著了，一覺醒來，好像那位運動家就在她的旁邊，而初度體驗到色情亢奮卻已不再遺尿（到此解慾的過程已與膀胱無關）。後來她到巴黎居住，從此一切精熟而矯健的動作，如戲院裡的表演、工廠裡的勞動等等，都成為她覓取性快感的泉源，真有取不盡用不竭之概。她終於結婚了，然而婚姻生活並不改變她這種性癖，但

第二章　生物學

後來她把這種情形對丈夫講明白了。這當然是動作戀的一個極端的例子，多少有幾分不正常，但輕度的動作戀是不能算不正常的。

總結上文，我們可以說美的觀念並不是一個飄忽不定的東西；有人以為飄忽不定，那是錯了的。美的觀念是建立在很穩固的基礎上的。（一）它有一個客觀的美學基礎；古往今來的許多種族或民族，至少就其中最有見識的一部分人而言，對於女性美的標準，在小處盡有出入，在大處卻有一個不約而同、不謀而合的共通的看法。在一般客觀的基礎之外，我們又發現下列的幾點。（二）民族與族類的特性上的歧異，對於美的觀念的養成也有一部分力量，而使客觀的標準產生變化。這是很自然的，在各個族類自己的成員看來，總以為其所以不同於別的族類的地方，正是其所以美於別的族類的地方；族類的特點越是發達，美的程度就越是進步。我們就客觀的立場看，也至少覺得族類特點的充分發展多少是健康與活力的發展的一種指標。（三）美的觀念又不能不受許多第二性徵以至於第三性徵的影響；很多地方的人所特別注重的，也許是女子的毛髮，也許是女子的乳部，也許是女子的臀部，也許是其他更屬次要的性徵。[110]

---

[110] 例如膚色的潔白，靄氏在本書裡未加討論，但在《研究錄》第四輯裡討論得很詳細。即傅粉的風氣一端已足徵許多民族是愛好皮膚潔白的。但此種愛好也往往因時代而有變遷，例如在中國六朝至宋代，勻面亦兼尚黃，號稱「佛妝」。梁簡文帝詩：異作額間黃。唐溫庭筠詩：額黃無限夕陽山。李賀詩：宮人正靨黃。遼詩：燕俗女子有顏色者，稱細娘，面塗黃；宋彭汝礪有詩說：有女夭夭稱細娘，真珠絡髻面塗黃，南人見怪疑為瘴，墨吏矜誇是佛妝。詳見清褚人獲《堅瓠補集》卷三。

第九節　視覺

但無論一個性徵的重要程度如何，一經受人注意，對於性擇的現象都可以產生意義，產生作用。（四）各人的身體與經驗不同，因而各人的風格愛好也不一樣，這種個別的風格也勢必影響到美的觀念。個別的風格又往往會集體化，而造成短時期的美的風尚，即始於一、二人的好惡的，最後可以牽涉到許多人，雖時過境遷，終歸消滅，其同樣足以影響美的標準。（五）最後我們還有好奇愛異的心理，在近代文明裡，尤其是對於神經質而生活欠安定的人，這種心理是很發達的，他們所欣賞的美，往往不是本國原有的特點，如上文（二）以下所討論的，而是外國人或遠方人所表示的特點。

我們在上文又曾經討論到男女在性擇上都發揮作用，但彼此的依據很有不同，男子看女子的美，而女子則看男子的力；同樣利用視覺，而女子則事實上又轉入觸覺的範圍。

我們這番討論當然不能窮究全部性擇問題的底蘊。我們講了不少關於標準的討論，但事實上性擇的結果，也許和我們所說的豪不相干；也許既沒有參考別人的經驗，又沒有照顧個人的脾氣和癖性；也許一大半是碰巧，是童年時一些性愛的印象和成年時實地的機遇牽扭在一起，是傳統的一些觀念和習慣染上的神祕的浪漫主義色彩。選擇的工作一旦完成，當事者也許會發現他上了一個當，他的性衝動固然是被喚起了，但喚起它的各種感官知覺的刺激，大半不是他當初理想中所想像的，甚

第二章　生物學

至於完全和理想相反。這是常有的經驗。[111]

還有一點,性擇的問題是不簡單的,我們已討論到的不過是一些心理因素,其間也許還有更基本的生物因素,為我們所計慮不到的,我們時常遇見有一種人對於尋找與選擇配偶的勾當,特別能幹,他的力量比別人大,成功也比別人多;至於理想上與事實上他是否真正中選,真正最適宜配偶的生活,反而成為另一問題。這些人在身心兩方面的先天氣質,確實有過人之處,他們在生活的其他方面,也比別人容易有成就,也就難怪其對於獵豔一事,也比較輕而易舉了,不過他所以成功的理由,恐怕須向生物的因素裡去尋找,不在我們的討論範圍之內。

總而言之,人類的性擇問題是極度複雜的,我們在上文所敘述的,只不過是少許比較已經確定的資料,並且整體上和問題的真相大概不至於離得太遠;我們當然更希望有些定量的研究,但若一時只能有些定性的研究,則上文云云也許就是我們目前所能做到的了。不過這些資料的切實的意義,我們還不敢說已經完全釐清,假使我們一定要有一個結論的話,我們不妨說,性擇的時候,在族類特徵與人類通性方面,我們所求的是同;在第二性徵方面,我們所求的是異;在心理特質方面,我們所求的是相得益彰。

---

[111]　譯者認識一位朋友的朋友,在歐洲大戰將近結束的時候尋求配偶,受到伍德羅‧威爾遜(Woodrow Wilson)總統「十四點和平原則」(Fourteen Points)的暗示,立了十四條選擇的標準,第一條是「天足」,但後來根據這些標準而選到的新夫人,卻是纏過腳而放腳的痕跡還很明顯的一位女子。

第九節　視覺

我們求的是變異,不錯,但只是一點輕微的變異。[112]

---

[112] 關於性擇與各感官知覺的關係,靄氏在章末又曾提出下列的一般參考用書若干種:
達爾文:《人類的由來及性選擇》(*The Descent of Man, and Selection in Relation to Sex*)。
里奧納德‧達爾文(Leonard Darwin,上引達爾文之子):《優生學改革的必要性》(*The Need for Eugenic Reform*),第二十章。
威廉‧普萊恩‧皮克拉夫特(William Plane Pycraft):《動物的求愛》(*The Courtship of Animals*)。
韋斯特馬克(Westermarck):《人類婚姻史》(*The History of Human Marriage*),第一冊。
歐內斯特‧克勞利(Ernest Crawley):《神秘的玫瑰:原始婚姻研究》(*The Mystic Rose: A Study of Primitive Marriage*)。
李‧亞歷山大‧史東(Lee Alexander Stone):《陽具崇拜的故事》(*The Story of Phallicism*)。

第二章　生物學

第三章
從幼童到少年

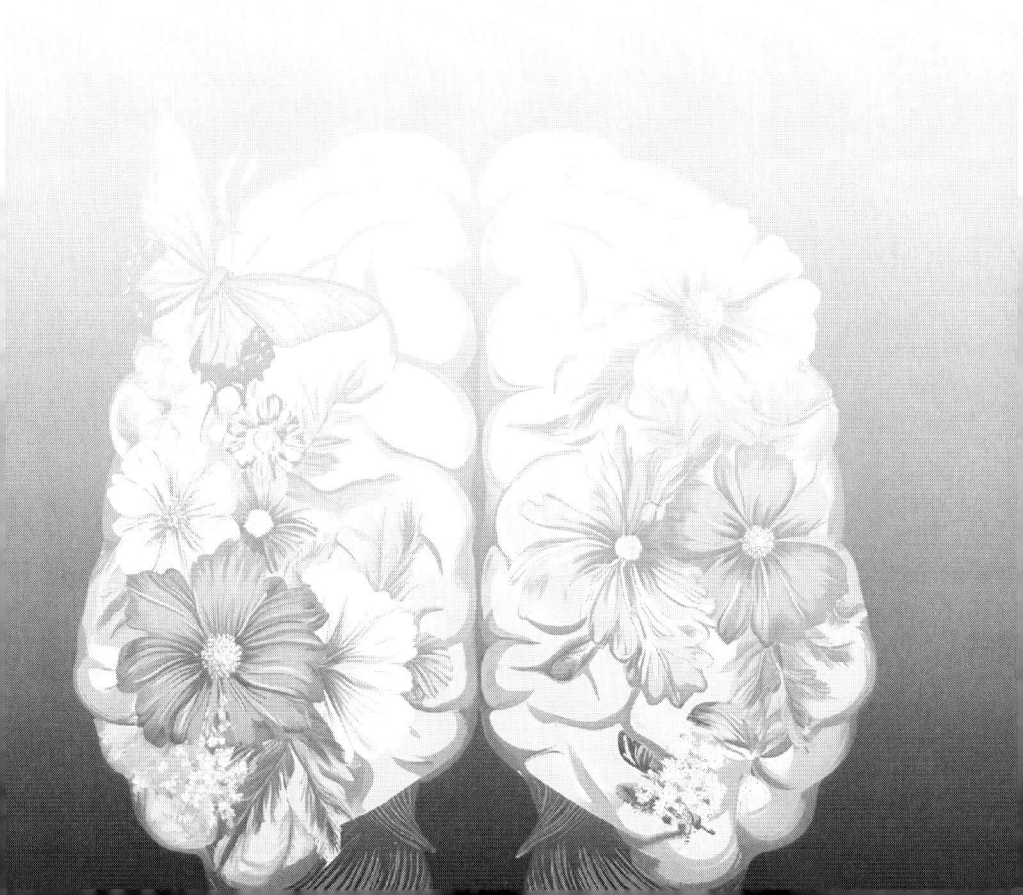

第三章 從幼童到少年

第一節 兒童時期性衝動

以前的人有一個誤解,以為在兒童時期性衝動是不存在的。現在我們知道以前有這個誤解的人雖多,幸而還不太多。不過承認性衝動存在的人,又往往以為此種存在並不是正常的存在;既然不正常,則性衝動的每一種表現豈不就是歪的、邪的,以至於反覆無常不可捉摸的嗎?甚至於弗洛伊德,一方面承認幼年的性現象、性活動是正常的,另一方面卻又常用乖張邪僻一類的字眼(perverse)來形容它們;他說過,幼年的性現象是「多形的乖張的」(polymorph- perverse)。我們若不討論這個問題則已,若要討論,則無論討論的精粗疏密,這一層見解上的混亂是一定得先弄清楚的。

我們開頭就應該說明一點。就是所謂性衝動的表現,即就性字的狹義而言,在幼年及童年時期,確實是很尋常的事,比我們以前所猜想的要尋常得多,並且這些表現的力量之大,出現之早,以及性質上的變化之無窮,也是以前所沒有想像到的。

即使在嬰兒出生不久的時候,生殖器官感受性刺激的自然傾向已經有一個基本的變異範圍。初生的嬰兒,這一部分也往往感覺到刺激,做大人的也未嘗不知道,不過僅僅當作是尋常刺激罷了。嬰兒時期這一類的經驗,我們自己是記不起來了,所以當時究竟有沒有快感,誰都不能答覆,不過一到童年,這一類刺激與其所引起的快感,是很多男子和女子能夠回想到

第一節　兒童時期性衝動

的。有人以為這種刺激與記憶不免受到意識所抑止。其實不然，真正受抑止的，甚至完全不進入意識範圍的，是另一種衝動，就是把這種經驗對年長的人訴說的衝動，事實上，在一般環境下，也確實很少有人把這種經驗對任何人訴說。不過，這種經驗既與尋常經驗不同，又很不相干，甚至和尋常經驗發生牴觸，所以反而容易在記憶裡保留下來而不至於消失。

幼年時不但可以有上文所說的快感，並且可以有很清楚的性刺激與興奮，在十九世紀初，法國和別國的作者，例如馬克（Marc）、方薩克瑞夫（Fonssagrives）、佩雷斯（Perez）[113] 等等，都曾經提出幼年手淫的例子，男女都有，有的只有三、四歲。到了近年，醫學家華特·富蘭克林·羅比（Walter Franklin Robie）發現，[114] 這種刺激與興奮的初次呈現，男子在 5 歲與 14 歲之間，而女子則在 8 歲與 19 歲之間；又無論男女，呈現得遲些的比呈現得早些的多，但 14 歲與 19 歲總是最遲的年齡了。最近，漢密爾頓醫師[115] 作過一次更縝密的探討，發現 20% 的男子和 14% 的女子，在 6 歲以前，性器官就會感覺到快感，女醫師戴維斯，比較男女性發育的結果，發現在 11 歲以前，包括 11 歲那年在內，男子開始手淫的有 20.9%，而女子有 49.1%，女子比男子多出一倍半；但從 12 歲到 14 歲，三年之中，男子開

---

[113]　貝氏於 1886 年即發表一本著作，《三歲到七歲的兒童》。
[114]　羅氏為美國的一位醫生，著有關於性問題的書多種，在多年前，流傳很廣；譯者在美國遊學的時候，大學青年所最熟習而稱道的就是羅氏。但羅氏的觀察，時常有不正確的地方，藹氏也提到這一點，見正文下文。
[115]　見漢氏所著《婚姻研究》（*A Research in Marriage*）一書。

第三章　從幼童到少年

始手淫的例子，比女子的要超過很多很多。不過，看了這一類的數字，我們不要誤會，以為一切男女孩都有，或都可以有這一類的經驗。有的男孩，天真爛漫地聽從了另一個男孩的勸誘，誤以為摩擦可以使陽具發育得更大，於是開始手淫，但在初期，往往陽具既不勃起，又無快感，一直要到春機發陳的年齡或將近這年齡，才真正可以接受性的刺激。所以，幼年時期，各人生殖器官感受刺激的力量是大有不齊的。這種不齊究竟有多少遺傳的成分在內，是很難說的。不過就總體而言，一個血統健全的孩子，在這時期中是比較不容易感受刺激的；反之，一個不太健全的血統，或性的特質比較特殊強烈的父母所生的子女，便容易早熟，而提前感受到刺激。漢密爾頓醫師的調查告訴我們，性生活[116]越是開始得晚，則未來的婚姻關係越顯得比較美滿。

如果我們跳脫僅限於生殖器官部分的性現象來談，我們的主題就要複雜得多。踰越這個範圍以外，我們就不免碰上精神分析學派所論的「性慾」或單單一個「欲」字（libido）[117]。在這派

---

[116] 藹氏原文中常用「性生活」一詞，但此詞實有廣狹二義，生活之屬於性的現象的，都是性生活。若以婚姻中夫婦的性生活為狹義的性生活，則其餘一切涉及性的生活都可以看作廣義的性生活，讀者應就上下文的文義來斷定詞義的廣狹。

[117] 關於弗氏這方面的議論，見其所著《精神分析引論》(*Introductory Lectures on Psychoanalysis*)。至其所用 libido 一詞，譯者以前在《馮小青》一書中譯作「慾性」，以示與「性慾」微有不同。今擬改譯為「欲」，「慾」本是「欲」的俗字，孟子稱飲食男女為人之大欲；正文下文說精神分析學派的 libido 事實上等於哲學家亨利‧柏格森（Henri Bergson）所稱的「生命的驅策力」，故譯為「欲」實較恰當。「欲」也可以和「性」相通，《黃帝內經‧素問‧上古天真篇》：以欲竭其精，注，樂色曰欲。不過 libido 之為欲，比性慾的慾含義更廣。我們如今把它譯成欲字，當然也取此字的廣義。

第一節　兒童時期性衝動

學者最初創論的幾年裡,他們曾經遭到強烈的抨擊,因為他們認為一個人在嬰兒時和童年時,也未嘗沒有性慾的表示;事實上這種抨擊或反對的論調到今日也還沒有完全消滅。不過我們如今承認、贊成與否,要看我們對這個慾字究竟作什麼解釋,下什麼定義。像許多弗洛伊德學派的名詞一樣,這個名詞的採用是不太滿意的,其中不滿意的原因之一是:它就是英語中「淫蕩」(libidinous)的詞根,對於習用已久的人不容易加以區別。弗派以外的著名的精神分析學者,如卡爾·榮格(Carl Jung)事實上又把 libido 一詞所指的慾和特殊的性慾完全分別看待,認為這種慾是一種廣泛的「精神的力」,相當於法國哲學家亨利·柏格森(Henri Bergson)所稱的「生命的驅策力」(法文 élan vital,英文 vital urge)。有的人願意用這一類的詞來指一般的生命力,而不願意用 libido 或慾這個詞,因為此詞總不免和特殊的性慾相混。弗氏自己對於此詞的見解以及此種見解的演變也很不一貫。在他那篇很發人深省的論文《嬰兒生殖結構之慾》(*The Infantile Genital Organization of the Libido*, 1923),他自己說在某些時候,所謂慾,所指與所申說的是生殖器官發育以前的身體結構,不過後來他又承認兒童時期的性慾與成人的性慾很相近,似同樣可以用這個慾詞來代表。不過他又繼續說,即便在嬰兒時期的身體結構裡,陽具所占據的依然是一個原始與基本的地位。根據弗氏的見解,兒童時期所理解的生殖器官也只有陽具一事,其他則是模糊不清的。同時他又說到所謂「生殖器官前

第三章　從幼童到少年

期」的一個時期，並且肯定地說，「一直要到春機發陳的時期，性的兩極在兒童的理解中才分化而成陰陽男女」。一部分弗氏著作的讀者，在這一類的議論裡，不免發現一項弱點，就是弗氏的理論失諸過於籠統；在這樣一個由大量個人集合而成的世界裡，各人有各人的遺傳，對於身外的環境，又各自有其反應的方式，這種過於概括的說法是不相宜的。不過，在弗氏的見解中心裡，性的兩極分化既需到春機發陳時期方才完成，而就一個尋常的人而言，「性慾」又需建立在這種兩極分化之上，則弗氏使用欲字或 libido 一名詞，事實上也不值得我們大驚小怪了。總之，弗氏的名詞雖有問題，其名詞所指的事物則我們整體上總可以承認。我們不妨同意另一位分析派學者瓊斯的見地，就是把人生的性活動分成「初始的快感」和「歸宿的快感」兩路，而把「春機發陳以前的各種表現都歸作初始的快感一路」。[118] 例外盡有，整體上這個見地是不錯的。

　　弗洛伊德對於欲或 libido 的見解，如果在一開始的時候，就採取他後來在 1925 年出版的《自我與本我》(*Das Ich und das Es*) [119] 一書中的立場，當時攻擊他的論調可能就不至於那麼多

---

[118]　見瓊斯《精神分析論文集》。
[119]　弗氏 Ich 與 Es 的分別當然是一個創舉，「自我」與「一己」的譯名當然也是故示區別的辦法了。不過這其間也略有根據。小兒至三歲而有自我的意識，說到本人的時候，才知道用一個「我」字；在此以前，只會稱引本人的名字，好像是稱引一個第三者一樣。所以說到自覺的我時，我們不妨用我字。己字所指的我，我們如今假定是比較不自覺的，比較屬於潛意識的。《說文》己字下面說：象萬物辟藏詘形也，己承戊，象人腹。所謂辟藏詘形，很有潛在的意思；心理學家說潛意識與各種情欲和臟腑（viscera）的關係最為密切，最為基本，是則「象人腹」的說法也不無參考的價值了。不過我們採定這個譯名，目的只在取近便，而

第一節　兒童時期性衝動

了。在這本書裡,他就不太用到這個名詞,似乎多少有些摒棄的意思,同時卻把「自我」和「一己(本我)」的關係闡述出來,「一己」所指的我和許多附帶的情緒,多少是蒙稚的和不自覺的,而「自我」所指的我,多少是自覺的與理智的,並且和自我以外的世界更有親切的反應關係;自我之我自然是後於一己之我,並且是從一己之我中逐漸蛻變而來,而終於成為一個分立的東西。弗氏自己說,這樣一個看法整體上和尋常一般人所接受的見地相吻合。

　　我們把兒童的活動作一番廣泛的觀察之後,我們似乎可以發現,此種活動中,通常占有原始與基本地位的,其實不是兒童的陽具,這和弗氏所見不同,而是很出乎意料的(和嬰兒生活接觸最多的人,大多數會告訴我們,占有這種地位的是大拇指和腳趾,而不是陽具);即使有少數以陽具做為最先注意的對象,那最初也往往是由於好奇心的衝動(弗氏自己即有此說),無關緊要。不幸的是,有的母親不免加以申斥,而一經申斥,這種對象便不免在嬰兒的心理上留下更深刻的印象,顯得更特殊的重要。陽具、手指、腳趾,原是兒童身上最「奇特」的部分,最可以供他玩弄的部分。玩弄的結果可能引起愉快的感覺,不過就大多數的兒童而言,可能認為足以發生性感覺的事物似乎還並沒有集中到生殖器官的領域以內。換言之,它們是

絲毫沒有把中西古今的名物牽扯附會在一起的意思。這是應請讀者特別注意,不容誤會的。至於德文的 Es,本屬代名詞第三人稱,今作第一人稱,當然是根據弗氏的本意酌改,而不是誤譯,可以無須解釋。

第三章　從幼童到少年

一些門檻上的性感覺，逗留在性領域的邊緣，其在成人，便應是一種引進到真正的性感覺的一種準備的感覺（因此，倒也未始不是戀愛藝術的一個正當的部分）。總之，兒童與成人在這方面的區別是很清楚的，兒童的感覺雖然也是愉快，大抵並不踰越性領域的門檻，而成為真正的性感覺。

這一類的現象最先發現的地方通常是在嘴的部分。這是可以想像得到的，因為嘴是吸食乳汁的器官，嘴唇的感覺又是極端的敏銳，當其和分泌乳汁的母親的乳頭發生接觸之際，嬰兒勢必感覺到極度的愉快。口部到了成人時期既然是一個敏感帶，有如第二章第三節中所述，則其在嬰兒時期，大概是在性領域門檻上的一個快感的中心，是很合情理的一個推論而不足為奇的。嬰兒吸不到乳頭的時候，或已過哺乳時期的較大的幼兒，又往往喜歡吸吮大拇指，[120]這種行為顯然也可以提供一些快感；一部分觀察家甚至認為此種行為，對於先天[121]不太健全的兒童，不妨算作一種手淫，並且可以從此引進到真正的手淫。許多別的觀察家雖然反對這種推論，但無論如何，這是一個在男女兒童中相當流行的現象，甚至於在呱呱墜地以後便開始的。

口部的一個中心之外，第二個出現的中心大概是肛門的部

---

[120]　這種實例是不少的。譯者記得最清楚的一例是一位中學時代的同學，他不需要用手工作的時候，就是他吸吮大拇指的時候。

[121]　我們在譯文裡時常用到「先天」兩字。我們的用法和以前生理學家或醫學家的用法微有不同，他們的先後天是以出生之頃做界線，我們則以成孕之頃。我們所稱先天的特質即等於遺傳的特質。

第一節　兒童時期性衝動

分了。如果平日大解的行為很自然，很順利，而並沒有便秘或其他抑制的情形，則肛門部分成為快感中心的機會便不多。否則，排泄的行為勢必引起一種通暢與愉快的感覺，而日久就可能成為一種習慣；肛門終於發展為一個敏感帶，就是這樣來的；其發展的可能與發展的程度雖次於口部，但其不失為敏感帶之一。一部分的精神分析派學者認為，有的忍糞的行為是故意的，其目的端在取得排泄時的快感，而此種故意的傾向對於未來精神生活的發展，一定大有關係。這種看法雖有趣，卻不容易證明，因此也就有人否認。上面這一番話大致也適用到便溺的行為，不過這方面的愉快無論在嬰兒或成人身上，是完全由於便溺行為所給予的解脫而來，而與尿道無關。有的觀察家又認為嬰兒於便溺時，特別喜歡以某一個人做對象，令他成為便溺的接受者，這種行為可能也引起幾分快感；但我認為這是一個錯誤的解釋，嬰兒在愉快的情緒下，可能失去控制，以至便溺在別人的身上，但這絕不是故意的，好比成年的婦女，在色情亢奮之頃，有時因反射作用的關係，也不免於遺尿一樣，但對於這種婦女，此類失卻控制的行為不但不引起快感，並且引起懊惱；簡而言之，其他愉快的情緒狀態可能是因，而遺尿的行為是果，所謂情不自禁者便是，倒果為因，便是這些觀察家的錯誤了。漢密爾頓醫師在他的研究裡，發現在幼年時期，男子有21%，女子有16%對於便溺曾經產生興趣，並且曾經加以玩弄，男女兩方關於大便的興趣的數字也恰好一樣。

第三章　從幼童到少年

兒童的經驗中，有一部分未嘗沒有性的意味，這在體格方面，上文云云，已足夠加以證明；至於在心理方面，兒童也未嘗不能經驗到性的情緒，那情形更自顯然。好多年以前，倍爾（Sanford Bell）曾經收集不少的資料，證明這種情緒是很普通而任何人都可以隨時觀察到的。他那篇報告[122]如今還值得一讀。倍氏研究這個問題，前後達十五年。他在學校和其他場合裡，總共親自觀察到 800 個例子，而間接從其他 360 個觀察者得來的，又有 1,700 個例子的紀錄（共 2,500 例）；這 360 個觀察者之中，只有 5 個記不起童年時發生過什麼性的經驗；這也可以證明，童年壓抑的現象實在不算普遍，除非其人先天有些缺陷。倍爾發現性情緒的產生可以早到二歲半，並且此種發展又自有其表現不同的幾個階段，第一段到 8 歲為止，第二段到 14 歲。在 8 歲以前，男的往往比女的羞澀，也比女的容易取守勢，而不取攻勢。又觀察這種情緒時，直接所能見到的固然是一些零星的舉動，但間接所推想到的無疑是發乎性衝動的情緒。所謂零星的舉動，比較普通的是擁抱和親吻，但也並不經常看到，因為一方面表現性情緒的動力雖強，一方面掩飾這種情緒的動力也不弱；有這種情緒的人不但不願意在眾人面前表達出來，就是對所愛悅的對象也往往諱莫如深，不欲有什麼行為上的表示。其他觸覺方面的接近也時常可以觀察到，但倍爾認為這種

---

[122] 我們在譯文裡時常用到「先天」兩字。我們的用法和以前生理學家或醫學家的用法微有不同，他們的先後天是以出生之頃做界線，我們則以成孕之頃。我們所稱先天的品性即等於遺傳的品性。

第一節　兒童時期性衝動

接觸不一定有很清楚的性的含義,除非主動的人是發育得特別早。倍爾又說得很對,這種情緒背後的性的興奮也許以性器官為集中之點,但就大多數而論,和性器官沒有什麼特別關係,而是分布到全身的,尤其是全部的循環系統與神經系統。倍爾又說,性情緒的表現以春季為獨多。

倍爾這些觀察,後來研究兒童問題的人,包括精神分析學派在內,全都能加以坐實,並且作更詳細的發揮。弗洛伊德的研究工作裡,很大的一部分就屬於這個範圍,而奧斯卡・費斯特(Oskar Pfister)的著作也歸結到同樣的一個結論,就是,在兒童生活裡,戀愛的情緒表示是多到一個意想不到與駭人聽聞的程度的;費斯特的那本書,一面敘述兒童的戀愛生活,一面更申說到性發育的各種缺陷,是包羅既廣而推論又很精細的一本著作。[123]

總括上面的討論,我們不妨再簡單地說,兒童的性的興趣或類似性的興趣自有它們的特點,自有它們的領域,這些領域是在成人的性領域以外的,一則因為在體格方面,生殖器官還沒有發展,再則,在心理方面,對於所謂異性還沒有清楚的理解,即異性之所以異,其意義還不明顯;一直要到春機發陳期過去以後,這種發展與理解才將次第來到。

兒童的性生活裡,有一個很有趣而往往不受人注意的特點,就是「性虐狂」或「戀痛癖」(algolagnia),即對於膚受的痛楚所產生的快感。所謂痛楚包括目擊別人的痛楚,或由我加害的別

---

[123]　見費斯特所著《兒童的愛與偏差》(*Love in Children and its Aberrations*)一書。

第三章　從幼童到少年

人的痛楚，或本人身受的痛楚。這種心理的表現，在成人的語言裡，有叫「殘忍」的，有叫「施虐癖」（sadism）的，有叫「受虐癖」（masochism）的，還有其他通用的名稱。講到兒童有這種心理表現時，一般人也往往襲用這一類的名稱；這也許是無法避免的，因為他們雖不了解兒童的心理，卻也未嘗不想對此種心理加以解釋，用到了這些名詞，在他們就算是解釋過了。不過這是很不幸的，也是會引起誤會的，因為兒童的心理中絕沒有此類名稱所影射的動機。即舉「殘忍」的觀念為例，我們先必需有人道與慈善等觀念，而後才會有殘忍的觀念，但這種觀念，即在成人，也往往弄不清楚，何況兒童？唯其兒童的意識與知識程度還沒有殘忍的觀念，所以對於別的動物或別人的痛楚，可以作壁上觀而不覺得難受，甚至於覺得有趣，覺得好玩，再甚至於自己動手，來造成或增添這種痛楚。我們應當知道，童年時期是一個人好奇的理智與尚待分化的情緒正在練習的時期，也可以說，正在玩弄的時期，這一類心理的表現就是練習或玩弄的一部分；我們如今用成年人的那一套多少已經僵化的道德觀念來作為他們的準繩，豈不是無的放矢？真正的教育（我說真正的教育，因為目前流行的教育，還是灌輸多而啟發少，而教育在拉丁文裡的原義是啟發，不是灌輸）在這裡就有它的功用，就是要幫兒童的忙，把成年時期的各種活動逐漸啟發或導引出來，更要根據兒童理解力進展的程度，讓他知道，他早年的那些橫衝直撞的行為，在成年人的世界裡，是行不通的。

第一節　兒童時期性衝動

上文說，童年時期是自然的情緒尚待分化的時期，還有進一步的證明。分化的發展是需要試探與練習的，試探與練習所達到的情緒的領域不止一個，痛楚或痛苦的領域便是其中之一。在試探中的兒童當然會問津到，也可以達到，至少可以踏著這領域的門檻。因為這是試探與練習的工作，所以兒童在這時還沒有分人我彼此，他可以看人受痛，教人受痛，但自己一樣可以身受痛楚，甚至於覺得自己受比別人受還要有趣。這其間不能受到成人道德的繩墨，不更顯而易見嗎？男女孩子的遊戲裡，帶有處罰性質的很不少；在大人不看見的時候，他們便喜歡玩這種遊戲，一面相互處罰，一面又相互親吻，戀痛癖與性虐狂和性發育的關係很密切，就這點已經可以看出來。這種處罰性質的遊戲在女童中尤其流行；她們所用的刑具裡，最普通的是梳頭髮的梳子。有時候兒童喜歡鞭笞自己，即在春機發陳期以後，生殖器官已經相當發育，假若一時找不到異性的朋友，使性的情緒有所寄託，也就用自我鞭笞的方法來取得性的興奮。即便在幼童的生活裡，「白日夢」[124]也是常有的事，而嚴刑拷問是白日夢裡算普通的一種成分，而一到年齡稍長，自己能夠閱讀的時候，約翰・佛克塞（John Foxe）的《殉道者名錄》（*Foxe's Book of Martyrs*）一類的書便成為最能提供快感的泉源。[125] 再進

---

[124] 英文 day-dream 或 reverie（亦作 revery）一詞，中文沒有現成的相當的詞。俗話中有「出神」的說法，較為近似，但又不便用作譯名，今姑直譯為「白日夢」。
[125] 此層固屬事實，但在同一時期裡，因為同情心的日漸發展，兒童對於酷虐的事實的記載，也未嘗沒有「不忍卒讀」的心理，猶憶譯者在這個年齡的時候，閱《說岳全傳》，至「風波亭」一段，便看不下去，終於沒有把這部《精忠傳》看完。

第三章　從幼童到少年

一步，有的男孩往往喜歡且經常對自己的陽具施以痛楚；這表示陽具已經成為情緒的興趣中心，甚至未嘗不可以說它已經是用成年人的眼光來看待性興奮的源頭。這一類的事實就令我們聯想到一部分精神分析派學者所特別重視的所謂「閹割癥結（情結）」（castration- complex）。[126] 有的用繩子把陽具緊緊地扣住，有的用力地加以撲擊。女童也有類似的行為。最近有人記載一個九歲的女孩用繩子扣住了陰蒂，一時解不下來，終於不得不勞煩外科醫生。總之，在這個時期裡，知覺與情緒都還相當散漫，都還沒有條理，也可以說都還沒有結晶化。痛楚是人人怕的，怕痛也是誰都很早就學到的，因為它根本和生命的安全有關，然而兒童竟不怕痛楚，甚至於歡迎痛楚，可見他雖然在感受痛楚，而一種模糊的快樂情緒也就在這痛楚中逐漸地培養成功。漢密爾頓的調查裡，發現從來沒有過性虐的經驗的，男子之中，只有49%，女子之中，只有68%；反之，有過這種經驗的，男女之中，差不多都占到30%；而漢氏所調查到的男女，在品行上與知識上全都可以說是很有地位的人。

這一類情緒的表現雖多，畢竟是屬於童年時期，離成人的階段還遠。何以見得呢？從兒童戀愛生活的對象上就可以見得。這對象也許是一個同性的人，也許是一個血緣十分親密的

---

[126] 精神分析學派常用的 complex 一詞，有人譯為「癥結」，也有人說，可以譯做「疙瘩」，都可以過得去，今酌定用「癥結」。精神上鬱結不解的「癥結」與普通行文時所用的「癥結」，例如，問題的癥結，自是不同，讀者參照上下文，自可不致相混。

第一節　兒童時期性衝動

人；若在成人，在這些地方就不免有禁忌了。這一點事實現在已經有很多的成年人了解。但是他們的了解還不到位，他們有的只是一知半解，他們看見兒童不避同性，就說他產生了「同性戀」，看見他不忌親屬，就說他有些「亂倫」，見他和母親的感情特別好，就說他有「伊底帕斯癥結（情結）」。[127] 這真可以說是胡言亂語。他們不知道把適用於成年人的名詞，隨便用在孩子身上，是犯了一種很嚴重的不可饒恕的通病。小孩子根本還不懂得「性戀」是什麼，試問他怎樣會懂得「同性戀」；不懂得「倫」是什麼，試問又怎樣會「亂」它。有一位著名的精神分析派學者史密斯·伊利·傑利夫醫師（Smith Ely Jelliffe）說得好：「我們在童年的衝動行為上把成年的籤條亂貼一頓是最荒唐不過的。」就在性的範圍以外，謹嚴的兒童心理學家，例如著《童年初期的心理學》（*Psychology of Early Childhood*）的威廉·斯特恩（William Stern），他正在努力設法，教我們不要把衡量成年心理的尺度來衡量童年心理，童年心理自有其獨特的性質，應當分別

---

[127] 「伊底帕斯癥結」（Oedipus Complex）的名詞是根據希臘神話而來。神話說：希臘的城邦之一底比斯（Thebes），國王叫萊瑤斯（Laius），王后叫柔卡絲塔（Jocasta），生下王子叫伊底帕斯。伊底帕斯初生的時候，神道預言國王將來必為此子所弒，國王於是把他拋棄在荒野，像中國周代的始祖棄一樣。伊底帕斯卻沒有死，被另一城邦科林斯（Corinth）的國王收去養大。伊底帕斯長大後，並不知道科林斯王是他的養父；同時，又聽到神道的詔示，說他將弒父而以母為妻，於是便離開科林斯；中途遇見了萊瑤斯，因事爭論，竟把萊瑤斯殺了。接著底比斯邦發生國難，伊底帕斯用他的智謀解決了，於是被擁戴為底比斯邦的新王，接著娶了柔卡絲塔做王后，終於成全了神道的意志。後來他和柔卡絲塔發現了彼此原有的血緣關係，柔卡絲塔便自縊，而伊底帕斯也自己把眼睛挖了出來，結束了這一齣悲劇。希臘三大悲劇家之一的索福克里斯（Sophocles）著有劇本，即名《伊底帕斯》（*Oedipus Rex*）。

第三章　從幼童到少年

研究，而不應混為一談。我們要不了解這一點，不先把前人對於童年性心理的這一類誤解徹底地澄清一下，我們對於性心理的發育一題，便始終不會有撥雲霧見青天的一日。以前的成年人，以成年的立場來妄測童年的心理，根本忘記了自己也有過童年和童年的特殊經驗，這種覆轍我們是萬萬不能再蹈的。基督教的經典上說，我們不變為赤子，我們不能進天國；假如我們不變為赤子，不能體驗赤子之心，我們也休想進當前的知識的新園地。

討論到此，我們對於上文一度提到過的所謂「伊底帕斯癥結」不能不介紹一下。這個名詞所指的心理現象，最先提出讓我們注意的是精神分析學派的學者弗洛伊德。這一派的學者一向把它看作萬分重要，就在今日，在他們的眼光裡，尤其是弗氏自己，這種重要性還是相當的大。從字面上看來，這個名詞不是很貼切的。現象本身是這樣的：在性發育過程的某一個階段裡，一個小孩對雙親之一（男孩對母，女孩對父）會發生戀愛的情緒（簡直可以說一個「婚娶的願望」）；[128] 同時對於雙親中的另一人（男孩對父，女孩對母）發生同等強烈的嫉妒心理。[129] 但

---

[128] 心理學中本有所謂差異心理學一門，這一門的心理學至少應當包括個別的心理、性別的心理和年齡別的心理。就目前的心理學發展而言，大約關於個別心理的研究比較多，其次是性別的心理，最欠缺的就是年齡別的心理。又就大體說，這三方面的研究都嫌不夠。

[129] 子女對於父母，可以發生戀愛的情緒，以至於婚嫁的願望，這在尋常經驗裡雖不難尋找，而在以前的文獻裡，卻不容易覓著什麼佐證，在注重倫常與孝道的中國文獻裡，自然更不必說。不過在唐人說部裡（載戴孚《廣異記》）我們看到很有趣的一段記載：「顧琮為補闕，嘗有罪繫詔獄，當伏法；琮一夕愁甚，坐而假寐，忽夢見其母下體。琮愈懼，形於顏色，流輩問琮，以夢告之，自謂不祥

第一節　兒童時期性衝動

是在希臘神話中，伊底帕斯並沒有感覺到這一類的情緒，他在神靈的詔示之下，不得不娶他的母親，並且於無意之中，把他的父親殺了，他自己還掙扎過一番，不願做這兩件犯罪的事，但終歸無用。不過弗氏對於這一點另外有一個解釋：他認為所謂神靈詔示，其實就是潛意識的冠冕堂皇的化身罷了。無論如何，三十幾年前，弗氏最初把這部分學說提出來的時候，他是相當不經心的，並且當時他用到「亂倫」一詞，也是一個錯誤。因此，弗氏自己也時常提到當時這部分的學說很震撼一般人的耳目而受人咒罵。不過這種咒罵的態度，碰上弗氏這樣一個意志堅強而愛好多辯的人，不但沒有用處，反而變本加厲刺激他，使他更把這個學說抬出來。

弗氏宣稱說，程度儘管有不齊，形式儘管有不同，甚至於形式上儘管發生逆轉[130]的變化，「伊底帕斯癥結是兒童心理生活裡一個照例存在而很重要的成分」。他更進一步說，這種癥結是一切邪孽的源頭，也是「一切精神病的真正的核心」，這些，

之甚也。時有善解者，賀曰：『子其免乎！』問：『何以知之，』曰：『太夫人下體，是足下生路也，重見生路何吉如之？吾是以賀也。』明日門下侍郎薛稷奏刑失入，竟得免，琮後至宰相。」生路之說，固然解得好，但顧琮這個夢畢竟是一個帶有「母戀」的性夢（性夢的討論，見下文第四節）。人窮則呼天，勞苦倦極則呼父母。顧琮在當時的環境下有此種潛意識的活動，而至於形諸夢寐，是極可能的。

[130] 女兒對父親的伊底帕斯癥結又有過一個不同的名稱，叫厄勒克特拉癥結（Electra-complex），亦出希臘神話，但不甚通用。所謂「逆轉」，指的是性戀情緒的對象，不是異性的人，而是同性的人，所以一般的同性戀現象，英文中很概括地叫「逆轉現象」（inversion），而這種人叫作「逆轉者」（invert），詳下文第五章，尤其是第一與第二兩節。這裡所稱的逆轉，是男孩的性愛情緒不以母親為對象，而以父親為對象，女孩則不以父親為對象，而以母親為對象。

第三章　從幼童到少年

都「似乎並不是不可能的」。奧托・蘭克（Otto Rank）當時正和弗氏密切合作，也利用他在文學方面的博識，指證在戲劇的詩歌裡，伊底帕斯癥結是一個時常遇見的音樂家所謂的主旋律，其在形式上儘管有些出入，但底子裡總是這個癥結在那裡活動與導引。最後，到 1913 年，在《圖騰與禁忌》（*Totem and Taboo*）一書中，弗氏終於把伊底帕斯癥結的概念擴展到一個很廣泛的程度，認為它是原始道德的根苗，有了它，原始人才有罪孽的自覺，而這種自覺便是宗教與道德的泉源。哲學家伊曼努爾・康德（Immanuel Kant）所稱的定言令式（categorical imperative），以及宇宙之間各種主宰的神物，也都可以溯源到它：本來只是生身的父母，終於變成了上帝、命運、造化等等主宰的東西。

精神分析派的學者把伊底帕斯癥結看作如此重要，把它認作人類文化中很大一部分的基礎，固然有他們的說法，但他們根本沒有想到這個特殊的癥結，不和文化產生關連則已，否則一定得和某一種特別的家族制度發生連繫，而家族制度的形式根本上就不一而足。伊底帕斯癥結的先決條件是父權的家族制度。這在我們所最熟悉的歐洲各民族的歷史裡，固然是找得到的。但父權家族絕不是古今中外普遍通行的一種家族制度，也何嘗不是一個事實？家族的實質固然是生物的，但家族的形式卻是由社會的影響陶鑄而成。布朗尼斯勞・馬凌諾斯基（Bronisław Malinowski）在他那本《未開化社會中的性與性的壓抑》（*Sex and Repression in Savage Society*）中對於這一層闡明得很清楚（同時

第一節　兒童時期性衝動

我們不妨注意，馬凌諾斯基在開頭的時候，對精神分析學派的理論是多少有些偏袒的)。弗氏等認為足以陶鑄文化的各種癥結，事實上要有了文化才會發生，文化的種類既不一而足，癥結的發生即不免各異其趣。若說「一個太初的漁獵部落，早就具備著許多現成的心理上的偏見、衝突、怪癖，和目前歐洲中等階級的家庭裡所有的一樣，然後再向原始的叢莽中各自亂竄」，我們也是無法承認的。每一種文化一定有它的特殊的心理上的癥結，這種癥結是這種文化所必有的副產品；文化的發展在前，癥結的發生在後，因果是不能倒置的。

又有進者，伊底帕斯癥結有一個假定，就是一個人出生以後，很早就有一種天然的趨勢，要在近親的身上，產生性愛的經驗，而這種趨勢又是相當的強烈，非有嚴刑峻法的抑止，無法制裁。這個假定又是對的嗎？一切人類學的權威都認為親屬相姦或相戀的衝動的自由發展，和家庭制度的存在根本不相容，此種自由發展的結果，不但家庭制度不成事實，整個文化更無從出現。不過這種親屬相戀的趨勢究竟是不是天性的一部分，非發展不可，這些專家的意見便不一致了。人類婚姻史的權威愛德華・韋斯特馬克（Edvard Westermarck）起初認為人類對於親屬相姦，有一種確切的厭惡本能；弗洛伊德則主張從嬰兒時期起，人類便有強烈的親屬相姦的自然傾向。馬凌諾斯基承認韋氏所說的厭惡心理的存在，但認為這種心理不是天然的，而是文化所造成的，是「文化反應裡的一個複雜的配合」。我自

第三章　從幼童到少年

己的立場，多年以來，整體上可以說是這幾家的一個折中，就是：對於密切接觸的人，一個人總有幾分性的繫戀，這種密切接觸的人既往往是近親，於是這種繫戀的關係便叫做「親屬相戀」或「親屬相姦」了。漢密爾頓醫師的研究裡，發現男子之中，14％在童年時期曾有過親屬相戀的衝動；這種衝動並沒有引起什麼恐懼的感覺；男子之中，10％對他們的母親偶然有過一陣性的感覺，28％對他們的姊或妹有過同樣的感覺；7個女子對她們的父親，5個女子對她們的兄弟，也復如此。這種感覺的事後追憶固然教他們有些難乎為情，但並不引起什麼嚴重的良心上的責備。在尋常的情況下（例外的情況固然也總是有的），孩子對家人也有些薄弱的性的繫戀，但只要在家庭圈子以外，遇見了更可以留戀的新對象，這種原有的繫戀也就被克服過去了。實際上我們到此所發現的，並不是一種反抗親屬相戀的本能，也不是什麼天然憎惡的心理，而是性衝動已經像蟄後的昆蟲，進一步活躍起來，從而需要一番進一步的刺激，於是家庭中司空見慣的對象便失去效力，而家庭以外的新對象取而代之。這樣一個見解，韋斯特馬克後來在他的修正版的《人類婚姻史》（*The History of Human Marriage*）裡也表示過很可以接受，至於歐內斯特・克勞利（Ernest Crawley）[131]和沃爾特・希普（Walter Heape）則在此以前早就表示過同意。其實任何人對於性的生理學和求愛的心理學有了充分的了解以後，對於這一

---

[131]　見西奧多・貝斯特曼（Theodore Besterman）所輯克勞利遺著《神秘的玫瑰：原始婚姻研究》（*The Mystic Rose: A Study of Primitive Marriage*）一書。

第一節　兒童時期性衝動

點是很容易理解的,我們不妨舉一個富有代表性的例子:雷蒂夫(Nicolas Restif de la Bretonne)的自傳《尼古拉先生》(*Monsieur Nicolas*),是性愛心理學上的一部寶貴的文獻。我們在這本自傳裡讀到一個四歲的男孩,成長得異常早,他和女孩結伴玩耍的時候,已經多少可以感受到性的刺激,他在被她們擁抱的時候,雖不免表示十分羞澀,但一種興奮的感覺是很明確的。但一直等到十一歲,他的衝動才趨於強烈,他甚至於還做過交合的嘗試,到此,他的羞澀的態度就完全沒有了,原來這一次的對象是一個從鄰村來的素不相識的女孩。素不相識四個字便是他前後行為之所以不同的一個關鍵。假如大家釐清了這一層理解,我認為許多不相干的學說便大可不必提出。所謂「對於親屬相戀的憎厭心理」,又何嘗真有呢?不過在自然的狀態下,性的繫戀必須依靠比較強烈的刺激,而家庭環境中的人,彼此朝夕相見,慣熟已久,縱有性的刺激,事實上不夠強烈的程度,不足以引起反應,又何嘗因為憎厭的心理,而根本不作反應或避免反應呢?我們知道,最強烈的親屬相戀的例子往往發生在從小就分開的兄妹之間,即此一端,便可以教我們爽然了。

　　我以前曾經提出族外婚[132]有心理學的基礎。對於這一點很多人都曾經表示反對的意見,不過我始終認為反對的人誤會了我的意思,同時對於許多很有關係的事實,也沒有充分地考慮到。有幾位評論家過於注意文明社會和家畜的狀態,以致誤

---

[132] 族外婚英文叫 exogamy。大多數的民族,婚姻擇偶,必取之於部落或氏族之外,所以叫族外婚,以前中國人同姓不婚,就是一例。

第三章 從幼童到少年

入歧途；有的沒有理會到，所謂慣熟則生厭倦而不容易引起性刺激的觀察，也並不是絕對的，慣熟而不生厭倦，照樣可以發生性的刺激，也是可以有的事，甚至於此種刺激反而來得特別強烈。但有的評論也是對的，有幾位說，親屬為婚，一則不見得會產生最優良的子女，[133] 再則也許不容易維持家庭生活的和諧，因此，族外婚就逐漸通行起來，終於成為社會進化的一個很重要的因素。我說這一類的觀察是對的，因為親屬相姦的禁忌也許真是這樣成立的，而其所以能維持於不敗的緣故，或許也就在此。不過這些觀察並沒有追溯到這個問題的源頭。親屬相姦的禁忌，其所以成立與所以維持，固然一部分由於社會的原因，但族內婚的禁忌究竟從何而來，其最初的根源如何，一經發生，社會的勢力又有什麼憑藉，而可以令它成立，使它歷久而不替；要答覆這些問題，就不能不回到我的心理的說法了。要不是因為這種有如上文所敘述的心理的傾向，親族相姦的禁忌就根本無從發生，發生了也無法維持。要知社會制度的起源絕不會是不自然的，它們總得有一個自然的基礎；這種心理的傾向便是自然的一種傾向。不僅如此，在原始生活裡，人類有一種很天真的願望，想幫造化的忙，怎樣幫法呢？就是在自然與尋常的東西之上，特地加上一些風教與法律的無上命令，使它們更加顯得神聖而不可侵犯。這一點，克勞利也曾指出過。

---

[133] 中國以前也有同姓為婚「其生不蕃」的說法，但近年來的遺傳學知識證明此點也不盡然，詳見譯者所著《中國之家庭問題》，「婚姻之血緣遠近」一章，商務印書館出版。

第一節　兒童時期性衝動

親屬相姦之所以成為一個禁忌,而族外婚之所以成為一個制度,這也是原因的一部分。

到了今日,我們對伊底帕斯癥結和它所引起的好像很凶險的影響,不妨心平氣和地再回頭看一看。我們只需把所有的事實直接地觀察一遍,單純地觀察一遍,既不要想把它們妝點起來,以聳動人家的視聽,也不要想把它們補綴起來,成為一套無所不包的學說,那我們所發現的不過是一個很自然的現象,就是,男孩對他的母親(或反過來,女孩對她的父親)有一些繫戀的情緒,而對於凡屬可以分他母親的心,使她減少對於他的關注的人或事物,他更有一番嫉妒的情緒。嫉妒原是一種十分自然的原始的情緒。一隻狗,看見有別的狗好像要搶牠的骨頭的時候,自然會嗚嗚地叫;一隻貓遇到別的不相干的貓想染指牠的飯碗的時候,也自然會有不甘心的表示。就是我們自己,許多人都記得,或者有大人提醒過,他們在孩提的時候,對於一個小弟弟或小妹妹的出世,起初也表示過痛心的不願意,而這些人都是精神很健全的人。不過我們也記得,過不了太久,我們對於這種人事上的變遷,也就完全接受下來,不但接受,並且還肯出力,來幫忙照管新出世的弟妹,並且以能參加這種照管的工作為榮。至於童年時期對於父親的仇視,在正常的狀態下,是始終很難發生的。其所以然的緣故也是不難了解的。新生的小弟妹確實是一個新的人事上的變遷,父親卻是一開始就在那裡的;環境既沒有什麼新的變化,他對父親的態度也就

第三章　從幼童到少年

無須更動,家庭中有一位父親,對他是一件當然的事。

但我們也看到對於先天神經脆弱的兒童,情形便不這樣樂觀;假如做父母的人管教得不得當,不失諸溺愛,便失諸放任,又或失諸過於嚴厲,那情形就更壞了。不良的遺傳與不良的環境裡應外合的結果,確實可以使兒童情緒的發展走上變態以至於病態的路。到此,我們便不免發現精神分析學派所敘述的那一大串心理的表現了。這一大串的表現確實是可能的,凡是關心兒童生活的人一定得密切地注意著,同時,我們也得有充分的準備,使這種可能一旦成為事實的時候,我們可以大膽地加以分析、診斷而設法解決。心理學的路是一條崎嶇的路,非大膽的人走不來,但同時我們不要忘記,這種變態與病態的例子盡有,我們卻也無需根據一、兩個例子或好幾個例子,而說許多概括的話。假如我們先有了一番成見,一個概括的學說,然後再找例子或遇到了例子,不管例子的真相如何,硬把這個學說套上去,那是最危險的,且永遠得不到真正合理的結論。

上文所論的一點,現在已經有很多人漸漸能夠了解,甚至於精神分析學派的人也已經慢慢地承認,例如上文提到過的蘭克。伊底帕斯癥結之所以能成為一個概念,當初未嘗不是因為蘭克的一部分的努力。但二十年後,在他那冊很能使人發揮新義的《現代教育》(*Modern Education*)之中,他卻說:「伊底帕斯癥結,希臘神話中雖言之鑿鑿,而弗洛伊德當初雖也篤信它的存在,我們在實際的生活裡,所見到的卻並不真切。」又說,

第一節　兒童時期性衝動

到了今日，就是精神分析派的學者想維持這個概念，也覺得不太容易。在別處蘭克又說，著稱了好久的所謂「戀母癥結」(即伊底帕斯癥結，不過單就比較顯著的男童戀母的一方面而言)，與其說真是兒童對於母親的一種精神上的固結不解(fixation)，毋寧說不過是一種符號，暗示當代教育裡一個很普遍的信仰。什麼信仰呢？就是對於母親的影響之大的信仰。當代思潮中既有此篤信，戀母癥結一類的學說，便應運而生了。

上文也提到過閹割癥結。依精神分析學派的見解，閹割癥結是和伊底帕斯癥結有連帶關係的，佛洛伊德認為它是童年時期在性的方面受過恐嚇的一個反應，而這種目的在於限制兒童活動的恐嚇，推溯起來，勢必推到做父親的身上，這樣，豈不是就和伊底帕斯癥結產生了連繫？這種恐嚇是有的，做母親或保母的人，看見小孩子玩弄他的陽具，有時候鬧著玩地嚇他，說要把陽具割掉，小孩子也許以為是真的，要是他在事前已經發現他的姊姊或妹妹是沒有陽具的，而以為她們大概就是被割的人，這種恐嚇就更有力量了；同時在女孩方面，有時候也覺得沒有像她哥哥弟弟那般擁有陽具是一件缺憾。[134] 不過若說這種感想很普遍，很有力，凡屬尋常的兒童都有，那我怕是言過其實的。

---

[134] 西方有一個當笑話講的故事：一個男孩在馬路的人行道上小便，一名道貌岸然的牧師走過，申斥他說，下回再如此，便要割掉他的陽具；過了一時，小孩在人行道上走，遇見一個女孩蹲著小便，他就走過去，一面照樣警誡她，一面蹲下去瞧，忽然跳起來，說：「啊哈，原來早已割掉了！」

第三章　從幼童到少年

弗洛伊德在 1923 年發表的文稿中，一方面肯定此種癥結的「無處而不在」，一面卻也承認恐嚇之說有些不容易成立，因為小孩子未必人人受過這種恐嚇，因此，他不得不另行假定，說，這是兒童自己創造出來的一個迷信，以為玩弄的結果是閹割。不過弗氏的意見是不太固定的，他在 1928 年，又說「沒有一個男子能免於閹割的威脅所引起的精神上的震撼」。弗氏認為這種震撼所造成的癥結不但是精神病的一個重要的成因，而且對於健全的兒童，也多少可以引起人格上的變化。平心而論，閹割癥結對於神經脆弱的人自有其強烈的影響，自是無可置疑。有一部分智商很高而神經脆弱的人，追溯到他們童年發育的時候，也確實提到這一層；他們在愚蠢的保母或奶媽手裡，的確受到過閹割的威脅，而這種威脅對於他們心理的發育，也的確有過一番不良的影響。

在這一個性發育的階段裡，最彰明較著而引人注意的一個表現是「手淫」。手淫是一個很老的名詞，英文中的 masturbation 一詞也是由來甚遠。說到這個表現，我們便可以很方便也很合法地說到一個性字。手淫好像確實是一個性的現象。但我們還需小心，因為當其初期，從事於手淫的兒童也許目的只在尋覓一些身體所能給他的一般的快感，而未必是性的快感，而尋求一般的快感也是我們天性中應有的事。我們說也許，說未必，因為就一部分的兒童而言，手淫的起源的確和性的目的沒有關係。不過，話得說回來，手淫的現象既不限於童年時期，並且

第一節　兒童時期性衝動

往往和最成熟的性的觀念有連帶關係，我們要在這裡劃一條性與非性的界線，不免要受吹毛求疵的譏誚。

從名詞的字面上看，不論男女，凡是用手來刺激性的部分的行為，叫做手淫。其實，這個名詞的含義比字面所能表示的要廣，任何用摩擦的方法以獲取性器官快感的活動都屬於手淫的範圍。同時，就一般的情形而言，手總是用得最多與最自然的一個工具，除非那個人在心理上有不能用手的壓抑或身體有不能用手的障礙。不過其他的方法還很多：對於男童，各式的競技、戶外的運動、體格鍛鍊的各種練習甚至於衣服的壓力與摩擦，尤其是在一般的情緒十分興奮的時候，也足以使陽具勃起，甚至於引起性慾的亢奮，而這種突如其來的表現，在初次經驗到的兒童，不免覺得詫異，甚至於驚惶失措。有時候，一般的緊張或害怕的狀態，或嚴重的悲歡景象的目睹，也可以產生同樣的結果。再如悲歡場合的身臨其境，例如，鞭笞的身受，也復如此。歷史上最著名的一例便是尚－雅克·盧梭（Jean-Jacques Rousseau）的經驗：盧梭幼年曾受過保母的鞭撻，這一度的責罰與責罰的形式在他銳敏的神經組織上有一番不可磨滅的影響，詳見他的《懺悔錄》（*Confessions*）。[135] 對於女童，手固然也是最普通的工具，但比起男孩，更非必要，性的部分的任何偶然的接觸，即使在童年的初期，已足以引起相當的快感；有的女子在追憶她的性發育的時候，也往往能想起這一點。稍長以後，這種碰觸和摩擦便會從偶

---

[135]　盧梭的自傳 *Confessions*，近人張競生氏有譯本，名《懺悔錄》，中華書局出版。

第三章　從幼童到少年

然的變成故意的，幼女會當著別人的面，在椅子角上或櫃子邊上摩擦；到了少女時期，這種行為也許會成為習慣。在餐廳裡，有人曾經觀察到，有少女坐在桌角，抵住了桌子的腿，而覓取她的快感。有時候她們並且可以完全不用別的東西幫忙，只需將大腿來回摩擦，甚至於將大腿夾緊，便可以引起性高潮；假如當時性的情緒早經喚起，則高潮的到達，當然更顯容易。女孩又和男孩一樣，刺激景象的目擊，或冶豔意境的流連，也可以招致同樣的結果，這種情形便和通常在戀愛狀態中的兩名男女可經驗到的沒有很大的區別了。

對於男童，假定在幼年時不曾有過什麼自發的性衝動和反應，也不曾有過同伴的誘導，他的第一次性高潮大抵不到春機發陳的年齡不會發生，並且發生的時候大抵在睡眠之中。發生時有的有夢，有的無夢；但無論有夢無夢，有時會引起一番憂慮或羞恥的感覺；一定要過了幾年之後，他才明白，只要他體格健全，操守貞定，這是成年生活中必有的一個陪襯的現象，無所用其驚異的。（同注 117）但對於女童，這種現象就可有可無了。據我所知，女童的初度性興奮，無論到達高潮的程度與否，是很難得在睡夢中發生的。我以前屢次指出過這一點，但至今懷疑的人很多，他們總認為男女的情形是差不多的。我認為這種懷疑還是因為理解不夠。男童睡夢中遇到性的興奮時便會自然而然地驚醒，但在女童，必須自己特別努力，或別人從旁驚覺，才會醒來；但第一次以後，她時常會經驗到最活潑生

動的關於性愛的夢；第一次與第二次之間也許相隔的時間很遠，即第二次也許發生在已經成年之後，但活潑生動的程度卻是一樣的。這也許是男女之間一個很有趣的心理上的性的區別，表示男子方面性的動態較大，而女子方面性的靜態較大，但這並不是說男子的功能強，而女子的功能弱，或女子的性的需要不及男子，也許正因為女子的靜態比較顯著，所以她時常表現憂鬱（歇斯底里）與其他神經上的症候，這一類的症候也許就是潛在功能的一些變相的表示，也未可知。

美國羅比醫師的研究，發現大量的男女之中，幾乎每一位的生平裡，多少總有過手淫或其他所謂自體性慾（見下一節）的活動，其中發展得早些的往往在八歲以前就有了。羅氏的觀察雖廣，但有時是不太準確的。另一位美國人，戴維斯女醫師，曾經特別研究過這一點。（同注[136]）她發現 1,000 名 22 歲以上的美國大學女生之中，60％對於手淫的經驗都有一些確切的追敘。戴氏對於這個問題的探討，可以說比任何別的研究者來得徹底、來得細膩。在未婚的大學女畢業生中，她發現 43.6％在 3 歲到 10 歲之間，便已開始手淫的活動，20.2％在 11 歲與 15 歲之間，13.9％在 16 歲至 22 歲之間，而 15.5％則是 23 歲到 29 歲之間；所稱的歲數都是包括兩頭的，例如 3 歲與 10 歲之間，

---

[136] 見戴氏所著《二千二百名女子的性生活因素》(*Factors in the Sex Life of Twenty-two Hundred Women*)。戴氏此書與前引漢氏一書為近年來性的主題上最客觀的兩部作品。兩氏都是醫師，以醫師資格做此貢獻，多少可以讓靄氏知道，十年來的醫學界是進步了，他在本書篇首所評論的種種已有逐漸改革的希望。

第三章　從幼童到少年

即 3 與 10 兩個歲數也包括在內。把戴氏研究的結果，和別的作者就男子方面所得的數字參較著看，則得下表：

年歲	男子	女子
到滿 11 歲為止	20.9	49.1
滿 11 歲以上到滿 14 歲為止	44.3	14.6
滿 14 歲以上到滿 17 歲為止	30.3	6.2
滿 17 歲以上	4.5	30.1

這些結果是很有分量的，因為男女兩組的人數都相當的多，男的約 500 人，女的約 900 人。從這些數字裡，我們又出乎意料地發現，女子之中很早便開始手淫的人比男子為多，在一倍以上，到春機發陳期前後及成年期，則男子比女子開始多起來，但一到成人的階段，則女子手淫的例子，又特別占起多數來；最後的這一點也許是我們可以料想得到的。[137]

美國漢密爾頓醫師曾就有良好社會地位的已婚男女各 100 人，加以精密的研究。（同注 117）他的發現是，97％的男子和 74％的女子都曾經手淫過。漢氏的結果和多年前莫爾所得的更廣泛的結論是相當符合的。莫爾的結論在他的《兒童的性生活》(*The Sexual Life of the Child*, 1908) 一書裡早就發表過。這本書，我們在上文已經徵引過，它是這方面最早而最淵博的書，就在

---

[137] 靄氏說這一點是我們料想得到的，大概有兩層意思：一是就已往一般的情形而言，女子到此年齡，便比較深居簡出，二是近代婚姻多不及時，而女子為愈甚。這兩種情形都有利於手淫的發生。

第一節　兒童時期性衝動

今日,也還是最有見識的一本作品。不過莫爾在這本書裡說,在德國,手淫的習慣並不像我們有時所料想的那樣發達;我在這裡不妨補充一句,在英、法兩國也是如此。羅、戴、漢三氏的資料只限於美國,美國的百分比似乎要比別處為高。

上文所敘的各種表現其實並不限於狹義而為一般人所了解的手淫現象,事實上,狹義的手淫本來不成其為性表現的單獨一類,它屬於所謂自體性慾的行為,而和其他的自體性慾行為又沒有什麼清楚的界限可以劃分。

我們把各種表現綜合來看,我們就很容易明白,為什麼,就大體而言,我們絕不能不適當地把辟淫邪孽一類的詞加在它們上面。我們應知性衝動一經開始活躍,而當時又還不能有什麼體外的對象,這些表現便是極自然的結果,人類以下的動物,在同樣的狀態下,也會有同樣的結果。人類的青年,在成人以前有這些表現,可以說是和其他動物一樣的自然;就在成年以後,假使一個人遇到強烈的性的驅策,而一時尋覓正常的對象之舉,又為本人所不願,或環境上根本不方便,以至不得不有這一類的表現,也沒有什麼不自然。固然,話得說到家,假如當事人,能根據其他更顯得高尚的考慮,而克制其性的行動,便無須採取這一類的表現,這種理智的考慮與自我的制裁也是同樣並不違反自然的。

教育程度不同的民族社會,對於童年與青年期的性現象的態度是很不一樣的,假如我們把這種不同的態度比較一下,我

第三章 從幼童到少年

們不難取得更進一步的了解。我們目前所討論的既然是一個極原始、極基本的衝動,而我們所處的又是一個思想龐雜、標準凌亂而習尚朝夕變化的時代,衝動的古老如彼,而環境的飄忽如此,我們又怎能很輕易地下一個「自然」或不自然而「邪僻」的判斷呢?並且我們這時代只是我們的時代,我們似乎沒有權力替已往與未來的時代說話。西方的社會只是西方的社會,也沒有權力替別的社會說話,又何況西方社會所有的性的觀念原本就染上了許多很不相干的色彩呢?

我們舉一個例吧。我們舉一個在文化傳統上和我們絕不相干的民族,就是大洋洲以北新幾內亞(New Guinea)島上的特羅布里恩人(Trobriander)。人類學者對於這個民族做過一番很謹嚴的科學記載,例如馬凌諾斯基的《未開化人的性生活》(*The Sexual Life of Savages*)。[138] 在特羅布里恩人的各個島嶼上,兒童所享受的自由與獨立的生活是寬大的,寬大到包括性現象在內的程度。大人們在性的主題上,是沒有隱諱的,父母性交,兒女不妨看見,大人談性的事情,小孩也不妨與聞,其間可以說毫無禁忌,不是大人不能禁,而是不想禁。不過大人對於有此種聞見而自身不去依樣學習的兒童,也能特別地看重,認為是

---

[138] 馬凌諾斯基這本書整個的題目是《西北美拉尼西亞未開化人的性生活》(*The Sexual Life of Savages in North-Western Melanesia*)。替他做序的不是別人,就是靄理士自己。靄氏在序文中推揚備至,認為是「一本典範的書,其價值將與年俱進」。七七事變後,譯者倉皇南下,不及攜帶片紙隻字,至天津購得此書,自此轉輾七、八日,始抵長沙,長途跋涉,只有這本書做良伴,所以對它的印象特別深刻。

第一節　兒童時期性衝動

操行良善的好孩子。結隊出去捕魚的時節，女童們總是跟著父親同去，一到水濱，男子大都把胯下掩蓋陽部的葉子解除，所以男體的形態對於這民族的女童或少女，絕不會成為一件神祕莫測的東西。男女孩子很早就從年齡較大的孩子手中得到一些性的知識，很早也就能參加各式性的遊戲，這種遊戲一方面也多少可以給他們一些性的知識，一方面更讓他們滿足一些自然的好奇心理，甚至於取得少量的快感；遊戲的玩物，不用說，就是雙方的性器官，而遊戲的工具最普通的是手和口。女孩大概到了四、五歲便參與這種性的遊戲，而真正的性生活也許在六歲與八歲之間便開始了；男孩性生活的開始比較晚，總要到十歲與十二歲之間。通常在村子中心的廣場上，男女孩子環立合玩的遊戲往往有濃厚的性的色彩。大人們認為這種遊戲是很自然的，而無須加以斥責或從旁干涉。他們也不發生什麼不健全的結果，甚至於連私生子的問題都沒有，至於何以會沒有，至今是一個謎。此種島民的性的表現無疑是很質樸的，但他們藉助於一種頗具詩意的本能來掩飾這種質樸；馬凌諾斯基也說過：「他們在遊戲之中的確表示出，對於新奇與浪漫的事物有很強的領略與鑑賞的力量。」

性的態度不但因地域的不同與教育程度的不齊而有歧異，即使在同一地域與教育程度和族類屬性很相近的民族裡，我們也可以找到差別。瑪格麗特‧米德女士（Margaret Mead）在《新幾內亞人的成長：原始社會教育問題的比較研究》（*Growing up*

第三章　從幼童到少年

in New Guinea: A Comparative Study of Primitive Education）一書中，敘述到新幾內亞以北阿得米拉提群島上的馬努斯人（Manus）很講究禁慾主義。在這些島民的心目中，性遭人憎惡，而糞便之類的排泄物是惹厭的，因此，對於性的活動與排泄的行為，總是多方壓抑與避免，到不能壓抑與避免時，也總是盡量設法隱諱掩飾。對於兒童，在體格方面固然能盡心教育，但在其他方面卻完全任其自然，不聞不問；但兒童的性的表現，包括手淫在內，卻極難得遇見，大概是因為時常在大人面前而很少有索然離群的機會的緣故。性功能薄弱冷淡的例子似乎很多，已婚的女子大都不承認婚姻生活有什麼快樂，並且多方設法避免交合，男女之間也很少浪漫的情愛表示，至少在外表上一點也看不出來。

米德女士在另一本著作《薩摩亞人的成年》（Coming of Age in Samoa）[139]裡，又描寫到另一個民族。以前，這個民族，和上面兩個一樣，也是和西洋傳統文化風馬牛不相及的。不過到了近代，因為西洋文化的輸入，其原有的文化已呈分崩離析的狀態，而一種夾雜拼湊的新文化已經很快地應運而生。同時，夾雜拼湊之中，倒也不乏以其原有文化為根基而自然發展的痕跡，薩摩亞原有的文化中對於性現象本有各種的禁忌與約束，到了現在這種禁忌與約束已經減少到最低限度，並且對於民族的生活似乎已經產生良好的影響。男女孩子彼此迴避的傾向是

---

[139]　此書已有中譯本。

第一節 兒童時期性衝動

有的,但並不因為外界有什麼特殊的禁令,而是基於天性的自然與風俗的慣例,因此,這種傾向並不成為性發育的障礙。同時,因為一般掩飾隱諱的風氣並不存在,男女孩子對於人生的基本事實,如生育、死亡、性別、性交等,很早就取得相當的理解。男女從童年時起,便各有其個人的性的生活;女童從六、七歲起,便幾乎誰都會手淫,不過多少總帶幾分祕密的性質;男童也是如此,但男童的團體生活比較發達,因此這種性的表現也就往往採取集體的方式,男童之間,同性戀也比較普通,大概也就因為這個緣故。在少女或共同工作的女子之間,同性的偶然結合也不稀奇,並且在一般人的心目中,這種結合是「很有趣、很自然的一種消遣,略略添上一些猥褻的色彩,也是無傷大雅的」。這種在別的文化裡認為「邪孽」或「惡道」的行為,在薩摩亞是既無須禁止,也不會有制度化或風尚化的危險,它們的存在無非表示在一般人的理解裡,正常兩字是包括得很廣的。一般人的見解,一方面雖認為性的主題不必多說,不必細說,說則有傷雅馴,但也並不認為根本說不得,或說了就不免墮入惡道。米德女士認為薩摩亞人因為有這種風氣,所以無形之中「把一切精神病的可能性都掃除淨盡」;在他們之間,精神性的症候是找不到的,男女雙方的性功能都是相當的健全,女的無冷感,[140] 男的無陽痿,離婚比較容易,因此,不相好、不相得的婚姻也比較少(並且犯奸也不一定是離婚的一個條件),

---

[140] 男子性功能薄弱的一種是陽痿,英文稱 impotence,在女子方面相當的現象英文叫 frigidity,中文似乎沒有合適的現成名詞,今酌譯為「冷感」。

第三章　從幼童到少年

而做妻子的因為經濟能夠獨立，所以在地位上也就不下於丈夫。

我們如今反觀西洋的傳統文化，亦即近代文化的泉源，在這方面，又採取什麼態度？西洋在最早的時候，就記載所及，對於這一類的性的表現，並沒有很明顯的當作可以詬病的東西；間或有一些鄙薄的看法，也是極偶然的。在希臘的文學裡，我們甚至於可以發現手淫的舉動和神話都發生過關係；到了歷史時期以內，犬儒學派一批很受人稱頌的哲學家對於獨處斗室時所能有的滿足性慾的方法，說過一些認為是有利的話，並且還不惜誇大其詞地說。在羅馬，一般人對於這一類的事，似乎根本不太理會，任其自然；甚至於在基督教的教會裡，最初的一千年中，對於這種自動的離群索居的性表現，也幾乎完全不加存問，這也許因為當時荒淫無度的事正多，教會盡其全力來應付這些，還覺力有未逮，對於手淫一類的小問題，自不遑顧到了。一直要到宗教改革的時代，道學家和醫師才關心到這個問題並為之坐立不安；起初也還只限於新教的幾個國家，但不久就很快地傳播到法國和其他信奉天主教的國家；到了十八世紀，手淫的危害與如何防止就成為一個普遍的問題，同時，各地方的庸醫也就藉此機會斂財，一面把許多不相干的病症都歸罪到所謂「自淫」（self-abuse）的身上，一面又提出許多更不相干的藥方來。[141] 甚至於到了十九世紀末，一部分很正經的醫師也

---

[141] 中國城市裡的各「大藥房」都懂得借這個議題來推廣生意和為年輕人「服務」，甚至於「遺精」也成為上好的話題。許多「專割包皮」的大醫師也在這個議題上做了不少文章。

第一節　兒童時期性衝動

往往不問根由地認為手淫是會招致嚴重後果的。[142]

不過十九世紀中葉以後，風氣漸漸變了。達爾文生物演化論的浸潤終於到達了醫學界，於是童年與青年時期所發生的所謂「邪孽」的行為才開始有了真正的了解，而「邪孽」的看法也就開始根本動搖。一方面，在西元1870年前後，克拉夫特－埃賓領導的關於性的科學研究既證明所謂邪孽的行為是童年很普通的一種現象，而另一方面，演化的概念又告訴我們，我們絕不能把壯年人的老成的標準，任意適用到未成熟的兒童身上，也不能把後一個時期裡所認為不自然的事物在前一個時期也當作同樣的不自然。

對於這個新發展有貢獻的自然不止一人，克拉夫特－埃賓之外，在義大利有一位先驅叫西爾維奧·文圖里（Silvio Venturi），他是一個精神病學者，而屬於當時醫學家所稱的實證學派（Positivist School），這學派的宗旨在於用新的生物學與社會學的概念來充實醫學的內容。文圖里那本很周密的著作《性心理的退化現象》（*Le Degenerazioni Psico-sessuali*），是在西元1892年

---

[142] 不要說以前，甚或即在今日，一部分的西醫、宗教家，以及教育家還有這種不問根由的見解。最不幸的是一部分宗教家，因為切心於勸年輕人入教，往往用這個議題來談判，不說手淫的習慣是一樁罪孽，便說它是百病之源，包括瞎眼、耳聾、瘋狂、肺結核等等在內。就罪孽而言，便應懺悔，就病源而言，便應立志戒絕，而無論懺悔或立志，都需要上帝的力量；這樣，不就很自然地過渡到宗教的題目上了嗎？佛教有「當頭棒喝」的說法，這就是一部分基督教傳教士的當頭棒喝了！譯者在多年前，便遇到過這樣一位會使當頭棒的傳教士，所幸罪孽不深，沒有被他喝到。後來聽說這位傳教士歸國去了，並且改了行業，現在某大學擔任教育學講師，很有成就；料想起來，他回想當年善使當頭棒的教育方法，自己也不免啞然失笑。

第三章　從幼童到少年

問世的,所謂退化現象[143]指的就是變態與病態現象;此種現象有直接展現於個人生活的,也有間接展現於社會生活的,文圖里都能原原本本地加以敘述。同時,文圖里又提出許多概念,對於後來做研究的人往往很有啟發與提綱挈領的價值。文圖里把性發育視為一個很緩慢的過程,並且認為不到春機發陳的年齡,「性」的稱呼是不太適用的。這種發育的過程又是許多不同的因素所湊合而成的,每一個因素自出生之初即各有其發展的過程(例如,嬰兒期的陽具勃起便是因素之一,又如,嘴唇的發慾力是由幼年一般的觸覺練習出來的);到了春機發陳期以後,這些和別的因素方始集合而成一個新的現象,那現象才配叫做性的現象,這個現象文圖里喜歡叫做愛慾現象(amore);他覺得與其叫做「性」,不如叫做「愛慾」,因為它更能把現象的心理成分傳達出來。手淫或自慰(文圖里作品中喜歡用自慰這個名詞,英文是 Onanism),[144] 在文圖里看來,是「年長後所稱之為戀愛的根苗」。自慰的種子在嬰兒期便已存在,到童年而逐漸顯露,起初只不過是一種身體上的快感,並沒有性戀的意象做陪襯,它的目的也只在滿足當時還莫名其妙且還是模糊印象的一種生理上的需求,這種需求固然是有它的性的基礎,但在兒童的意識裡,它和一般搔癢的需求相似,所不同的是,一樣需要搔,

---

[143] 十九世紀末,西方的學者都喜歡用「退化現象」來描寫生理與心理上的各種變態與病態。這顯而易見是演化論發達後的一個結果,尤其是誤解了演化論的結果,誤以許多不正常與不健全的狀態非解釋為退化的現象不可。二十世紀開始以來,學者對演化論有更進一步的理解以後,這名詞就不很流行了。

[144] 　參看下文注182。

第一節　兒童時期性衝動

這裡的搔不免受人干涉禁止，但也正唯其有人干涉禁止，這種搔便更加顯得有趣而按捺不住罷了。但到了後來，這種自慰的動作，因為心理因素的加入和真正性戀刺激的紛至沓來，便會越來越複雜，終於慢慢地成為和性交合相似的一種行為，所不同的是，交合的伴不是實質的，而是幻覺的罷了。由此再進一步，便不知不覺地成為成年的性愛了。到此，自慰的過程就算擺脫了；但也有不能擺脫的，或不能擺脫淨盡而成中途留滯狀態，那就得看個別的情形了。不過因發育中止而完全不能擺脫的是很難得的，所不能擺脫的只是一部分的成分，例如戀物[145]的傾向。文圖里〔文圖里這方面的意見多少是師承犯罪心理學者切薩雷·龍勃羅梭（Cesare Lombroso），和今日的見解相符〕認為這種滯留的成分，假如發展過分，以至於取正常的性的目的而代之，那就成為「邪孽」的行為了。這個意見也和後來弗洛伊德的意見很相像，弗氏認為「邪孽的性現象不是別的，就是幼稚的性現象」；那就等於說，在兒童是一種正常的現象，一到成年，也許成為反常的現象。總之，文圖里的結論是很對的，兒童的手淫絕不是教師與道學家所認為的一種惡癖或罪孽，而是一個「自然的過程，遵此過程，一個孩子可以進入充滿著熱情與博愛的青年時期，而終於到達能實踐莊嚴與堅毅的婚姻之愛的成年時期」。

---

[145]　詳見下文第四章第四節。

第三章　從幼童到少年

第二節　關於自體性慾[146]

我們的討論不涉及童年的性現象則已，否則就在最幼稚的幾年中，我們所遇見的各種表現，就已經可以用「自體性慾」（autoerotism）的名詞來概括。這個名詞是我在西元1898年創製的，兒童獨處的時候所自然湧現的性活動都可以叫做自體性慾，而睡眠中的性的興奮可以說是此種性慾的典型。這個名詞已經到處通用；不過別人用的時候，不一定採取我原來的意思，有時他們只用它來指稱以本人做為對象的一切性活動。這未免把它的用途過於限制了，並且事實上也是和自動（auto）的意義不合。我們說一個動作是自動的，主要是說這動作是由本身發出，而不假手於直接的外力的刺激，並不是說它對本身一定有什麼影響；再簡而言之，自動也者，是「由」自身發動，而不一定是「向」自身發動。假如凡屬「向」自身發動的性慾才叫做自體性慾，那麼我們就沒有別的名詞來概括一切「由」自身發動的性慾了。要知道由自身發動的性行為範圍比較大，它可以包括向自身發動的性行為。我們目前需要的是一個更概括的名詞。

所以，依我的見地，一切不由旁人刺激而自發的性情緒的現象都可以叫做自體性慾，廣義的自體性慾也可以包括一切性衝動經抑止或禁錮後的變相的表現，這種表現有病態的（歇斯底

---

[146] 本節內容大部分根據靄氏以前所作的更詳細的〈自體性慾〉（*Auto-erotism*）一文，見《研究錄》第一輯。

第二節　關於自體性慾

里症的一部分表現或許就是），也有常態的，例如藝術與詩文的表現，但其同樣為抑止的結果，而其足以影響一個人一生的做人的格調也是一樣的。

羅伯特・拉托・迪金森（Robert Latou Dickinson）:[147] 說，最廣義的自體性慾包括一切自我表現裡所含蓄的自我戀愛，自體性慾的人不限於性生活有什麼變態或病態的人，而也包括科學家、探險家、運動家與爬高山、登絕頂的人在內。

我們這樣了解自體性慾，可知自體性慾絕不是「異性戀」，即一個異性的愛人所引起的性慾；也絕不是「同性戀」，也絕不是各式各樣的「戀物」。異性戀是最正常的，同性戀是走上了岔路的，而戀物則是把性愛的重心不復寄託於人，而寄託於物，人是主，物是賓，戀物是一種喧賓奪主，或香火趕出和尚的現象。不過，把這些暫放一邊以後，自體性慾自有的領域還是很廣，它包括性慾現象的種類還是很多，特別是：（一）性愛的白日夢；（二）性愛的睡夢；（三）自戀，[148] 包括由顧影自憐或自

---

[147] 迪金森是一位著名的婦科專家，著有《一千件婚姻的研究》（*A Thousand Marriages: A Medical Study of Sex Adjustment*）一書，專門從狹義的性生活方面來觀察婚姻的得失。靄氏在下文引它的地方還多。

[148] 靄氏自注：弗洛伊德的門生中，有主張把自體性慾的名詞專適用於自戀一類現象的（弗氏自己不作此種主張），我認為這是不合理的。在一切自體性慾的活動裡，一個人只是在自我刺激或自我興奮之中覓取快感，而無須乎第二人在場提供什麼刺激，同時他的性衝動所向的物件也不一定是他自己。譯者按自體性慾應作「由自身發動」解，而不作「向自身發動」解，已詳本節正文。弗氏這部分的門生始終作「向自身發動」解，認為唯有自戀的時候，一個人才十足把自身當作低徊諷誦而不勝其欣慕的對象。靄氏既不以此種解釋為然，所以認為不合理了。

第三章　從幼童到少年

我冥想引起的性愛的情緒；與（四）手淫。

最後一類所包括的不只是狹義地用手的自淫，而是一切的自淫或自慰的現象，就工具與方法論，固不限於手，就對象論，也不限於生殖器官，而兼及各個敏感帶；其不用外物做工具，而完全用想像來喚起的意淫[149]現象也不妨認為是手淫的一種。

第三節　關於性幻想[150]

性愛的白日夢（也叫性幻想）是自體性慾很普遍與很重要的一種，有時候也是手淫的第一步。白日夢的方式也不止一種，而其主要的方式可以是「連環故事」[151]的方式。美國威爾斯利

---

[149] 凡是直接由內心的想像所喚起而不由外緣的刺激激發的性慾現象，譯者在這裡叫作「意淫」。以前有人說《紅樓夢》一書的大患，在導人意淫。清陳其元《庸閑齋筆記》（卷八）說：「淫書以《紅樓夢》為最，蓋描摹癡男女情性，其字面絕不露一淫字，令人目想神遊，而意為之移，所謂大盜不操戈矛也。」此段評語有何價值，是另一問題，但用作「意淫」的解釋是再貼切沒有的。不過讀者得辨別，《紅樓夢》一書所描摹的種種，始終屬於「異性戀」的範圍，而不屬於「自體性慾」的意淫的範圍，若因其所描摹的始終為異性戀的積慾階段，而難得涉及解慾的階段，因而文字比較蘊藉，「絕不露一淫字」，便以為這就叫「意淫」，那就錯了。《紅樓夢》所描摹的不是意淫，但可以在閱讀的人身上間接喚起意淫，或提供不少意淫的元素，那是對的。不過這又是一切性愛的說部所共有的功用，並不限於《紅樓夢》了。

[150] 靄氏嘗專寫一書，叫《夢的世界》（*The World of Dreams*），又有一論文，叫〈女子富樂利的歷史〉（*The History of Florrie*，Florrie 為假名），現入《研究錄》第七輯。讀者如對白日夢的問題有特別的興趣，可以做進一步的參考。

[151] 連環故事，原文中是 continued story，中國兒童的讀物裡，連環故事占很重要的一部分，通商口岸的書賈，因印刷方便，借此發財的也大有人在。這種讀物

第三節 關於性幻想

學院（Wellesley College）的利諾伊德女士（Mabel Learoyd）很早就研究過這一種的白日夢。所謂連環故事是一篇想像的小說似的東西，情節大抵因人而異。一個人對自己的連環故事總是特別的愛護，往往認為是神聖的精神資產的一部分，絕不輕易公開，甚至於對交情極深的朋友，也難得洩漏。連環故事是男女都有的，不過女童與少女比較多；有一個研究發現 352 個男女之中，女子有連環故事的占全數女子的 47%，而男子則只占 17%。故事的開端總是書本裡看到的或本人經驗裡遇到的一件偶然的事，而大抵以本人遇到的為多；從此逐漸推演，終於扯成一篇永久必須「且聽下回分解」的故事，而要緊的是故事中的主角 100 個裡有 99 個是本人自己。故事的發展與閒靜的生活特別有關係，就枕以後、入睡以前，對於編排連環故事的人是最神聖的一段光陰，絕對不容別人打攪。喬治・帕特里奇（George E. Partridge）對於伴隨白日夢所發生的生理上的變化，特別針對師範學校裡從 16 歲到 22 歲的女學生，做過一番有趣的觀察與敘述。[152] 皮克（Pick）的觀察則限於一部分多少有些病態的男子，他們的白日夢也大抵有些性愛的基礎，所謂病態指的是近乎歇斯底里的一路。泰歐達・路易絲・史密斯（Theodate Louise

---

裡的連環故事，和白日夢裡的連環故事，顯然有不少的關係；兒童本來要自己做連環故事的白日夢，有了這種讀物，這一番工夫也許是可以省卻了。不過假如白日夢的現象與兒童想像力的發展不無關係的話，則此種刻板的讀物，既出諸不學無術的書賈之手，怕只能有斲喪之力，而不能收啟發之功，也是可想而知的。

[152] 詳帕特里奇所著〈白日夢〉（*Reverie*）一文，載《教育學研究期刊》（*The Pedagogical Seminary*）上（西元 1898 年 4 月號）。

第三章　從幼童到少年

Smith)[153]研究過大約 1,500 個例子（其中三分之二以上是少女或成年的女子），她發現有連環故事的人並不多，只占 1%。健康的男童，在 15 歲以前，所做的白日夢裡，體育的運動和冒險的工作占了重要的一部分；而女童的白日夢則往往和本人所特別愛讀的小說產生連繫，把自己當作小說中的女主角，而自度其想像的悲歡離合的生涯。[154]過了 17 歲，在男女白日夢裡，戀愛和婚姻便是常見的主題了；女子在這方面的發展比男子略早，有時候不到 17 歲。白日夢的婉轉的情節和性愛的成分，雖不容易考察，但它在年輕男女生活裡，是一個很普遍的現象，尤其是在少女的生活裡，是無可懷疑的。每一個年輕人總有他或她的特別的夢境，並且不斷地變化發展，不過除了想像力特別豐富的人以外，這種變化與發展的範圍是有限的。就大體說，白日夢的夢境往往建立在有趣的個人經驗上面，而其發展也始終

---

[153] 史密斯嘗著〈白日夢的心理學〉（*The Psychology of Day Dreams*）一文，見《美國心理學期刊》（*American Journal of Psychology*），1904 年 10 月號。

[154] 古代中國的所謂閨秀，稍稍知書識字的，都喜歡看彈詞或其他文體簡易的言情小說，其情節大抵不出「公子落難，花園贈別，私訂終身，金榜成名，榮歸團圓」等等，雖千篇一律，而她們可以百讀不厭，其故就在她們在精神上把自己當作小說中的女主角，把女主角的經驗當作自己的經驗。其文學程度較深的又都喜歡看《紅樓夢》一類的說部，歷來多愁善感的女子以林黛玉自居的恐怕是大有其人在。清陳其元《庸閑齋筆記》（卷八）有〈《紅樓夢》之胎禍〉一則（注 152 中論意淫時，已徵引數語）說：「余弱冠時，讀書杭州。聞有某賈人女，明豔工詩，以酷嗜《紅樓夢》，致成瘵疾，當綿惙時，父母以是書貽禍，取投之火：女在床，乃大哭曰：『奈何燒殺我寶玉！』遂死。杭人傳以為笑。」這例子真是太好了。筆記一類的文獻，雖失諸拉雜凌亂，有時候卻也值得一讀，就因為在有心的讀者可以沙裡淘金，發現這一類的記載。這位杭州女子以林黛玉自任，而居之不疑，是再明顯沒有的了。所云瘵疾，就是近人所稱的癆症。從前的閨秀死於這種癆症的很多，名為癆症，其實不是癆症，或只是癆症。其間往往有因壓抑而發生的性心理的變態或病態，不過當時的人不了解罷了，說詳譯者舊作《馮小青》一書的附錄二。

第三節　關於性幻想

以此種經驗做為依據。夢境之中，有時也可以有一些變態或所謂「邪孽」的成分，但在實際生活裡，做夢的人也許是很正常的。白日夢也和性的貞操有相當的關係，大抵守身如玉的年輕人，容易有白日夢。[155] 就最一般的情形而言，夢境總是夢境；做夢的人也明知其為夢境，而不會嘗試把夢境轉變為現實。[156]

[155] 尋常在結婚以前守身如玉的年輕人容易做白日夢，在有宗教信仰而力行禁慾主義的年輕人更容易有這種夢境，是可想而知的，舉一個富有代表性的例子於此。清青城子《志異續篇》說：「魏悟真，羽士也，雲遊至四川，得遇於武侯祠；年五十餘，甚閒靜；每就問，輒名言霏霏，入耳不煩。自言二十歲，即托身於白雲觀。觀頗宏敞，東為士女遊覽之所，有蓮花池、太湖石、棲仙洞、釣魚臺、迎風亭諸勝；西為荒園，古槐數百株，參天蔽日，一望無際，園門恆扃，云中有狐鬼，犯即作祟。時己習靜功，愛其園之幽潔，人跡不到，遂無所顧忌，日常啟門，獨坐槐下，吐故納新，了無他異，亦以傳聞不經置之。一日，正在瞑目靜坐，忽聞對面槐樹下，颼颼有聲，覘之，見根下有白氣一縷，盤旋而上，高與樹齊，結為白雲，氤氳一團，如堆新絮，迎風蕩漾，愈結愈厚，漸成五色；條有二八佳人，端立於上，腰以下為雲氣所蔽，其腰以上，則確然在目，豔麗無匹；徐乃作回風之舞，如履平地，婉轉嫋娜，百媚橫生，兩袖惹雲，不粘不脫。正凝視間，女忽以袖相招；己身不覺如磁引針，即欲離地；數招則冉冉騰空而起，去女身咫尺矣。因猛省，此必狐鬼也，習靜人宜耳無外聞，目無外見，何致注目於此，當即按捺其心，不令外出；雲與女即不見，而己身故猶在坐也。余曰：『此殆象從心生歟？』羽士曰：『然。』」這是一個很清楚的白日夢的夢境。魏悟真當年二十歲，正是做白日夢的年齡。他當時正在學道，習靜，力行禁慾主義，更是一個適宜於產生白日夢的排場。（按魏羽士所習的道教，顯然是長春真人丘處機一派，是講獨身主義的。）全部夢境的性愛的意義，是一望而知的，而腰上腰下的一點區別，表示雖在夢境之中，壓抑的力量還是相當大，未能擺脫。一到最後的猛省，壓抑的力量終於完全戰勝了。青城子「象從心生」一問中的「象」字，假如與「境」字連綴起來，而成「象境」一詞，也許可以作「白日夢」的另外一個譯名；確當與否，願質諸國內心理學的專家。此外在中國筆記文字裡這一類象境的記載很多，並且見此象境的人往往是一些和尚，不太多數的例子跡近普通心理學上所稱的幻覺現象，我們不引。

[156] 這只是就一般的情形而言，想把夢境轉變為現實的嘗試，其實也不一其例。有的男童，看了神仙或劍俠一類的小說之後，真有棄家出走、產生雲遊四海或入山修道的企圖；在近年的報紙上，我們就見到過這一類的新聞記載。從此我們可以推論到，以前有許多神仙鬼物的記載，例如六朝梁陶弘景的《冥通記》，有的是睡眠後的夢境，有的簡直就是白日夢的夢境。

第三章　從幼童到少年

　　做夢的人也不一定進而覓取手淫的快感，不過，一場白日夢可以在性器官裡引起充血的作用，甚至於自動地招致性高潮。

　　白日夢是一種絕對個人的與私有的經驗，非第二人所能窺探。夢的性質本來如此，而夢境又是許多意象拉雜連綴而成，即使本人願意公開出來，也極不容易用語言來傳達。有的白日夢的例子富有戲劇與言情小說的意味，男主角或女主角總要經歷許多悲歡離合的境遇，然後達到一個性愛的重要關頭，這個重要關頭是什麼，就要看做夢的人知識與閱歷的程度了；也許只是接一個吻，也許就是性慾的滿足，而滿足的方法可以有各種不同的細膩程度。白日夢也是誰都可以有的，不論一個人是常態的或變態的。盧梭在他的《懺悔錄》裡敘述過他自己的白日夢：盧梭的心理生活是有一些變態的，所以他的白日夢往往和受虐癖[157]及手淫連在一起。馬克・安德烈・拉法洛維奇（Marc-André Raffalovich）說起有同性戀傾向的人，即使在戲院裡或街道上，做起白日夢來，也會想像著一個同性的對象而產生一種「精神的自淫」，有的也可以到達亢奮的程度而發生生理上的解慾的變化。

　　性愛的白日夢是一種私人而祕密的現象，所以近年以前，一向難得有人注意，也難得有人認為值得加以科學的探討；實際上它是自體性慾範圍以內很重要的一種表現，是很有研究

---

[157] 受虐癖是一種變態的性慾，就是以受人虐待的方式而取得性快感的現象，詳第四章第八節。

第三節　關於性幻想

價值的。一部分溫文爾雅而想像力特別發達的年輕男女，一方面限於環境，不能結婚，一方面又不願染上手淫的習癖，便往往在白日夢上費心思。在這種人之中，和在他們所處的情勢之下，我們不能不認為白日夢的產生絕對是一種常態，也是性衝動活躍的一種無可避免的結果，不過如果發展過分，無疑以常態始，往往不免以病態終，在想像力豐富而有藝術天才的年輕人，特別容易有這種危險；白日夢對於這種人的誘惑力最大，也是最隱伏的。我們說性愛的白日夢，因為儘管不帶性情緒色彩的白日夢很多，不過，無論此種色彩的有無，白日夢的根源總得向性現象裡去尋找；據許多相識的年輕男女告訴我，他們白日夢的傾向，不論夢境的性的成分如何，即使一點性的成分也扯不上，一到結婚以後，便往往戛然而止，就是一個很好的證明。

最近美國漢密爾頓醫師的細心研究更證明白日夢的重要性。他發現他所研究的對象中，男的有 27%，女的有 25%，都肯定地說，在他們對於性的議題未有絲毫理解以前，他們都做過性愛的白日夢；許多人說他們已經記不清楚；而 28% 的男子與 25% 的女子則說至少在春機發陳的年齡以前，他們也做過這種夢；同時，他又發現到春機發陳的年齡以後，而依然不做性愛的白日夢的，男子中只占 1%，而女子中只占 2%，而在 18 歲以後到結婚以前，此種白日夢在心理上時常縈迴不去的，男子中多至 57%；而女子中 51%；此外，還有 26% 的男子與

第三章　從幼童到少年

19%的女子，就在結婚以後，還時常為此種夢境所纏繞，以至於妨礙了日常的工作。

對於先天遺傳中有成為藝術家傾向的人，白日夢的地位與所消耗的精神和時間是特別多，而藝術家中尤以小說家為甚，這是很容易了解的一點；連環故事不往往就是一篇不成文的小說嗎？一個平常的人，假如白日夢做得太多，甚至到了成人的年齡，還不能擺脫，那當然是一種不健全的狀態，因為對於他，夢境不免替代了現實，從此使他對於實際的生活，漸漸失去適應的能力。不過，對於藝術家，這般危險是比較少的，因為在藝術品的創作裡，他多少找到了一條路，又從夢境轉回現實。因為看到這種情形，所以弗洛伊德曾經提到過，藝術家的天賦裡，自然有一種本領，使他昇華，[158] 使他壓抑，壓抑的結果，至少暫時可以使白日夢成為一股強烈的產生快感的力量，其愉快的程度可以驅遣與抵消壓抑的痛苦而有餘。[159]

---

[158] 性慾的力量不從性的活動直接表現出來，而從藝術、宗教一類的活動間接表現出來，便叫「昇華」，詳第八章第二節，即本書末節。

[159] 關於本節，我們於已引的諸家外，不妨更就下列諸書作一般的參考：
弗洛伊德：《精神分析引論》。
麥獨孤：《變態心理學綱要》(*An Outline of Abnormal Psychology*)。
瓦倫唐克 (Julien Varendonck)：《白日夢的心理學》(*The Psychology of Day-Dreams*)。

第四節　關於春夢[160]

　　睡夢富有心理學的意義是大家一向承認的；一個夢的意義究竟是什麼，究竟應作什麼樣的解釋，或怎樣的「詳」法，[161]儘管言人人殊，都是另一個問題。在人類古代的傳統文化裡，夢是一個很大的主題，而對於夢的事後的應付，也是一件大事；古人相信夢有巫術的作用，有宗教的意義，或者有預告吉凶的功效，所以有夢兆的說法。[162]在文明社會的風俗習慣裡，這一類的作用也還存在；至於在未開化的族類中，夢的地位更是顯得重要；自近代科學的心理學開始發展以後，夢的現象已經很快地成為一個值得專門研究的主題，到現在做研究的人也已經不一而足，而研究的立場也不止一個。[163]到了最近，夢的研究

---

[160] 讀者對本節所論，如欲做進一步的探討，可讀靄氏所著下列的作品：一，〈自體性慾〉（Auto-erotism）；二，〈性的時期性現象〉（The Phenomena of Sexual Periodicity）；三，〈夢的綜合研究〉（The Synthesis of Dreams）；四，《夢的世界》（The World of Dreams）。一與二見《研究錄》第一輯；三見第七輯；四是一本專書。〈夢的綜合研究〉是靄氏獨創的一個嘗試，以前研究夢的人和精神分析派學者，只曉得做夢的分析，把一個單獨的夢拆開來看。靄氏卻把一個人多年所做的夢合併研究，而研究夢境的貫串與會通的地方，從而對夢者的人格與行為，取得進一步的了解；把許多次的夢合併起來觀察，所以叫作夢的綜合（synthesis of dreams）。

[161] 中國人對於夢作解釋或作吉凶的批斷，叫作「詳夢」。

[162] 《周禮·春官》下有占夢（按《說文》，夢應作寢）的專官：「占夢觀大地之會，辨陰陽之氣，以日月星辰占六夢之吉凶，一曰正夢，二曰噩夢，三曰思夢，四曰寤夢，五曰喜夢，六曰懼夢。季冬聘玉夢，獻吉夢於王，王拜而受之。乃舍萌於四方，以贈惡夢。……」

[163] 對弗洛伊德和其他精神分析派的學者，夢是很大的一個研究對象。不過（以下靄氏自注）靄氏未免小看了以前許多人對夢的現象所下過的大量心理學的工夫；他甚至說，以前的人的普通見解僅僅以為「夢是一個體質的現象，而不是一個

第三章　從幼童到少年

已經越來越縝密,而從精神分析學派的眼光看來,夢更是一種極有分量的心理現象。

夢的一般的普遍性也是大家承認的。不過,夢之所以為現象,也是很正當的、恆常的、健康的、自然的,關於這些,各方面的見解還很不一致,弗洛伊德就認為夢是常變參半的一種現象,即同時既是一種健康的狀態,也是精神的變態。我認為最合理的還是把它看作一種完全自然的現象。動物也會做夢,我們有時可以看見,一隻在睡眠狀態中的狗會做出跑的姿勢與動作;未開化的族類當然也做夢;有許多人雖以為自己未曾做過夢,但只要他們留心注意一下,他們一樣可以發現不少的夢的痕跡;我們相信這種人在睡眠狀態中的心理活動平時總是很輕微、很迂緩的,所以一覺醒來,往往不容易追憶,但並不是完全不活動,即並不是完全不做夢。

關於性愛的夢,無論到達性高潮的程度與否,即無論遺精與否,各家的意見不盡一致,與關於一般的夢的意見不盡一致正好相同。健全的人,在守身如玉的狀態下,即在醒覺的時候,也會有自體性慾的表現,我們在上文已經討論過,並且認為理論上既屬可能,實際上也似乎確有其事。至於這種人,在睡夢的時候,自體性慾活躍的結果,會引起高潮,在男子更會遺精,則毫無疑義是一種十分正常的現象。在文明程度幼稚的人群,

---

心理的現象」。殊不知這樣一個見解,不但在以前並不普通,並且根本也沒有意義。好在弗氏自己對舊時的文獻並不自認為有很深的理解,否則真不免有誣前人了。

第四節　關於春夢

往往把這種現象歸咎到鬼怪身上,認為是鬼怪的誘惑或刺激的結果。天主教把夢遺看成一件極不聖潔的事,並且還特別替它取了一個名詞,意思等於「穢濁」(pollutio);而宗教改革的祖師馬丁・路德(Martin Luther),也似乎把性愛的睡夢看作一種病症,應當立刻診治,而對症下藥的處方就是婚姻。不說從前宗教家的見地,就是近代著名的醫學家,特別是莫爾和阿爾伯特・伊倫堡(Albert Eulenburg)兩家,都不免把夢遺和遺尿與嘔吐等比較病態的生理行為一般看待。[164] 要是在原始的自然狀態下,這一種歸納作一丘之貉的看法確實還有相當的理由,但到了知識發達的近代,就不免有些奇怪了。

不過,今日大多數的醫學家或生理學家全都承認夢遺是一種不能不算正常的現象。在今日的社會狀態下,相當限度以內的禁慾是無法避免的,即對於一部分人,獨身與晚婚是一個無法避免的事實。既有此種禁慾的因,便不能沒有夢遺的果,所謂不能不算正常者在此。醫學家所關心的不是夢遺的有無,而是夢遺的次數的多寡。

詹姆士・柏哲德(Sir James Paget)說,他始終沒有遇見過單身而不夢遺的人,多的一星期一次或兩次,少的三個月一次,無論多少,都沒有超出健康的範圍。同時布倫頓(Sir Thomas Lauder Brunton)則認為兩星期或一個月一次是最一般的情形,不過所謂一次往往跨上兩夜,即連續兩夜有夢遺,過此便有半

---

[164]　伊倫堡的比擬見其所著《性的神經病理學》一書,55頁。

第三章　從幼童到少年

月或一月的休止；而羅雷德（Rohleder）又認為也有連續不止兩夜而對健康無害的。威廉・亞歷山大・哈蒙德（William Alexander Hammond）也認為大約兩星期一次是最尋常的。[165] 契倫諾夫（Tchlenoff）調查過二千多個莫斯科的學生，所得的結論也是如此。里賓（Ribbing）認為十天到十四天一次是最正常的。[166] 而漢密爾頓的研究，則發現一星期到兩星期一次為最普通（占全數例子的 19%）。洛溫費爾德（Leopold Loewenfeld）把一星期一次的夢遺認為是最尋常的。[167] 一星期的間隔大概是最近情的，許多健康的年輕人確有這種情形，我個人也曾經就幾個健康而將近壯年的男子，得到過一些正確的紀錄，而獲得一個同樣的結論。但健康而完全不夢遺的年輕人也間或有之（契倫諾夫的調查裡似乎表示多到 10%，而漢密爾頓的研究裡則只有 2%）。另有少數比較健康的年輕人，除非腦力用得多，或遇上什麼可以引起煩惱或焦慮的事，是難得夢遺的。

睡眠中的遺精，一般總是一番色情的夢的結果，但也有例外，當其時，做夢的人多少覺得有人在他或她的身邊，並且往往是一個異性的人，不過當時的情景總有幾分奇幻，幾分恍惚，不是普通的語言所能形容。[168] 大體說來，夢境越是生動，

---

[165]　見哈蒙德所著《性痿論》（*Sexual Impotence In The Male And Female*）一書，137 頁。
[166]　見瑞氏所著《性的衛生》一書，169 頁。
[167]　見洛溫費爾德所著《性生活與神經障礙》（*Sexualleben und Nervenleiden*）一書，164 頁。
[168]　中國文獻裡關於性夢的描寫，自當推宋玉的〈神女賦〉和曹植的〈洛神賦〉為巨擘。〈神女賦〉的序說：「楚襄王與宋玉遊於雲夢之浦……其夜王寢，夢與神女

第四節　關於春夢

而色情的成分越是濃厚，則生理上所引起的興奮越大，而醒後所感覺到的心氣和平也越顯著。有時也單單有色情的夢而不遺精；也常有時候，遺精的發生是在夢罷而人已覺醒之後。間或在半醒半睡的狀態中，雖有夢境，而性高潮則受到壓抑而無法產生；保羅‧奈克（Paul Näcke）把這種現象叫做「打斷的遺精」（Pollutio interrupta）。

義大利人戈利諾（Gualino）曾在義大利北部做過一個範圍相當廣而內容也很籠括的性夢研究；他的資料是 100 個正常人之中徵詢得來，其中有醫師、教師、律師一類的職業人士，而這些人，不用說，都有過性夢的經驗。他指出，夢遺的現象（無論所遺為精液與否），可以發軔得很早，比身體的性發育還要早些。此種年齡，在義大利北部的人口中，以至戈氏所研究的一部分人口中，早經馬羅加以分別確定，而戈氏所徵詢到的許多人之中，便有在這年齡以前做過性夢的。戈氏的一百個例子裡，性夢的初次發生，自然遲早不同，但到 17 歲時，這些人便都有過性夢的經驗；而據馬羅的調查，雖然在這一年齡，還有 8% 的年輕人在性的方面還沒有開始發育，其中有在 13 歲時便已開始發育的，則有的在 12 歲時便已做過性夢。性夢初次發

遇，其狀甚麗；王異之，明日以白玉；玉曰：『其夢若何？』王曰：『晡夕之後，精神恍惚，若有所喜，紛紛擾擾，未知何意，目色髣髴，乍若有記，見一婦人，狀甚奇異，寐而夢之，寤不自識，罔兮不樂，悵然失志，於是移心定氣，復見所夢……』」晉賈善翔有《天上玉女記》，敘弦超夢神女事，張華也為之作〈神女賦〉，也是性夢的一個好例子，賈氏的記出《集仙錄》，今亦見近人吳曾祺所編的舊小說。

第三章　從幼童到少年

生以前的幾個月，這些年輕人大體在睡眠中先經驗到陽具的勃起。戈氏的例子中，37％是以前沒有過真實的性經驗的（指性交或手淫），23％曾經手淫；其餘有過一些性的接觸。這些人的性夢以視覺性質為多，觸覺性質次之，而情景中的對象角色，往往是一個素不相識的女子（27％），或曾經見過一面的女子（56％），而就大多數的例子而言，這個角色至少在最初的幾次夢境裡，總是一個很醜陋、很奇形怪狀的人物，到了後來的夢境裡，才能遇到比較美麗的對象；但無論美醜的程度如何，這些夢境裡的對象和覺醒時現實中所愛悅的女子絕不會是同一個人。這一層是不足為奇的；白天的情緒，到睡眠時總要潛藏起來，原本就是一般的心理傾向，這無非是一例罷了；戈氏自己的討論裡，以及上文提到過的洛溫費爾德等別的研究者，也都提到過這種解釋。戈氏又發現，春機發陳的性夢中，所感覺到的情緒狀態，除了快感以外，有的以憂慮為主（37％），有的以渴望為主（17％），有的以恐懼為主（14％）。一到成年的夢境，則憂慮與恐懼分別減退到7％與6％。100人中之33人，或因一般的健康問題，或因性生理故障，曾經有過不夢亦遺的經驗，而這種遺精總是最叫人感覺疲憊的。又各例之中，90％承認夢境中，性夢的情景總是最生動活潑的。34％說，性夢的發生，有時常在一度性交而入睡之後。許多例子也提到在婚前求愛的時期裡，性夢特別多（有一夜三次入夢的），大抵白天有擁抱接吻一類的行為，晚上便有性愛的夢境；結婚以後，這種夢便不

第四節　關於春夢

做了。性夢的發生，似乎和睡眠的姿勢以及膀胱中積尿的程度沒有什麼很顯著的因果關係；戈氏認為主要的因素還是精囊中精液的充積。[169]

有不少學者（洛溫費爾德等）都曾提到過，凡屬做性夢，其夢境中的對象總是另一些不相干的人，而難得是平時的戀愛對象；即使在入夢以前，在思慮中竭力揣摩，以冀於夢中一晤，但也是枉然。[170] 有一個解釋很對，但凡睡眠時，白天用得最多的一部分情緒，總是疲憊已極而需要相當休息，白天悲痛的經驗，我們知道也是難得入夢的，入夢的往往是些不相干的瑣碎的事，悲痛的情緒如此，大約歡樂的情緒也如此。許多學者（例如史丹利·霍爾（G. Stanley Hall）等）[171] 也注意到過，性夢中的對象無論怎樣的不相干，此種對象的一顰一笑，或一些想像的接觸，已足以引起性高潮。

性夢自有其診斷的價值，即夢境的性質多少可以表示一個人在現實的性生活究竟有些什麼特點，這一層也有不少學者曾

---

[169] 戈氏全部的研究，見其所著論文〈常態男子的自體性慾〉，載《義大利心理學評論期刊》（*Revista de Psicologia*），1907 年 1－2 月雙月號。

[170] 宋玉〈神女賦〉的序中也有「見一婦人，狀甚奇異，寐而夢之，寐不自識」的話。但曹植〈洛神賦〉中夢的對象是一個例外。這對象據說就是魏文帝后甄氏。今本李善注《文選》中世傳小說《感甄記》裡說：植「漢末求甄逸女，即不遂……畫思夜想，廢寢忘食……少許時，將息洛水上，思甄后，忽有女來，自云：『我本托心君王，其心不遂……』遂用薦枕席，歡情交集」。史傳甄氏本袁紹子熙妻，紹滅，魏文帝納為后；曹植實以叔戀嫂，事實果否如此，固不可知，但甄氏則實有其人，而在袁氏破滅之初，植曾求甄氏不得，也屬可能的一件事。

[171] 見霍爾所著《青春期》（*Adolescence*）一書。前已徵引過一次，此書是關於青少年發育問題的最屬典雅的一本巨著，凡是有能力與有機會讀到的年輕人都應仔細一讀。

第三章　從幼童到少年

經加以申說（例如莫爾、奈克等），對象的身上要有些什麼特殊的特徵才最足以打動一個人的性慾，是因人而有些不同的，這種在現實裡最足以打動性慾的特徵，在夢境中往往會依樣畫葫蘆似的呈現，甚至於變本加厲地呈現。就大體說，這一番觀察是不錯的，不過得經過一些修正或補充，尤其是對有同性戀傾向的人的性夢。一個年輕男子，無論如何的正常，要是在現實中還沒有見到過女子身體的形態，在夢境裡大約也不會見到，即使所夢是一個女子，這個女子的印象大概是很模糊的。這是一層。夢境是許多意象錯綜交織而成的，既複雜，又凌亂，這種雜亂的光景很容易把兩性形態上的區別掩飾過去，使做夢的人輕易辨認不出，所以儘管做夢的人心理上毫無變態或「邪孽」的傾向，他夢境中的對象，依然可以是一個莫名其妙的人。這又是一層。有此兩層，所以極正常的人有時也可以做極不正常的性夢，甚至所做的性夢，照例是變態的多，而常態的少，而這種人，就他們的現實來說，真可以說是毫無瑕疵，絕對不容許我們疑心到他們心理上有什麼潛在的變態或病態。性夢雖自有其診斷的價值，這一點我們應當記取，以免有時候妄加診斷。

　　大致而言：男女兩性在睡夢中所表現的自體性慾，似乎很有一些區別，而這種區別是多少有些心理的意義的。在男子方面，這種表現是相當單純的，大抵初次出現是在春機發陳的幾年裡，假如這個人不結婚而性的操守又很純正的話，就一直可以繼續下去，每到若干時間，便表現一次，一直到性的生命告

第四節　關於春夢

終為止,這個時間的間隔可以有些出入,但少則一星期,多則一月、半月,上文已經討論過。表現的時候,大抵會有性夢,但也不一定有性夢,而夢境的緊要關頭,也就是性高潮的緊要關頭,則不一定總是達得到。性夢發生的機緣不一而足,身體上的刺激、心理上的興奮、情緒上的激發(例如睡前飲酒)、睡的姿勢(平睡、背在下)、膀胱積尿的程度等等;有的人改變床褥,就會夢遺;同時男子性現象也有其年、月的週期節奏,這種節奏的存在與夢遺的表現也有一部分的關係。總之,在男子方面,夢遺是個相當具體而有規律的現象,覺醒以後,通常在意識上也不留什麼顯著的痕跡,最多也不過有幾分疲倦與間或有些頭痛罷了,而這種痕跡也往往只限於部分男子。但在女子方面,睡眠中自體性慾的表現,比較起來,似乎是錯落零亂得多,變化無常得多,散漫得多,少女在春機發陳和成年的年齡裡,似乎極難經驗得到清楚明確的性夢,要有的話,那是例外。這是和男子極不相同的一點,在守身如玉的男子,在這年齡裡,性高潮要借由性夢的途徑,是一種例規(漢密爾頓的研究,發現51%的男子,在12歲到15歲之間,經驗到初次性夢與初次性高潮,可為明證);但在同樣的女子,這卻是例外了。上文討論性衝動的初期呈現時我們已經說到過,在女子方面,性高潮的現象,總得先在醒覺狀態中發生過(在什麼情形下發生的,可以不管),然後才會有在睡眠狀態中初次發生的希望,因此,即使在性慾強烈而平日壓抑得很嚴格的獨身女子,這種性

第三章　從幼童到少年

夢也是難得的，甚至於完全不做的（漢密爾頓的數字裡，這種女子多至60%）。換言之，唯有對性交已慣熟的女子才會有真正清晰的與發展完全的性夢，所謂發展完全當然包括性高潮與解慾後的精神上的舒泰在內；至於未識性交的女子，這種夢境與夢後的精神狀態雖非完全不能有，但總是難得的。但在有的女子，即使對性交已有相當習慣，也能做比較真實的性夢，做夢時也會有黏液的分泌，但這些並不能引起解慾的作用，徒然表示性慾的存在與活動罷了。

男女的性夢，以至於一般的夢，又有一個最有趣也最關緊要的不同，就是，在女子方面，夜間的夢境比較容易在白天的現實裡產生一種迴響，這在男子是極難得的，即使間或發生，影響也是極小。這種反響的發生，不限於有變態或病態的女子，不過對於精神不健全的女子特別嚴重罷了，精神不健全的女子，甚至可以把夢境當作現實，而不惜賭神發咒地加以申說，迴響到此，是很可能引起嚴重的法理問題的；這種女子可以把睡眠狀態當作吸了蒙汗藥後的麻醉狀態，把夢境中的性的關係當作強姦，因而誣衊人家。

這種從夢境轉入現實的迴響，對於患歇斯底里一類精神病的女子，尤其顯得有力量，因此，在這方面的心理研究也是特別的多。桑特・德・桑克蒂斯（Sante De Sanctis）、[172] 喬治・吉

---

[172]　德・桑克蒂斯是義大利人，著有一書，專敘患歇斯底里症與癲癇的人的人格與夢境，西元1896年在羅馬出版。

第四節　關於春夢

勒‧德拉妥瑞（Georges Gilles de la Tourette）[173]等，對此種女子的夢的迴響，都曾特別地申敘過，認為極關重要，而以性夢的迴響為尤甚。西洋在篤信鬼怪的中古時代，有各種淫魔的名稱，例如專與女子性交的淫魔（incubi），或專與男子性交的淫妖（succubi），其實全都是這種人於性夢後所產生的迴響的產物。[174]患歇斯底里精神官能症的人所做的性夢是不一定有快感的，甚至往往沒有快感。對於有的人，交合的夢境可以引起劇烈的疼痛。

中古時代的女巫以及近世有前述精神病態的人，都能證明這一點。有時候這大半是一種心理上的衝突的結果：一方面有強烈的生理上的性衝動，一方面情緒與理智又極度厭惡以至

---

[173] 德拉妥瑞，法國人，也是一位專攻歇斯底里症的精神病學者，是沙可的入室弟子之一。

[174] 賈善翔《天上玉女記》中所述弦超的性夢是一個在實際生活裡發生了不少迴響的夢。《記》說：「魏濟北郡從事弦超……以嘉平中夜獨宿，夢有神女來從之，自稱天上玉女……姓成公，字知瓊，早失父母，天帝哀其孤苦，遣令下嫁從夫。超當其夢也，精爽感悟，嘉其美異，非常人之容，覺寤欽想，若存若已，如此三四夕；一旦顯然來遊……遂為夫婦……經七八年，父母為超娶婦之後，分日而燕，分夕而寢，夜來晨去，倏忽若飛，惟超見之，他人不見。」弦超所見，最初原是夢境，後來種種大概是夢境的迴響了，而所稱的玉女就近乎基督教鬼怪學裡的succubus。諸如此類的記載，在中國的筆記小說裡真是不一而足，而關於類似incubus的故事尤多不勝舉；全部講狐仙的故事，可以說都屬於這一類，魅女的男狐可以看作incubi，魅男的女狐可以看作sucubi；在一部蒲留仙的《聊齋志異》中，便不知可以找出多少來。這一類的故事有多少事實的根據，抑或大半為好事的文人，根據少數例子，依樣捏造，我們不得而知，但有一部分是真實的性夢與其迴響，是可以無疑的。至於這種性夢的對象何以必為狐所幻化的美男或美女，則大概是因為傳統的信仰中，一向以狐在動物中為最狡黠的緣故。《說文》說，「狐，獸也，鬼所乘之。」一說狐多疑，故有狐疑之詞，疑與惑近，多疑與善惑近。一說狐能含沙射影，使人迷惑。宋以來江南所流傳的五通神，無疑也是和incubi相類，同是女子性夢的迴響的產物。受狐鬼所迷惑的男女，或遭五通神所盤據的女子，也無疑是患歇斯底里或其他神經病態的人。

第三章　從幼童到少年

於畏懼性衝動的發生,而其意志又不足以加以抑制使不發生,結果便不免產生這種痛楚的經驗了。本來這一類的意識上的衝突,即一端有刺激而不欲加以反應、而一端又不得不反應所引起的衝突,都會引起不快的感覺,不過這是一個極端的類型罷了,有時候一個人的性器官與性情緒,已經因不斷反應而感覺疲憊,而又不斷加以刺激,使勉強繼續反應,其結果也與此大同小異,即心理上產生厭惡,而身體上產生疼痛。不過除掉心理的因素以外,這其間大概還有一個生理的因素,所以保羅・索利耶(Paul Sollier)在他對於歇斯底里的病情與病源的詳細研究裡,特別注意到知覺方面所起的混亂,以及從正常的知覺狀態轉入失去知覺的狀態時所發生的各種現象,他認為必須從這方面進行生理的研究,我們才可以明白,患歇斯底里的人,在自體性慾的表現裡所暴露的這一類「惡醉而強酒」的矛盾狀態,背後究竟有些什麼機制,有些什麼原委。[175]

不過我們也得注意,患歇斯底里的人,在發生自體性慾的時候,雖然未必有很多的快感,但上文所提的不快與痛楚的說法,歷來也不免有言之過甚的傾向,原先心理學者對這個現象本來另有一個看法,他們認為歇斯底里的狀態,本身就是性的情緒的一種潛意識的表現,因此,就以為並不值得仔細研究;在這種看法之下,這個議題就很不科學地被大家擱置起來。上

---

[175] 索利耶是多年前法國研究歇斯底里最有成果的一位專家,他所寫的一本專書就叫《歇斯底里的病源與病情》(*Genèse et nature de l'hystérie*),於西元 1898 年出版。

文所提不快與痛楚的說法，就是這種看法的一個反映。我們揆情度理，也不妨承認這原是無可避免的。不過我們終究贊成弗洛伊德的比較折中的見地，他認為患歇斯底里的人的性的要求根本上和尋常的女子沒有區別，一樣有她的個性，一樣要求變化，所不同的，就是在滿足這種要求的時候，她比尋常女子要困難，要更受痛苦，原因就在她不能不有一番道德的掙扎，本能所肯定的，道德觀念卻要加以否定，而事實上又否定不了，最多只能把它驅逐到意識的背景裡去，而在暗中覓取滿足的途徑。我們認為這解釋是最近情理的了。[176] 在許多別的患歇斯底里症或其他精神變態的女子，自體性慾的活動，以至於一般的性的活動，無疑也是有它們的快感的。並且這種快感的程度還未必低，不過在這種女子，一方面儘管感覺到快感，另一方面卻天真爛漫地未必了解這種快感有什麼性的意味罷了。一旦有了這種了解，再加上道德的拘忌，那快感的程度又當別論了。

第五節　關於手淫[177]

在前章第一節性衝動的前半部，我們已經討論過手淫的現象。我們當時說過，嚴格地講，凡是用手為工具而在本人身上取得性的興奮的行為，叫做手淫。但廣義地說，任何自我發動的這

---

[176]　見弗氏所著《夢的解析》(*The Interpretation of Dreams*) 一書。
[177]　本節內容十之八九出自靄氏〈自體性慾〉一文，見《研究錄》第一輯。

第三章　從幼童到少年

種行為都適用手淫的名詞，我們甚至於可以不太有邏輯地把不用任何物質工具而只用思慮的這種行為，叫做「精神的手淫」。精神的手淫有人也叫做「俄南現象」(Onanism)，不過這是不對的，因為當初俄南(Onan)之所為，實際上和手淫全不相干，而是性交而不洩精，叫做「中斷的交合」(coitus interruptus)。[178] 赫希菲爾德又創製了一個名詞「自淫」(ipsation)，以別於自體性慾，他認為凡是把自己的身體當作一個生理的對象，從而取得性的滿足的行為，叫做自體性慾，同樣取得滿足，而把自己的身體當作一個精神的對象時，叫做自淫。

廣義的手淫是人與動物世界裡十分普遍的一種現象。正唯其十分普遍，所以嚴格地說，我們不能用「反常」、「變態」一類的詞來形容它。我們不妨說，它是介乎正常與反常之間的一種現象，遇到性的功能受了外界的限制而不能自然行使時，它就不免應運而生。

高等的動物，在馴養或隔離的狀態下，就會產生各種的孤獨而自發性興奮的行為，雌性與雄性都是一樣，雄的大都將陽具在腹部上做一種往返動盪而鞭撻的活動，[179] 雌的則往往把陰部就身外的物體上摩擦。這種行為即在野生的動物裡也會發生，不過比較不容易觀察到罷了。

---

[178]　俄南事見《舊約‧創世紀》(*Book of Genesis*)第三十八章，《聖經》原文為「同房的時候，便遺在地，免得給他哥哥留後」，即指「戶外射精」(亦稱「中斷交接」)，參見本書第六章第五節〈生育的控制〉。

[179]　牛馬和其他動物的陽具俗稱「鞭」，如牛鞭、虎鞭之類，恐怕不止因為狀態近似，而也因為自體性慾時形同鞭撻的活動。

第五節　關於手淫

在人類中，此種現象的發生也不限於文明社會的某一部分。在文明狀態下，它更有發展的機會，那是不錯的，不過若照保羅·曼特伽扎（Paolo Mantegazza）所說，手淫是歐洲人的一個有關道德的特點，[180] 好像是歐洲人所專擅的行為似的，那就不對了。事實上，手淫是在任何族類的人群裡都找得到的，至少凡是我們知道得比較清楚的族類中都有，不論他們的生活究竟自然到什麼程度，或不自然到什麼程度，而在有的人群裡，無論男女，手淫幾乎有習慣成自然的趨勢，而往往被公認為童年與青年生活的一種風俗。[181] 在文化似乎比較低的少數民族裡，我們甚至發現女子手淫時還利用一些藝術性的工具，尤其是人造的陽具，這在今日的歐洲也有人利用，不過只限於少數的人口罷了。[182]

但在一般文明社會的人口中，日常用品成為女子手淫的工具，卻是一件十分尋常的事。雖屬十分尋常，而一般人並不覺察的原因，乃是因為這是帷薄以內的行動，除非出了差錯，非請教外科醫生不可，才會暴露出來。女子手淫時利用或濫用的東西有些什麼呢？蔬果是比較常用的一類，尤其是香蕉。[183] 這

---

[180] 曼特伽扎是義大利人，在多年前著有《婦女生理學》（*Fisiologia della Donna*）及《人類戀愛論》（*Gli Amori degli Uomini*）等書。
[181] 狹義的男子手淫，俗稱「打手槍」，佛家叫作「非法出精」。清代嬉笑怒罵盡成文章的浙江人龔自珍某次寓杭州魁星閣下，閣中層祀孔子，下層位考生；龔氏書一聯於柱上說：「告東魯聖人，有鯀在下；聞西方佛說，非法出精。」《西廂記》上說「指頭兒告了消乏」，顯而易見都指狹義的手淫。
[182] 中國也有，叫作「角先生」。
[183] 多年前，美國社會盛行一首俚鄙的歌曲，歌名及首句是「今天我們沒有香蕉」；

第三章　從幼童到少年

些是不容易引起什麼創傷的物件，所以比較不容易被人察覺。但就外科手術的經驗而論，從陰道和尿道裡所鉗出來的物件，其數量之大，種類之多，卻已足夠驚人了；特別普遍而值得提出的有鉛筆、封蠟火漆、棉紗卷、髮夾、瓶塞、蠟燭、軟木塞子、細長形的酒杯等。女子陰道與尿道中取出的物件，十分之九是手淫的結果。經歷這種手術的女子，大概以十七歲到三十歲之間為最多。外科醫生並且往往在膀胱裡找到髮夾的蹤跡，因為尿道是一個強烈的發慾的中心，一經刺激，便很容易把提供刺激的外物「吸引」到裡面。而髮夾的形狀，全部細長，一端圓滑，偶一失手，又極容易掉落進去。（同時在女子的裝飾品裡，髮夾是最順手的東西，在床上休息的時候，它也是唯一順手的東西。）[184]

還有一類外科醫生的注意力所達不到的手淫的工具，就是許多身外的物品，例如衣服、桌椅與其他家具，隨時可以引來和性器官發生接觸與摩擦。我們又不妨提到體育館裡或運動場上的各種活動，也可以偶然地或故意地引起性的興奮，例如爬竿子、騎馬、騎腳踏車，又如踩縫紉機或穿緊身內褲，也未嘗不能用作手淫的方式。當然，這一類的活動與活動所產生的壓力或動作摩擦的力量可以喚起性的興奮，而不一定非喚起此種

大學裡的女生也隨口高唱，而唱時或不免自作掩口葫蘆之笑。

[184] 譯者幼時居鄉，時常聽人家說起某氏的「首飾盒子」如何如何，表面上講的是一件東西，語氣中指的卻又像是一個人，並且是一個女子；及長，始知此某氏女子未嫁前有手淫的習慣，而往往以各種首飾如壓髮、骨簪、挖耳做工具；鄉人戲謔，竟為她取了這個「首飾盒子」的雅號。

第五節　關於手淫

興奮不可,換言之,興奮的發生,若不是偶然的,便是因為活動的人有幾分故意。

緊接上文所說的一類手淫的方式,而事實上很難劃分的又一類,便是大腿的擠壓與摩擦,這方式男女都用,不過在女子之中更為普遍。甚至於女嬰也懂得這方法。這也是流傳得很廣的一個方式,在有的國家裡(例如瑞典),據說這是女子手淫時所用的最普遍的方法。

手淫的活動也不限於性器官的部分,凡屬敏感帶所在的體膚上,都可以用摩擦或其他刺激的方式,而覓取興奮,例如臀部的鞭笞或乳頭的揉弄。在有些人身上,幾乎體膚的任何部分都可以成為發慾的中心,而成為適合於手淫的地帶。

此外還有一類自體性慾的例子,就是只要把念頭轉到色情的議題上,甚至與色情無關,而只是富於情緒的主題上,性的興奮便自然而然地會發生。或者,在有的人,只需故意把想像力集中在性交的行為上,而一心揣摩著對方是個可愛的異性的人,也可以喚起興奮(哈蒙德稱此種自體性慾為精神的性交,見前)。這一類自體性慾的表現就和性愛的白日夢分不太清楚,從精神性交的境界進入性愛的白日夢的境界,其間是沒有什麼界址的。女醫師戴維斯發現,閱讀可以引起性意念的書籍是手淫的一個最尋常的原因,和異性廝混的關係比這要小得多,而跳舞的關係則尤其小。[185]

---

[185]　見戴維斯著《二千二百個女子的性生活因素》(*Factors in the Sex Life of Twenty-*

第三章　從幼童到少年

上文說的全都是屬於手淫一類的各式自體性慾，有的雖然不是嚴格的手淫，而嚴格的手淫仍不妨做它們的代表。關於這些，各家的意見是相當一致的。但若我們進而探討這一類性慾行為普及的切實情形以及這一類行為的意義，我們在將來就會遇見不少的困難以及許多莫衷一是的意見。

在男子方面，我們把各家的觀察綜合來看，可以說90％是曾經手淫過的，儘管有許多人的次數極少，或只是生命中極短的一節裡有過這種嘗試，我們都得把他們算進去。在英國，杜克斯（C.Dukes），拉格比公學（Rugby School）的校醫，說住校學生的90％到95％會手淫。[186] 在德國，朱利安·馬爾庫塞（Julian Marcuse）根據他的經驗，也說92％的男子在青年時期曾經手淫，羅雷德的計算則比他似乎還要高一些。[187] 在美國，弗蘭克·N·塞利（Frank N. Seerley）在125個大學生中間只發現8個，即6％，斷然否認曾經手淫；[188] 而即使在神學院的學生中，布羅克曼（E. S. Brockman）發現，未經盤問而自動承認手淫的，多至56％。[189] 在俄國，契倫諾夫說，在他調查的莫斯科學生之中，60％自動承認曾經手淫。這一類自動的報告是最有意義的，我們因而可以知道實際上有手淫經驗的人數一定要遠

　　　Two Hundred Women）一書，前已引過。
[186]　見杜氏著《健康的保全》，1884年出版。
[187]　見羅氏著《手淫論》，41頁。
[188]　塞利為美國麻省春田體育學院教授。這裡所引他的觀察，詳見霍爾《青春期》一書，上冊434頁。
[189]　見布氏所著文〈美國學生的道德生活與宗教生活的研究〉，載《教授學研究期刊》，1902年9月號。

第五節　關於手淫

在這些數字之上,因為有許多人總覺得這是一種難言之隱,絕不肯直說的。

　　至於兩性之中,究竟是哪一性的手淫普遍程度更廣,以前各家的意見也很不一致。大體說來,約有一半的專家認為男子的普遍程度更廣,而另一半所見恰好相反。至於通俗的見解,則大抵以為男多於女。不過到了最近,這方面的確切數字漸多,我們在上文討論性衝動的初期表現時,也多少已經參考過,而究竟是男多於女或女多於男的問題,也無須再事爭訟了。手淫的性別分布,以前所以成為問題的緣故,是因為當初似乎有種傾向,就是把我們的注意力全部集中在一小部分自體性慾的現象上,即多少有些掛一漏萬的傾向。所以如果我們把一切自體性慾的事實很合理地分類歸納清楚,再進而看它們的分布,問題就比較簡單了。如專就童年時期而論,所有的事實都證明女子的手淫經驗比男子更普遍,這似乎也是理所當然的,因為女子發育比較早,春機發陳期來臨得特別快的也以女子為多,而這方面的早熟又往往和性習慣的早熟不無連帶關係。到了春機發陳期以內以至於成年的階段,手淫的經驗,無論其為偶一為之的或積久而成習慣的,則男女兩方面都很普遍,但普遍的範圍,依我看來,並沒有許多人所想像的那般大。究竟男的多抑或女的多,卻也不容易說,但若一定要做一個比較的話,恐怕還是男的多些。有人替這年齡的男子說話,認為他們的生活習慣與女子不同,比較自由,比較活躍,因此,手淫的傾向雖大,

第三章　從幼童到少年

多少可因分心的緣故，而得到一些限制；而女子則不然，因而手淫的傾向便不免比較自由地發展。這話固然不錯，但同時我們要知道，女子的性衝動的激發，要比男子為慢，也比男子為難，因此，手淫傾向的喚起，也就不免遲緩些與困難些，到了成年以後，女子手淫的要比男子為多，那是沒有疑義的，男子一到這個年齡，至少就比較不修邊幅的大多數男子而言，多少已經和異性發生一些接觸，而多少已經找到了一些比較成熟的性滿足的方法；而女子則狃於傳統的生活，這種性滿足的出路是沒有的；即或有很小一部分女子，性的發育特別早，這種女子的性衝動卻往往未必有很大的力量，等到有力量而女子自覺其有力量的時候，那成年的階段已經過去，而不在這一節的討論範圍以內了。有不少很活潑、聰明而健康的女子，平時縱使守身如玉，間或也不免手淫一、兩次（尤其是在月經的前後）。假如這種女子已經有過正常的兩性性交的關係，而一旦因故不能不把這種關係割斷而回到獨身的生活，則這種偶一為之的手淫更是在所難免。但同時我們不要忘記，另外有一部分女子，性的方面的先天稟賦，本來比一般女子為薄弱，在性心理學上叫做「性覺遲鈍」（sexual hyop-esthesia）（這種人，在健康方面也往往不及一般女子，不是這方面有缺陷，就是那方面有變態），這種女子的性衝動也許始終在一個休止的狀態以內，她們不但不想手淫，並且也根本不求什麼正當的滿足。此外，還有很多女子，一樣尋求滿足，卻不走手淫的方式，而另覓一些消極的

第五節　關於手淫

方法。手淫以外的自體性慾的方式還多，例如做白日夢，是最不容易受外界干涉的；因此，這一大部分的女子就會走上這條路；女子做白日夢的要比男子為多，也是不成問題的。

至於手淫對於健康的影響，在近年以前，各家的意見也大有出入。少數的專家認為手淫的習慣沒有什麼特別的惡果，要有的話，也不過和性交過度的結果差不多。大多數的專家則以為手淫的影響是極壞的，即或行之有節，也不免釀成各式各樣的病態，最可怕的是瘋癲，等而下之的症候，便不知有多少了。不過近年以來，各家的見解比以前溫和得多了。一方面，他們相信對於少數特殊的例子，手淫會引發各種不良的結果，但另一方面，他們認為對於身心健康的人，即或行之過度（身心健康而猶不免行之過度，只好算是理論上的一個假定，事實上恐怕沒有這種人，詳見下文），也不至於發生嚴重的病態。[190]

此種見地的轉變，我們如今推本溯源，似乎不能不大部分歸功於德國威廉・葛利辛格（Wilhelm Griesinger）醫師。在十九世紀中葉，葛利辛格最先發表這一類溫和而比較有鑑別的看法。在那時，葛利辛格雖未能完全擺脫醫學界相傳的成見，但他已經能辨別清楚，手淫若有害處，並不由於手淫的本身，而由於社會對手淫的態度以及此種態度在精神銳敏的人的心理上

---

[190] 西方這種觀念的變遷，在中國也可以找到一番呼應。多年前基督教青年會出版的關於這問題的小冊書籍，例如《完璞巵言》、《青春之危機》等，所敘述的都是一些很陳舊的見解，但在近年的出版物裡，例如舍伍德・艾迪（Sherwood Eddy）博士所著的《性與青年》（*Sex & Youth*），我們讀到的關於手淫的見解就溫和與近情得多了。

第三章　從幼童到少年

所引起的反應。社會的態度使他感覺羞愧，使他懺悔，令他再三地決心向善，立志痛改，可是性衝動的驅策並不因此而稍殺其勢，終於使他的向善之心隨成隨毀，當他舊懺悔的熱誠猶未冷卻，而新懺悔的要求旋踵已至——這種不斷的內心交戰掙扎，與掙扎失敗後的創傷，才是手淫的真正的惡果。葛利辛格又說，時常手淫的人，從外表是看不出來的，即並沒有什麼變態或病態的跡象；葛利辛格的結論是，手淫自身是變態或病態的一個跡象，一個症候，而不是變態與病態的原因。七、八十年來，開明一些的見解與此種見解的進步，一方面既證實葛利辛格這番嚴謹的說法是對的，一方面也已經把這種說法發揮得更透闢。葛利辛格本來以為手淫的習慣，若在幼年便已養成，則或許會引發瘋癲的惡果；但後來奧斯瓦爾德・伯克漢（Oswald Berkhan），在他關於幼童期的精神病研究裡，發現到的病因雖多，卻沒有一例是可以歸咎到手淫的。沃格爾（Vogel）、烏弗爾曼（Uffelmann）、埃明霍烏斯（Hermann Emminghaus）和莫爾等，在做同樣的研究之後，所獲得的結論也都幾乎完全相同。埃明霍烏斯再三地說，只有在神經系統先天就有病態的人身上，手淫才會產生一些嚴重的結果，否則是不會的。基爾南也說，所謂手淫的惡果實際上不由於手淫，而由於青春期痴呆（hebephrenia）或歇斯底里的精神官能症，並且，這種精神病也就是手淫之所以成為習癖的原因，而非其果，倒果為因，是前人的失察了。克里斯蒂安（Christian）就二十年在醫院、瘋人

第五節　關於手淫

院以及各地私人行醫的經驗,也沒有發現手淫有什麼嚴重的惡果。不過他認為要是有更嚴重的影響的話,也許在女子方面,而不在男子方面。[191] 不過耶洛利斯(Yellowless)則所見恰與此相反,他認為一樣手淫,「女子也許比較不容易感覺疲乏,因而比較不容易吃虧」;哈蒙德和古德塞特(Guttceit)的意見也復如此,古氏雖發現女子手淫的程度之深要遠在男子之上,其結果也不見得比男子更壞。奈克對於這一點也曾特別注意,他發現女子患瘋癲的例子中,沒有一例是可以切實地歸因於手淫。[192] 朱利葉斯‧路德維希‧奧古斯特‧科赫(Julius Ludwig August Koch)也有同樣的結論,並且認為這結論同樣適用於男子。不過,他又承認手淫或許可以造成一些近乎病態的精神上的頹敗。然而,科赫又特別指出,手淫若不過度,這種精神上的耗損也是沒有的,即或有,也不像許多人所相信的那般確切不移,那般一無例外;同時,他又說,只有神經系統早就有耗損的人才最容易手淫,又最不容易控制自己,使其不至於過度;科赫也認為手淫的主要害處是不斷地自怨自艾與對性衝動心勞日拙的掙扎。亨利‧莫茲利(Henry Maudsley)、馬羅、愛德華‧查爾斯‧施皮茨卡(Edward Charles Spitzka)和海因里希‧舒勒(Heinrich Schüle),在他們的作品裡,依然承認一種特殊的瘋癲,叫做「手淫性的瘋癲」,不過克拉夫特－埃賓早就否認這一點,而奈

---

[191] 見克氏在法文的《醫學百科辭典》中所著〈手淫〉一則。
[192] 見奈克著《女子的犯罪與瘋狂行為》(Crime and Madness in the Woman)一書,西元 1894 年出版。
見科赫著《精神病理的頹敗》一書,西元 1892 年出版。

第三章　從幼童到少年

克則曾經堅決地加以反對。埃米爾·克雷佩林（Emil Kraepelin）說，過度的手淫只會發生在先天不足的人身上，也唯有在這種人身上，過度的手淫才會產生危險；奧古斯特－亨利·福雷爾（Auguste-Henri Forel）和洛溫費爾德也這樣說；[193] 阿爾芒·特魯索（Armand Trousseau）也這樣說，並且說得更早。總之，近年以來，對於手淫不是瘋癲的原因，各專家的意見幾乎完全一致。

至於手淫並不會產生其他各式的精神病或神經病，專家的見證也是同樣的肯定。自查爾斯·韋斯特（Charles West）以來，醫學界不承認手淫是兒童的智能障礙、痙攣、癲癇、歇斯底里等等的源頭，也已經多歷年所。[194] 不過這是醫學界一般的看法，也有少數的醫師承認癲癇和歇斯底里的發生也許和手淫有關。萊登（Leyden）討論到脊柱神經的各式疾病與病源時，也沒有把任何方式的性行為過度羅列進去。厄爾布（Erb）也說：「有節制的手淫對脊柱神經所可能發生的危險並不比自然的性交所能發生的更大，事實上它是不會有什麼不良影響的，一樣是性高潮，至於到達高潮的路是正常的性交，抑或暗室的手淫，是沒有多大區別的。」圖盧茲（Toulouse）、富爾布林格（Fuerbringer）、格爾希曼（Gurschmann）和大多數的專家也有這種意見。

不過，依我看來，若說手淫可以完全和性交等量齊觀，認

---

[193]　見洛溫費爾德《性生活與神經障礙》（*Sexualleben und Nervenleiden*），第二版，第八章。

[194]　韋斯特是英國醫學界的一位前輩，西元1886年11月17日那一期的《刺胳針》（*The Lancet*）就有一篇他的關於這方面的議論。

為手淫的危險並不大於性交的危險,未免有些過分了。假若性高潮是純粹的一個生理現象,這等量齊觀的說法也許是站得住的。但是,我們知道,性高潮不止是一種生理現象,性交時節所到達的亢奮現象,是和異性的對象所喚起的一大堆有力的情緒牽連糾纏在一起而分不開的。性交給予人的滿足,事實上有兩方面:一方面固然是高潮之際所得的解洩,而另一方面便是這些情緒在交光互影之中所產生的各種快感。假若沒有可愛的對象在前面,而不得不由自體性慾的方式取得高潮,解洩的功用也許一樣,但在心理上總覺得有一番不滿足,也許一番憂鬱沉悶,甚至於覺得異常疲憊,並且往往還不免添上一番羞愧,一番惆悵。並且就事實論,一樣不免於過度的話,手淫的過度要比性交的過度為易;有人說,手淫所費的精神的力量比性交所費的大,這個說法也許不對,但因為手淫容易走上過度的路,其實際上所耗費的精神力的總數量也許比性交更多,卻還是可能的。所以我認為這些專家的等量齊觀的看法會有引人走入歧路的危險,但若說不過度的手淫和性夢中的興奮與洩精差不多,有如福雷爾所說,那是很近情的。

總之,我們可以從上面的討論中作一句結論,對於先天健康而後天調攝得宜的人,手淫若不過度,是不會有什麼嚴重的惡果的。至有說,手淫的人一定有什麼跡象或症候,據說是不一而足,我們可以同意許多專家的說法,認為沒有一個是真正可靠的。

第三章　從幼童到少年

　　我們還可以再作一句結論，對於手淫的影響，以前所以會有恰好相反的意見的緣故，是因為雙方的研究者都沒有理會或沒有充分承認遺傳與性情的影響。雙方所犯的毛病，恰好就是許多不科學的作者對於酒精毒害的問題一直到現在還在犯著的毛病，他們一邊把酒精的奇毒大害，借了若干酒徒的例子，盡量描寫出來，一邊卻不知道這一類例子的產生，其主因並不是酒精，而是一種特殊的體質，要不是因為這種體質，酒精便沒有用武之地，而不成其為毒害了。[195]

　　我們的觀點是這樣的，我們一方面承認，以前手淫有大害之說，一則由於知識不足，再則由於傳統的觀念有錯誤，三則由於庸醫的唯利是圖，不惜為之推波助瀾，到了今日，確實是站不住的了；另一方面我們卻也不否認，就在健康以至於不太有病的人，過度的手淫多少會發生一些不良的結果。皮膚上、消化作用上和循環功能方面，都會發生一些不規則的變化；頭痛與神經痛也是可能有的擾亂；而和性交過度或夢遺太多一樣，又多少可以降低精神生活的和諧與舒暢的程度。同時，尤其是在先天健康不無問題的人身上，最重要的一種結果是症候極多的一套神經上的病態，可以綜合起來，叫做「神經衰弱」(neurasthenia)。

　　在有的人，手淫一成習癖而不能自制以後，尤其是假如這

---

[195] 這也就是優生學對於酒精的見解。可參看任何一種比較嚴謹的優生學的書籍，例如保羅・波佩諾 (Paul Popenoe) 與羅斯威爾・希爾・約翰遜 (Roswell Hill Johnson) 的《應用優生學》(*Applied Eugenics*)，28 — 29 頁。

第五節　關於手淫

種習癖在春機發陳以前便已開始,則其結果可以使他失去性交的能力和性交的興趣,或使他特別容易接受性的刺激,而事實上卻沒有適當的反應的力量,輕者初交即洩,重者等於陽痿。[196] 迪金森說,在女子方面,凡屬終始一貫的「冷感」的人,總是一些自體性慾已成習慣的人。[197] 不過,因手淫而成陽痿的人,終究是些例外,在習癖的養成已在春機發陳的年齡以後的人,更是例外;對於這些例外的人,性高潮的功能早就養成一種習慣,也就是說,不向異性在色情方面所表示的各種誘力發生反應,而專向一些體外的物力的刺激或內心的想像所引起的刺激反應。到了春機發陳的年齡,照例性慾的需求應該更加強了,更自覺了,而對於異性的吸引,更難於拒絕了,但終因性的感覺已經走上了反常的路,並且已經走得熟練,再也回不過頭來,因此這種人對於春機發陳期以後應有的正常的性關係,始終只能徘徊於一個純粹理想的與情緒的境界,而無法感覺到強烈的肉體上的衝動,更談不上適當的反應了。若在發展很正常的人,這種肉體的刺激與反應能力是這個時期內應有的筆墨,一到成年及壯年的階段,便可以十足的成熟了。有的女子,往往是極有見識的女子,喜歡把性生活的所謂靈肉兩界分

---

[196] 清獨逸窩退士《笑笑錄》(卷六)說:長洲韓尚書桂舲(名對)稚年讀書齋中,知識初開。於無人時以手弄陰,適有貓戲於旁,見其蠕動,躍登膝上;韓出不意,驚而精咽,遂痿,然不敢告人,久而失治,終身不復舉;娶顧夫人,伉儷甚篤,徒有虛名而已,人怪其貴至極品,不蓄姬妾,乃稍言之。

[197] 見迪金森與比姆女士(Lura Beam)合作的《一千件婚姻的研究》(*A Thousand Marriages: A Medical Study of Sex Adjustment*)。

第三章　從幼童到少年

得特別清楚；我們在這種女子發育的過程裡，大抵可以發現手淫的習慣不但開始得很早，並且早就有積重難返的趨勢；靈肉兩界在她心目中之所以會有很大的鴻溝的緣故，這縱然不是唯一的原因，至少是主要的原因。[198] 手淫開始過早，也似乎與同性戀的養成不無關係；其所養成的過程大抵和上文所說的差不多，這種人對異性戀既缺乏能力與興趣，同性戀的傾向乃得到鳩占鵲巢的機會，取而代之。我們在上文說過，這些不良的結果，雖屬事實，終究是些例外，而不能以常例相看。戴維斯女醫師的包羅很廣的一番研究裡，有一大部分是關於女子手淫經驗，自從有女子手淫的研究以來，無疑要推戴氏的這番研究為最縝密而最有價值，如今根據她的研究，我們也就明白，假若手淫的開始不太早，積習不太久，則上文所說的一些例外的惡果是不容易發生的。戴氏把已婚的女子分成兩組，一是婚姻生活快樂的，二是不快樂的，再比較兩組中在婚前手淫過或有過其他性活動（性交除外）的成分，目的自然在辨別手淫一類的活動究竟是不是婚姻幸福的一個障礙，戴氏比較的結果是：兩組中這種女子的數目幾乎完全一樣。

至於在心理方面，長期與過度的手淫所造成最清楚的一種結果是自覺或自我意識的畸形發展，或近乎病態的發展，而和自覺的心理相輔相成的自尊的心理則不發展。一個男子或女子，

---

[198]　近來中國知識界的青年男女喜歡高談靈肉之分的人，以及對於所謂「柏拉圖式的戀愛」不勝其低徊欣慕的人，也不在少數；看來和這裡所討論到的一點，即早年性發育的不太健全，也不無因果關係。

第五節　關於手淫

在與可愛而正在追求中的異性一度接吻以後,總可以感到一番足以自豪而揚然自得的滿足心理;這種心理在自體性慾的活動以後,是絕對不會有的。這是事有必至的。即或手淫的人把社會的態度略過不問,甚至對這種暗室的活動,也不怕有人發現,剛才所說的心理還是很實在的;在以交合替代手淫的人,若為之不以其道,當然也可以有「雖無誰見,似有人來」的恐怖心理,不過他的為之不以其道,所謂道,只限於社會而言,而手淫的人的不以其道,則牽涉到社會與自然兩方面,不以其道的方面既多,心理上的未得所安當然不免更進一步。手淫的人,在積習既深之後,因此就不得不勉強地培養一種生吞活剝的自尊的意識出來,而不得不於別人的面前,擺出一種可以用作下馬威的驕傲的虛架子,一種自以為是的心理,一些仁義道德的口頭禪,一派悲天憫人的宗教家的表面工夫,終於成為一套掩護的工具,在掩護之下,他對於一己暗室的行為,便可以無須懺悔了。這種種特點的充分發展,當然不是盡人可有的;先天體氣在心理方面的一些病態,是一個必要的條件。一般有手淫習癖的人,當然不會有這許多特點;他大概是一個喜歡離群索居而怕拋頭露面的人;反之,我們也可以說,唯有這種性情的人才最容易養成自體性慾的種種習癖,而至於流連忘返;而此種人到此境地之後,更不免與外物絕緣,對人則疑忌日深,對熱鬧的社會更不免視同蛇蠍,先天的氣質與後天的習慣兩相推引,互為因果,一到這般地步,其為病態,也是可以無

第三章　從幼童到少年

疑的了。此外,別有一些極端的例子:手淫的結果,可能減少心理的能力,使不易接受與協調外來的印象,可能削弱記憶的力量,可能降低情緒的活潑程度,設或不然,又可能使一般的神經作用走上畸形的、銳敏的一途。克雷佩林相信這些結果都是可能的。

成年期內過度的自體性慾的活動,對於智力特別高超的男女,儘管不發生什麼嚴重的體格上的損傷,在心理方面總不免鼓勵幾分變態的發展,而此種發展之一,便是養成種種似是而非的「可得而論,難得而行」的高調的生活理想。[199]克雷佩林也提到過,在手淫的時候,一個人常有各種得意的理想與熱情在心頭湧現;而安斯蒂(Francis E. Anstie)很久以前也討論過手淫和不成熟而貌似偉大的文學創作或藝術作品的關係。不過我們得補一句,有一部分不能不認為是成熟與真誠的作品的男女文學家與藝術家,卻未嘗不是一些曾有過度的手淫習癖的人。

手淫固不能說全無壞處,但同時我們還得記住,假若一個人不能有正常的性交經驗,而不得不思其次,則手淫也未嘗沒有它的好處。在一百年來的醫學文獻裡,偶然記載病人自白的例子也還不少,他們認為手淫對他們是有益的。我認為這些例

---

[199] 盧梭便是極好的一例。盧梭對於一己手淫經驗的追敘,見《懺悔錄》第一篇第三卷。盧梭對婚姻與戀愛有很新穎的理論,著有專書叫作《新愛洛伊斯》(*Julie ou la Nouvelle Héloïse*,近人伍蠡甫氏有譯本),而其所娶者為一低能之女子叫作泰蕾絲(Thérèse);其對於子女教育也有很高明的見解,著有專書叫作《愛彌兒》(*Émile: ou De l'éducation*),亦有中譯本,而其所生子女多人則自己不能教養,而先後送入孤兒院;真可以說是「可得而論,難得而行」!

第五節　關於手淫

子是可靠的,而假如我們不以這一類例子為可怪,而願意發現他們,並且把他們記錄下來,那總數肯定是大有可觀的。我們得承認一個人之所以要手淫,主要的目的還是要使煩躁的神經系統得到靜謐。對於健康與正常的人,若年齡已早過春機發陳之期,而依然維持著謹飭的獨身生活,則除非為了減輕身心兩方面的緊張狀態,絕不肯多作自體性慾的活動,這種人間或手淫一次,也自有它的益處。

美國的羅比醫師,根據他多年的行醫經驗,又參考剛才所說的一番意思,對於手淫的利害問題,有過一個更積極的主張。在他 1916 年出版的《合理的性倫理》(*Rational Sex Ethics*)一書及後來的著述裡,他不但承認自體性慾的行為不僅沒有壞處,並且有積極醫療的價值,不惜鄭重地加以介紹。他認為手淫對於增進身心健康的功能,並不多讓於正常的性交,尤其是對於女子。我認為這種學說,是大有修正的餘地的。近代兩性的問題,即使單就個人一方面而言,也已經是一個極複雜的問題,若說手淫的辦法就可以解決,恐怕不免要受腦筋簡單的譏誚。以前有人主張,用推廣妓業的方法來解決性的問題,也有人主張嚴格的男子貞操來消極地應付性的問題,羅氏的主張豈不是和它們同樣的簡單,同樣的要不得?貞操的主張走的是禁止的一路,羅氏的主張走的是放縱的一路,放縱之與禁止,同樣地失諸偏激,[200] 我看不出有什麼更高明的地方。我認為在這

---

[200]　參閱譯者在本書篇首所題絕句。

第三章　從幼童到少年

些地方，醫生的態度應以同情的了解為主，也不妨以同情的了解為限，至於病人應當採取什麼行動，最好讓他根據一己的性情與當時的境遇自己決定，做醫生的大可不必越俎代謀。

另一位研究者，亞伯拉罕・沃爾巴斯特（Abraham Wolbarst）的態度比羅氏的要高明些。沃氏認為手淫不應當鼓勵，但同時也承認，假使性的衝動已發展到相當地步以後，也自不宜強為抑制，沃氏在這一點上引一句中國諺語說：「與其教心神褪色，不如讓身體滿足。」（或「與其窒欲傷神，不如縱慾怡神」）[201] 沃氏以為我們對於自稱手淫的人不宜加以譴責，假如本人已經在自怨自艾，則任何譴責的語氣尤應在竭力避免之列。沃氏又說得很對，有的「道學家」贊成用手淫的方法來維護表面的「性的德操」，這種假道學與偽德操，我們實在不敢苟同。一個人誠能坦白地懷抱著性愛的自然衝動而不以為恥，衝動之來，能平直地予以應付，而應付之方，間或出諸手淫一途，而不求文飾，這個人的道學與德操，雖非盡善，實在要居此輩之上。

總之，手淫是無數自體性慾現象中的一種，而凡屬自體性慾的現象多少都有幾分無可避免的性質，手淫當然不能自外於此。我們最聰明的辦法，也就是充分地承認這幾分不可避免的性

---

[201] 沃氏所引中國諺語的原文如何，譯者不得而知，但諺語所表示的精神，是和中國人對於性問題的傳統精神相符合的；佛教所介紹進來的態度除外，中國人的性態度，是既不主張禁慾，也不主張縱慾，而是主張比較中和的節慾，參看譯者所寫〈性與人生〉一短稿，現輯入《優生閒活》（《人文生物學論叢》之一輯，稿存北平，因戰事擱置未印）。沃氏所著書叫作《亞當的兒孫》（Generations of Adam）。

質。文明社會的多方限制既如彼,而性慾的力求表現又如此,試問各種變相滿足的方式又如何可以完全倖免。我們誠能抱定這種態度,則一方面對於自體性慾的活動固應不加鼓勵,不讓它們再變本加厲地發展,一方面卻也不宜深惡痛絕,因為深惡痛絕的結果,不但可以將所惡絕的事實隱匿起來,不讓我們有觀察與診斷的機會,並且足以醞釀出各種比所惡絕的更可惡而更無可救藥的弊病。[202]

第六節　關於自戀 [203]

自戀或「納西瑟斯現象」(Narcissism)最好是看作自體性慾的一種,而在各種之中,實際上也是最極端與發展得最精到的一種。自戀的概念,在各個性心理學家的眼裡,歷來很有幾分出入,幾分變遷,所以我們不妨把它的歷史簡單地敘述一道。

以前,科學的領域裡是找不到這個概念的蹤跡的,不過在小說故事裡,在詩詞裡,我們卻可以追溯得很遠,而在古希臘的神話裡,更可以發現它的中心地位;同時這個中心的地位還有一個人神參半的象徵,就是水仙神,在神話裡叫做納西瑟斯

---

[202] 休·諾斯科特(Hugh Northcote)所著《基督教與性問題》(*Christianity and Sex Problems*)一書可供本節一般參考之用。
[203] 本節內容十之八九出靄氏以前做的兩篇論文,一即〈自體性慾〉,現入《研究錄》第一輯,關於自戀一部分的討論,見 206 —— 208 頁。另一篇即名〈自戀〉,入後出的《研究錄》第七輯。

第三章　從幼童到少年

（Narcissus）。[204] 自精神病學萌芽以來，學者在病人身上，所發現到有似納西瑟斯所表現的狀態，固然是不一其例，不過一直要到西元 1898 年，我們對於這種狀態，才有一個比較綜合的敘述。那一年，我在《精神病學家與神經學家》（Alienist and Neurologist）雜誌上發表的一篇短稿裡，初次把自體性慾的現象簡單地介紹出來，我在結論中，一方面描寫一個極端的自體性慾的例子，一方面說，這種極端而有類乎納西瑟斯的狀態，有時候可以在自體性慾的例子中發現，而在女的例子中也許更容易發現；這種例子總是把她的性情緒，大部分甚至於全部分，在自我讚美的行為中表示出來，也可以說，她的性情緒可以大部或全部被自我讚美的活動所吞併而消滅；自我讚美原是當初納西瑟斯的唯一特點，所以說，這種例子有類似納西瑟斯的狀態或行為傾向。

我的這篇稿子傳到了德國，奈克立刻用德文做了一個簡括的介紹，又把我所說的「納西瑟斯似的傾向」直接譯成「納西瑟斯現象」（narcismus，等於英文的 narcissism）；[205] 同時，他又

---

[204] 希臘神話裡說，少年納西瑟斯，丰姿極美，山林之女神厄科（Echo）很鍾情於他，而他卻拒而不受。終於使厄科憔悴以死，死後形骸化去，只剩得一些山鳴谷應時的回聲（今英語中回聲一詞，就是 echo，這便是最初的來歷；厄科有愛未酬，齎志以沒，好比空谷傳聲，所得以應答的依然是自己的聲音，厄科之所以成回聲，顯然還有這一層意思在內）。於是司報復之神涅墨西斯（Nemesis）赫然震怒，罰令納西瑟斯和泉水中自身的照影發生戀愛，納西瑟斯對影唏噓，日復一日，最後也不免憔悴以死，死後化為後世的水仙花，至今水仙花的科學名詞也就是這位顧影自憐的美男子的名字。

[205] 納西瑟斯現象，譯者原譯作「影戀」，因為影子確屬這一現象的最大特色。希臘神話所表示的如此，後世所有同類的例子也莫不如此。不論此影為鏡花水月的印象，或繪製攝取的肖像，都可以用影字來概括；中國舊有顧影自憐之說，一種最低限度的自戀原是盡人而有的心理狀態，靄氏在別處也說：「這類似納西瑟

第六節 關於自戀

說了一番話,表示他同意見解,並且說,這真是我所謂的自體性慾「最古典的形式」了。不過他又說,這現象也可能招致性高潮的狀態,這部分我卻沒有說過,我也不承認這現象可以到此境界。羅雷德在男子中也觀察到幾個很顯著的例子,而替這現象取了一個名詞,叫「自發而孤獨的性現象」(automonosexualism)。赫希菲爾德的作品裡用的也是這個名詞。到一九一〇年,弗洛伊德也接受了奈克所制定的名詞和概念,不過他認為這不過是男子同性戀發展過程中的一個階段,在這階段裡,他認為同性戀的男子不免把自己和一個女子(一般總是他的母親)認作一體,因此,精神上雖若愛一個女子,實際上卻是愛上自己。

到 1911 年,蘭克一方面根據我在西元 1898 年所論列的意思,一方面大致接受弗氏這派的見解,也認為這種現象不僅是屬於常態的變異範圍以內,而不是一種變態,並且是性發育過程中一個相當正常的階段;變異範圍以內之說原是我的議論,而階段之說卻是弗氏一派的補充了。蘭克的研究引起了弗洛伊德很大的注意;1914 年,弗氏一面接受朗氏的見解,一面又做進一步的申說,認定每一個人,不分男女,都有一個原始的自戀的傾向;人生都有保全一己性命的本能,此種本能的心理表現是和利他主義相反的利己主義,所謂自戀傾向者無他,就是性慾對於利己主義所貢獻的成分,所以完成整個的利己主義

斯的傾向,在女子方面原有其正常的種子,而這種子的象徵便是鏡子」(《研究錄》第一輯,260 頁)。

第三章　從幼童到少年

者；[206] 自戀在選擇對象的時候，有時也是一個最能左右一切的力量，它可以選擇當時此地的本人做對象，也可以選擇事過境遷的本人（故我而非今我），也可以選擇未來與理想的本人而非現實的本人，也可以選擇以前本人的一部分，而目前這部分已不再存在；自戀的概念到此，便最合於尋常的用途了。[207]

自 1914 年以後，弗氏自己對上文的見解又續有修正與補充，[208] 而許多別的精神分析學者，弗氏一派或非弗氏一派的都有，又把它推進到一個極端，認為各種宗教與各派哲學全都是一些自戀的表示。最後，到薩德・費倫齊（Sándor Ferenczi）手裡，竟以為造物在化育群生的時候也受了自戀的動機的支配！自戀的例證，在未開化的民族以及一切民族的民俗學裡，也都有發現，此方面的研究者甚多，例如蓋佐・羅赫伊姆（Géza Róheim）。蘭克很早就曾指出，民俗學家詹姆斯・弗雷澤（James George Frazer）的作品裡，就可以找到不少提供這方面的心理研究的資料。[209]

---

[206] 飲食男女，古時候便稱人生兩大欲，近代心理學家對於本能論的見解雖大有爭持，但自我保全與種族保全這兩種固有而非外鑠的行為傾向，則誰都加以承認。如我信如弗氏一派的議論，則於自戀之中，我們儼然發現了這兩個大欲或兩大行為傾向的總匯！自戀有如許大的意義，當非一般人初料所及，近世攝影事業的發達，一半的解釋固然是光學昌明，還有一半解釋，恐怕就得在這裡尋找了。

[207] 參看哈尼克（Jenö Harnik）〈男子與女子的自戀發展〉（The Developments of Narcissism in Man and Woman）一文，載《國際精神分析期刊》（The International Journal of Psychoanalysis），1924 年 1 月號。

[208] 弗氏前後議論見所著《性學三論》（Three Contributions to the Theory of Sex）和《論文集》（Collected Papers）第四冊。

[209] 在中國，這方面的唯一的嘗試是譯者所做關於《馮小青》的研究。此稿曾經四、

第七節　關於性教育[210]

我們在上文看到嬰兒期與童年期的各種生活表現裡，性的表現有時好像是不存在似的；有時顯得存在，又往往很模糊；有時候雖不模糊，我們卻又不宜把解釋成人的性表現時所用的方法來解釋它們。

因為有這種種情形，所以就是比較善於觀察的人，對於這時期的性生活所表示的態度與所主張的政策，也往往很不一致，至於不善觀察及觀察錯誤的人，還有一聽見嬰兒及孩童也有性生活就不免談虎色變的人，可以略過不提；好在到了今日，

五次改易或修正。初名〈馮小青考〉，作於 1922 年，在清華學校讀書時梁任公先生的「中國五千年歷史鳥瞰」班上。次年，送登某期的《婦女雜誌》。1927 年擴展成《小青的分析》一書，交新月書店出版。再版時又改稱《馮小青》，續有增益。三版起歸商務印書館印行，於一般的修正外，又於篇末添印近年所做關於馮小青的兩篇短稿，曾先後揭登林語堂先生所編的《人世間》。

小清自戀之例，據譯者讀書所及，恐怕是見諸載籍的最早的一例，也無疑是最典雅的一例，其在心理學上的價值，也當在四十年來西方所著錄的許多例子之上。譯者早就想用英文再寫一過後，就正於靄氏和其他西方的先進，可惜蹉跎了十餘年，還沒有成為事實，而大師像靄氏，已經於去年（一九三九年）夏季謝世了，不勝慨歎！

小清而外，自戀的例子還有，前曾擇優收入《馮小青》一書的附錄中，茲再述一例，宋代有女子名薛瓊枝者，湘潭人，隨父居杭州，年十七卒。後人追敘她的病態及死狀，有說：「每當疏雨垂簾，落英飄砌，對鏡自語，泣下沾襟。疾且篤，強索筆自寫簪花小影，旋即毀去，更為仙裝，倒執玉如意一柄，侍兒傍立，捧膽瓶，插未開牡丹一枝，凝視良久，一慟而絕。」詳見清人樂宮譜所作〈蕊宮仙史〉一文。譯者按此例極似小青，疑出好事文人抄襲的故技，不過「倒執玉如意一柄」以下三、四語又頗有性心理上所象徵的價值，疑非以前的文人所能捏造，姑作一例，附錄於此。

[210] 本節大部分根據靄氏以前所作〈性的教育〉（*Sexual Education*）一文，即《研究錄》第六輯〈性與社會關係〉（*Sex in Relation to Society*）的第二章。1932 年，譯者應基督教青年會全國協會之約，曾將此文譯出，交協會書局作單行本印行。

第三章　從幼童到少年

這種人已經一天少似一天。在所謂善於觀察的人中,有的覺得在正常與健全的孩子身上,找不到什麼真正的性表現;有的認為不論孩子的健康程度如何,不論有無精神的病態,性的表現總是有的,不過在形式上很有變化罷了;還有第三種人,一方面承認這年齡內性生活的存在,一方面卻說這種過早的表現是不正常的,至少,精神分析派學者蘭克晚近的立場便是這樣。他在《近代教育》(*Modern Education: A Critique of Its Fundamental Ideas*)一書裡說:「性現象對於兒童,是不自然的;我們可以把性看作一個人天生的仇敵,並且一開始便存在,仇敵是不能不抵抗的,並且得用人格的全力來應付。」蘭克這種見地,倒可以和文明社會以至於原始文化中的一個很普遍的態度互相呼應,不過若專就兒童的性生活而言,這見地是否適用,卻是另一個問題。

我認為對兒童性生活的應有態度是一個保健的態度;健是目的,保是手段,需要大人隨時隨地注意,但是注意的時候,卻又應該謹慎出之,不要讓兒童注意到你在注意他。童年的性愛的衝動往往是無意識的、不自覺的,大人注意不得當,就可以化不自覺為自覺,這種自覺對兒童並沒有什麼好處。兒童自有其不自覺的性的活動,保健的任務不在喝斥禁止以至於切心於責罰這一類的舉止,而在使這一類活動對於本人或對其他兒童不發生身體上的損傷。保健的任務無疑是母親的任務;身為母親,除了上文所說的以外,似乎還應當注意一點,就是不宜

第七節　關於性教育

過於表示身體上的親愛,因為這種表示對於神經不太穩健的兒童,難免不引起一些過分的性的情緒。特別重要的一點是,對於兒童一般的天性與各別的性格,應該精心了解。一般壯年人不懂年齡與心理發展的關係,往往喜歡一廂情願地把自己的感覺當作兒童的感覺,即自己在某種場合有某種感覺時,認為兒童到此場合也會有同樣的感覺;那是一個很大的錯誤。兒童有許多活動,在大人看來有卑鄙齷齪的性的動機,事實上往往是全無動機可言,更說不上卑鄙齷齪一類的評判;兒童之所以有此種活動,一半是由於很單純的遊戲的衝動,一半是由於求知的願望。這種見解上的錯誤近年來也很受精神分析學派的影響,這一派的一些不嚴謹的學者,侈談童年性現象的結果,不免使這種錯誤更牢不可破。

一件很不幸的事是:研究兒童心理的學者所有的知識經驗往往得之於精神病病人的研究。蘭克在《近代教育》一書裡說得好:「一切從研究近代精神病態得來的一般結論,必須經過鄭重考慮之後才可以接受,因為在別的情況下,人的反應是不一樣的。」蘭克又說,今日的兒童並不等於原始的成人;[211]我們在實施教育的時候,教育的方法與內容,最好是不過於固定。

---

[211] 演化論發達以後,部分生物學家,尤其是德國的恩斯特‧海克爾(Ernst Haeckel),創為「重演論」(theory of recapitulation),認為個體發育的歷史就是重演種族進化的具體而微的歷史,更進一步而有人認為今日的兒童可以比擬原始時代的成人。在十九世紀末,他們在這方面還出過好幾本專書。這個學說大體上是有幾分對的,但若過於刻畫,至於把文明社會的兒童和原始社會的成人完全等量齊觀,那就很有問題了。

第三章　從幼童到少年

　　性知識的啟發固然是一個不容易討論的問題，但教育界一些最好的專家，到今日至少已經承認兩點：一是這種啟發應該很早就開始，性知識的一般基本的要素應當很早就讓兒童有了解的機會；二是主持這種啟發的最理想的導師是兒童自己的母親，一個明白而真正愛護子女的母親也應該把這種工作認為母道或母教的最實際的一部分。我們不妨進一步說；只有母親才配擔當這部分工作，而且可以擔當得沒有遺憾，因此，母親自身的訓練便成為兒童健全發育的一個先決與必要的條件。持異議的人有時說，這種啟發工作是有危險的，兒童對於性現象的態度，本屬一片天真，毫不自覺，一經啟發，難免不使他的注意故意與過分集中在性的議題上。這些話固然有幾分道理，但我們也得了解兒童心理自有其一番自然的活動，揠苗助長當然不對，把這種自然的活動完全忘記了，也有它的危險。[212] 一個孩子想知道嬰兒是怎麼來的，這樣一個願望並不表示他已經有了性的自覺或性的意識，乃是表示他知識生活的進展，嬰兒的由來是一樁科學的事實，他想發現這個事實，是情理內應有的事。年歲稍微大一點，他更願意知道異性的人在身體的形態上究竟和他自己有些什麼不同，這種願望也是一樣的自然，一樣

---

[212] 孟子在〈公孫丑〉上篇裡說：「必有事焉，而勿正，心勿忘，勿助長也。無若宋人然。宋人有憫其苗之不長而揠之者，茫茫然歸，謂其人曰：『今日病矣，予助苗長矣。』其子趨而往視之，苗則槁矣。天下之不助苗長者寡矣。以為無益而舍之者，不耘苗者也；助之長者，揠苗者也，非徒無益，而又害之。」這一段話譯者認為是最好的一個教育原則，一般的教育不能不用它，性的教育當然不能自外，以前的人對於性的教育，失諸不耘苗，今日我們應避免的錯誤，卻是揠苗助長。

第七節　關於性教育

的不失其為天真,這一類自然的好奇心,應當有簡單與合理的滿足;設或得不到滿足,而得到的卻是大人的兩隻白眼或一番喝斥,那其結果,才更足以喚起一些不健全的意識。兒童從此就乖乖地不求這一類問題的解答了嗎?當然不會。他公開的得不到解答,他就暗地裡設法解答;等到暗地裡設法,不論設法的成敗,也不論所得解答的對與不對,一種不健全的性意識便已經養成了。

母親所授予子女的性知識應當完全不帶任何正式與特殊的意味。就一般情形而言,母子的關係總是很自然、很親密的,在這種關係下,一切生理的作用都可以成為問答與解釋的題材,而賢明的母親自然會隨機應變,而應答得恰到好處;所謂隨機,指的是有問題時加以答覆或解釋,所謂恰到好處,指的是視兒童的年齡與好奇的程度而決定說話的分量,無須諱飾,也無須解釋得太細節。性與排泄一類的問題,應當和別的問題同樣簡單與坦白地作答,而作答的時候,更絲毫不應當表示厭惡或鄙薄的神色。家庭中的僕婦當然不足以語此,她們鄙夷性的事物,對於糞便的東西,厭惡之情更不免形於辭色。但是一個賢明的母親對於子女的糞便是不討厭的;而這種不討厭的態度卻是極其重要,因為在形態上排泄器官和性器官是近鄰,對前者的厭惡態度勢必牽涉而包括後者在內。有人說過:我們對於這兩套器官應當養成的一個態度是:既不以為汙穢而憎惡,也不以為神聖而崇拜。不過,完全把這兩種器官等量齊觀,也

第三章　從幼童到少年

是不相宜的,雙方都很自然,都毋庸憎惡,固然不錯,但是雙方的意義卻大不相同;性器官的作用,稍有不當,對個人可能釀成很大的悲劇,對種族可能招致很惡劣的命運,所以在性器官的方面,我們雖不用神聖一類的詞來形容它,我們也得用些別的一針見血的形容詞。

早年性教育對於成年以後的價值,我們從幾種研究裡可以看出來。戴維斯醫師的廣泛研究便是一例。戴氏把已婚的女子分做兩組,一是自認為婚姻生活愉快的;二是不愉快的。她發現在愉快的一組裡,幼年受過一些性的指點的占 57%,而在不愉快的一組裡,只占 44%。漢密爾頓醫師研究的結果和戴氏的不完全符合,不過漢氏的研究樣本比戴氏少得多,恐怕還不能做定論。但漢氏的研究裡,有一點是很有意義的,就是,就女童而言,性知識的最好來源是母親;凡是幼年從母親那邊得到過一些指授的,結婚以後,65% 的性關係是「相宜的」,但是在「不相宜的」一組裡,受過這種指授的,不到 35%;若性知識的來源不是母親而是伴侶,或其他不正當的性的討論,則「相宜」的例子降為 54%;還有一小部分的女子,其性教育的來源是父兄而不是母親,則其婚姻生活也大都不愉快。[213]

上文討論的要點是,兒童的單純而自然的發問,不提出則已,一經提出,便應同樣單純而自然地加以答覆;如此則在

---

[213] 兩位醫師的作品已再三徵引過,見以前的注文。漢氏所稱「相宜」與「不相宜」原文為 adequate 與 inadequate;如此移譯,蓋取「宜爾室家」一類語句中宜字之意。

第七節　關於性教育

他的心目中，性可以不成為一個神祕的主題，而他的思想的發展，既不至於橫受阻礙，他在這方面的情緒，也不至於啟發得太早。若有問不答，再三延誤，把童年耽擱過去，就不免產生問題了。在童年期內，此種性的問答，偶一為之，是很自然而很容易的，一到童年快過的時候，不僅做父母的覺得難以啟口，就在子女也輕易不再發問，而向別處討教去了。

至於裸體的理解也以及早取得為宜。假如一個孩子在童年發育的時期裡，始終沒有見過異性孩子的裸體形態，可能引起一種病態的好奇心理；再若一旦忽然見到異性成年人的裸體形態，有時精神上還可以產生一種很痛苦的打擊。總之，兩性兒童從小能認識彼此的裸體形態，是很好的一件事。有的父母，在自己洗澡的時候，總教年紀小一些的子女一起洗，也是一個很好的辦法。這一類簡單與坦白的處置，一方面既可延緩兒童的性的自覺，一方面更可以預防不健全的好奇心理的發展，確實可以避免不少危險。我說這種處置可以延緩性的自覺，因為我們知道，在實行小兄弟姊妹同浴的家庭裡，男女兒童往往並不理會彼此形態上有什麼顯著的不同。我認為凡是足以延緩性的自覺的影響，都是對未來的發育有利的影響，而凡是足以引起神祕觀念的做法都不能達到這樣的目的。這是目前聰明一點的性衛生學者都已了解的。

不過我們要記得，到底怎樣對待兒童才算真正賢明的態度，一時還不容易有定論。近來的教育家就兒童的心理曾說過，與其

第三章　從幼童到少年

說父母視生活的需求而陶冶其子女,毋寧說子女就其自身的需求而陶冶其父母,這句話固然不錯;不過我們要知道,子女對父母的這種陶冶功夫也並不容易,一方面兒童固然有他的個別的需求,而另一方面社會傳統的各種生活習慣也始終自有它們的力量,不能抹殺不管,所以,怎樣正確看待兒童的地位絕不是一件簡單的事。兒童本位的教育雖勢在必行,但確實是很難實行的一種教育,尤其是在今日。一方面,以前固定的、成套的集體教育既不適用,而另一方面,兒童的發育程度又不足以教他有成人一般的自我控制的能力;所謂難行,就因為這一點。蘭克在《近代教育》裡說:「今日的兒童所必須經歷的童年,事實上比人類有史以來任何時代裡的兒童所經歷的更顯得危機重重。」

因此我們不要覺得奇怪,即在一般已經改進的狀況下,我們依然可以遇見所謂「困難」或「有問題」的兒童,目前教育心理學家稱此種兒童為問題兒童。不良的遺傳與環境依然會產生這類兒童。目前逐漸流行的一些比較開明的見解,整體上也許已經很夠做為一種指導,來應付這類兒童,而無須特別向專家請教;但對於一些特殊的例子,專家還是少不了。所以近年來英、美各國社會對於問題兒童的各種努力是很值得我們注意的。這種努力逐漸把問題兒童看作醫師、心理學家、精神病學家與社會工作者所應協力注意的對象,而不再以「頑皮」、「怙惡不悛」一類的形容詞相加,從而掉頭不顧,這也是很令人滿意的一點。1909 年,美國芝加哥因慈善家德茂夫人 (Mrs. W. F. Dummer）高尚和慷慨的公益精神，設立了一個少年精神病理研究所（Juvenile Psychopathic Institute），請了這方面的專家希利擔任所長。[214] 到了 1914 年，這個研究所又改組為少年法庭（Juvenile Court）的一部分。這可以說是兒童生活指導所一類的社會運動的發端。從此以後，各國的大都市裡漸漸都有這種機關的創設，大抵機關中總有三個專家，通力合作，一是精神病學家，二是心理學家，三是社會工作者。有時候一個懂得精神病理學、兒童心理學與社會工作的醫師也許夠了，並且還簡便得多；不過這樣一個全才的醫師是不容易尋到的，即使尋到，他又有他的繁忙的醫務，不肯棄彼就此。無論如何，兒童指導所的事業目前正在繼續發展、方興未艾之中，它很可能一本心理與病理的學識為指歸，而不依附任何學術的派別，[215] 果然如此則無論它如何發展，我們總是歡迎的。紐約的兒童指導所的規模極大；倫敦的兒童指導所成立於 1930 年。

兒童指導事業所引起的研究工作將來對人類體質的理解，也許可以促進不少。醫學界對於所謂「體質學」（constitutionology），即研究人類身心品質、類別的專門之學，很早就產生興趣，因為這種研究不但於醫學有利，與一般的生活也有莫大的關係。不過一直要到最近幾年，這方面研究的資料才歸於切實，

---

[214] 希利是這方面最有權威的專家，他的著作很多，最著稱的是 1915 年出版的《個人罪犯》（*The Individual Delinquent*）。
[215] 藹氏於此大概暗指精神分析的一派與其他偏重暗示與催眠一類方法的人。因為近來在西方各國，靠精神分析的招牌而大走其江湖的人很多，所以藹氏有這句話。

第三章　從幼童到少年

而體質學在科學上的地位才算站穩。我們甚至可以說，一直要到 1921 年，等到恩斯特·克雷齊默教授（Ernst Kretschmer）劃時代的著作《體格與品格》（*Physique and Character*）問世以後，體質學才算真正放穩在一個科學的基礎上；固然我們也承認這一門學問目前還幼稚，且還在發展之中。

廣義而言，我們可以說，性的啟發與性的教育對於今日文明社會生活的意義，要比以前任何時代更大。春機發陳期以內的性的啟發與其應有的儀節是一向公認有族類價值的。在中非以及別處許多民族裡，即我們多少錯認為「原始」[216]的民族裡，這種啟蒙的儀節不僅是一個神聖的儀式而已，並且確實是進入成年生活的一個實際的準備。兒童到此年齡，也許已經熟悉性是什麼，也大抵理解性是什麼，因為在以往的遊戲生活中，性早就成為一個主要的成分，而在大人的心目中，這種遊戲也認為是無傷大雅而加以放任的。不過一到春機發陳期，他們就另有一種嚴肅的看法了。性不止是個人的事，也是社會與民族的事，個人有需求，社會與民族也有它們的責成，為這種責成計，青年男女不能沒有相當的準備，於是乎一種可以叫做道德教育的訓練就不能沒有了。這種訓練往往是相當短的，也很乾脆，受訓的人一方面也許在身體髮膚上要受一些故意的毀損，也許生活上要受嚴密的隔離和多方的禁忌，另一方面長輩就把

---

[216]「原始民族」的稱呼，自從 1915 年起，比較科學的人類學者與民族學者大都已經改用「單純民族」的稱呼。英國社會學家倫納德·特里勞尼·霍布豪斯（Leonard Trelawny Hobhouse）似乎是最先提出這個稱呼的人。

第七節　關於性教育

對於團體生活應負的責任以及部落流傳的各種神祕的事蹟傳授給他們。經此訓練，一個孩子就變成一個成年的男子或女子，而從此也就有他或她新的社會地位、新的權利與新的責任。這無疑是一個很好的制度，至少在比較原始的生活狀態下，這已經是再好不過的了。在信奉基督教的國家裡，很不幸，這種制度的遺跡，不是已經消散到一個無關痛癢的程度，便是已經等於完全消滅，無跡可尋。[217]

到了今日，西方人忽然醒悟，覺得這種制度方面的損失是不幸的，而正在設法挽救。不過我們當然不能復古，而必須另外想些辦法，而在想法以前，我們先得把我們目前所經歷的文化性質考察一下。[218]

在目前文化的發展階段裡，我們的教育完全側重在理智的一面，而教育家所認為重要的教學方法，或一般人所認為時髦的教學方法，也無非是一些開發智力的方法。不過性的衝動，到現在還是以個人生活與社會生活為主要基礎，不容易引進到

---

[217] 中國古代男子的冠禮與女子的笄禮顯然是此種啟蒙制度的遺跡，見《禮經》〈士冠禮〉、〈士昏禮〉、〈冠義〉等篇。士冠禮適用於士以上的各級，包括天子的元子在內，而別無他種冠禮，可見它是很普遍的一種禮節，此種普遍性多少暗示著它的古老性。〈士昏禮〉說：「女子許嫁，笄而禮之，稱字，祖廟未毀，教于公宮三月，若祖廟已毀，教於宗室。」此數語最能表示笄禮是從更古遠的啟蒙儀節蛻化而來的。〈士冠禮〉的祝詞說：「棄爾幼志，順爾成德」，足證此種儀節的最大的效用，是在宣告一個人已經從童年進入成年；可惜文獻無證，存於今日的，只是一些祝禮之辭，其他節目已無可考見了。

[218] 靄氏在這一段文字及以下兩、三段裡所有的動詞用的都是已過的時態或已完成的時態，譯者酌改為當前的時態，一則因為覺得靄氏對演變中的教育制度不免過於樂觀。

第三章　從幼童到少年

智力開發的範圍以內。因此，到今日為止，我們的教育制度裡就根本沒有性的位置；性既然是一個不合乎理性的現象，又如何擠得進去呢？我們的教育制度和古代及原始民族的啟蒙制度可以說完全兩樣，啟蒙的制度裡有些很值得稱讚的東西，就當時的情形而論，在這種制度裡也已經應有盡有，而這些特點，我們當代的教育反而拿不出來；換言之，這些古代的啟蒙制度是完整的，是以完整的人格做為對象的，我們到今日才算有一個「完人」、「成人」或「通人」的自覺，也未始不是這種制度之賜。不過近代的教育卻反而不足以語此，它的對象不是生命的全部，而是生命的一部分，特別是賺錢吃飯的那一部分。

我們目前對於性以及和性有關事物的漠視的態度，或厭惡的態度，甚或鄙薄的態度，無論淺深的程度如何，總有很大的一部分不能不推溯到此種專重理智的教育上。今日教育制度下的人才，其表面上特別聰明而有成就的人才，即專門致力於一種狹隘的學科，而以為已足的人才，對於性與戀愛一類問題的態度，特別容易走上冷嘲熱諷一途，是不為無因的。這是他們的學校訓練之下一個自然與必然的結果，雖不在辦學的人的意向和計畫之中，而其畢竟為成績的一種。[219] 在古代啟蒙制度與方法之下，這種結果倒是沒有的。因此，在我們建立新的教育制度的時候，無疑要設法避免這一類的弊病。

不過原始社會的制度裡，也有一點為我們所不取，就是，

---

[219]　靄氏這一段觀察很深刻；譯者十餘年來自己的觀察，也很能坐實這一點。

第七節　關於性教育

性的啟蒙工作，不應延緩到春機發陳的年齡。精神分析派學者的努力早就教大家知道，性生活表現得很早，往往遠在這年齡以前；這一點事實我們以前也未嘗不知道，不過，若不是因為這一派的學者，我們的了解絕不會有目前這樣的清楚。我們有此了解，未來的啟蒙工作便應照這一層了解進行。性與種族的關係，無疑開始於春機發陳的年齡，不過性與個人的關係——間接也未始沒有它的種族的意義——是很早就開始的，甚至在嬰兒期內就開始的。

因為性生活的開始事實上是這樣的早，所以啟蒙的責任，不能再像古代似的歸之於部落或社會，而應歸之於家庭與父母。在家庭的情況下，啟蒙工作也當然不是短期的、正式的一套儀節所能概括，而應當是一種比較長期的、自然演進的，以至於幾乎不知不覺的一個過程，主持這過程的人是父母，最好是母親，一個賢明的母親，一個在這方面不受傳統忌諱拘束而光明坦白的母親。以前當母親的人因為拘忌太多，坦白不足，一方面既不容易理解兒童也可以有性的生活，一方面即使理解，也不免噤若寒蟬。

在學校裡，我們希望課程方面，可以按照兒童發育的程度，而講授一些基本的生物知識，其中當然包括人類生命的一些主要事實，連同性的事實在內，而並不準備把性特別提出來，或特別地加以申說。這種講授無疑也是男女孩子都應當聽到的。我想我們這種希望不過分，而是情理內當有的事。英國著名的

第三章　從幼童到少年

生物學家雷金納德·拉格爾斯·蓋茨（Reginald Ruggles Gates）說過：「每一個學校裡的孩子，不論男女，應當接受一些講解，以明白動、植物的本質、結構、功能以及物類之間所有的血緣上的關係和功能上的交相感應。這些是他的教育的一個主要的部分，萬不可少的。同時，他們也應當有機會知道一些遺傳的道理，曉得每一個個體的遺傳特點，即推而至於最微細的項目，沒有一點不得之於已往的先世，而將傳之於未來的後輩。」[220]

上文所說的教育，再向前進展一步，就到達古代的啟蒙制度所關注的實行禮教的階段，到此，也就成為一種有種族含義的性的教育，而不是個人衛生的性的教育了。我們必得從有如上文蓋茨所說的生物學的立場來看性的現象，我們才能觸及古人所見到的那個性的神聖概念，並把它提高到現代的水準；有的人，因為生怕子女把性看得太神妙了，故意要把性看得如何平淡，如何尋常，甚至於拿它和飲食排泄一類的作用等量齊觀，那是不對的；他們的用心雖有幾分可恕，畢竟是一個愚蠢的見解，了解生物學的人卻知道性的作用，在意義上要比飲食排泄深長得多，它不只是種族藉以維持締造的原因，並且是建立未來世界中一切理想局面的基礎。性的衝動儘管有許多有關個人幸福的其他作用，但一切作用之中，方才說的一層無疑是最中心而顛撲不破的。

---

[220]　蓋茨是一位植物學家與遺傳學家，著作中和我們最有關係的是《人類的遺傳》（*Heredity in Man*）一書，記得他在討論血型遺傳的一章中，還特別提到中國《洗冤錄》一類的書和滴血的方法。

第七節　關於性教育

我們說的性的其他作用也自有它們的重要之處。性的衝動，除了用在狹義的性生活上以外，在一般生活上也有很大的推動力量，以往教育制度的漠不關心與存心鄙薄已經把這種力量的銳氣磨折了不少。但唯其以往曾經橫遭磨折，今後便更有培養與發展此種力量的必要。要知理智在生活上的地位雖屬極端重要，終究是孤陰不生、獨陽不長，它在個體的心理生活中，是沒有活力的，沒有什麼前進的銳氣，要有的話，總得靠性的廣義的力量的合作。不過今日文明社會中，孤陰不生、獨陽不長的傾向雖多，性的衝動幸而還沒有受什麼根本上的損傷，幸而性的元氣是百折不撓的。我們甚至可以同意蘭克所說的一句話：「我們的教育雖多方面令生活理性化、理智化以至畸形的理智化，我們還留得最後一個枯竭不了的情緒的泉源。」那就是性的泉源。這股泉源是取之不盡、用之不竭的，無論取用的方法是自然的表現抑或人為的昇華 —— 兩者事實上是並行不悖的，完全抑止其一以成全其二是情理所無法許可的 —— 我們總會從其中取得巨大的力量，將人類文明推向光明的前途。[221]

---

[221] 靄氏於本節未開列的書籍或論文，除上文已見者外，又有如下的幾種：
賓姆牧師（Rev. T. W. Pym）：〈關於性問題的教育需求〉（*Need of Education in Questions of Sex*），《英國醫學期刊》（*British Medical Journal*），1931 年 8 月 1 日。
瑪莉・查德威克（Mary Chadwick）：《兒童發育中的若干困難》（*Difficulties in Child Development*）（書中特別注意到父母的若干錯誤）。
伯納德・哈特（Bernard Hart）：〈兒童指導所的工作〉（*Work of a Child Guidance Clinic*），《英國醫學期刊》，1931 年 9 月 19 日。
溫妮弗萊德・梅・德・科克（Winifred May de Kok）：《新舊寶貝》（*New Babes for Old*）。
卡爾・德・施韋尼茲（Karl de Schweinitz）：《嬰兒的由來》（*How a baby is Born*）。

第三章　從幼童到少年

第四章
性的歧變與性的象徵

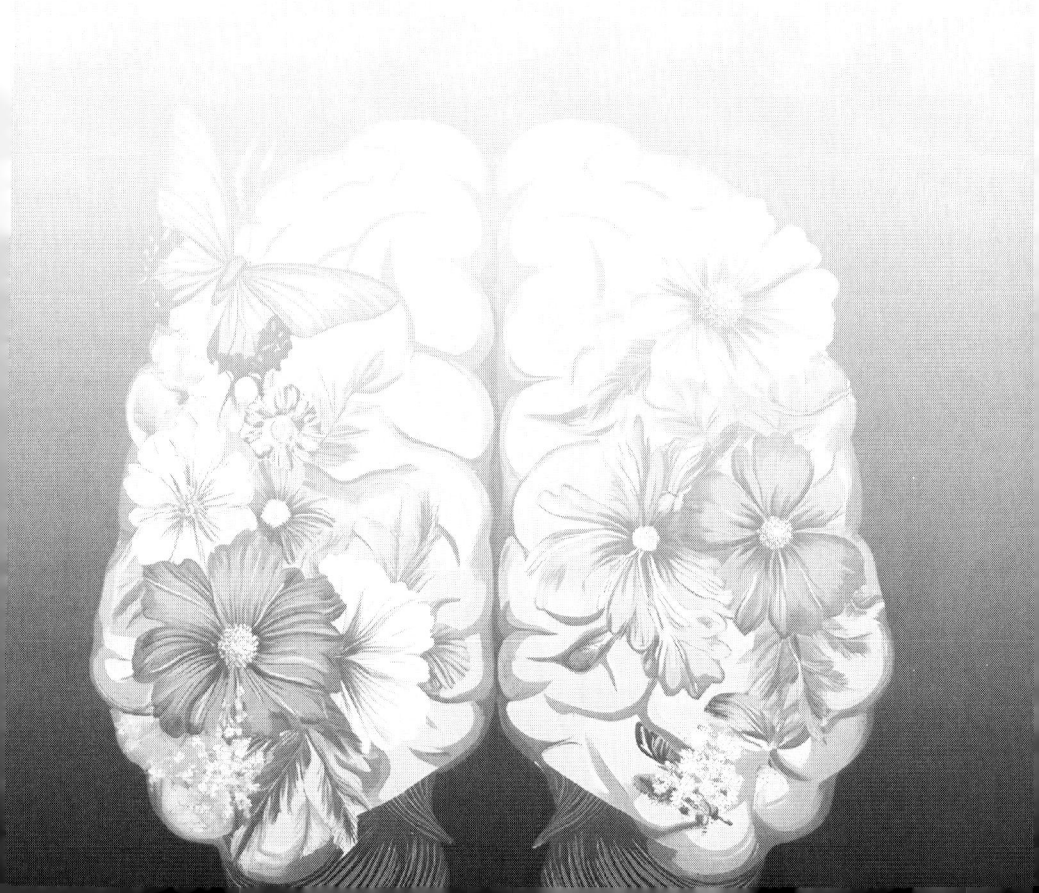

第四章　性的歧變與性的象徵

第一節　歧變[222]

在以前，一切關於性生活的著作者都一廂情願地認為這種生活只有一個模式，而凡是不合這種模式的便是不屬於「常態的」。在他們的心目中，這一點似乎是一個早經論定的真理，無須再事探討，而所謂那唯一的模式，他們也始終不曾有過詳細的解釋或確切的定義，好像每個人都是生而知之的一般。不過我們對於性生活的事實加以親切的探討以後，我們立刻發現這不是一個真理而是一個假定，並且這假定還是錯誤的。事實上性生活的模式也遠不止一個，一定要說一個數目的話，與其說少，毋寧說多，甚至於我們可以說每一個人有一個模式，也還不至於離真相太遠。我們至少可以說模式有好幾個類型，一個人的性生活總有一個類型的隸屬，而所謂隸屬指的也不外是近乎某一類型的模式，而絕不會恰好是這個模式。自從我開始研究性心理學之日起，我就看到這一層，在我的作品裡，我也時常說明一點，就是性生活的變異範圍，和自然界其他方面的變異範圍一樣，是很大的，唯其範圍大，所以正常一詞所適用的境界也就相當的廣。單一模式的說法是無論如何站不住的。到了今日，大抵經驗較多的觀察家也都漸漸承認了這一點。只舉一個例，著名的婦科專家迪金森說，我們「對單一的、固定的性

---

[222] 本節根據很廣，靄氏全部的《研究錄》多少和本節有些關係，但尤其是第三輯裡〈性衝動的分析〉與〈快樂與痛苦〉等文字和第五輯裡的〈性愛的象徵現象〉一文。

第一節　歧變

模式所表示的懷疑正一天比一天大起來」。[223]

什麼叫做正常的變異範圍呢？這卻也不是一個容易答覆的問題。不過我們不妨提出一個標準來。性的目的原在生殖，我們可以說凡屬多少能關照到生殖目的的性生活，盡有變異，總不失其為正常。這並不是說凡屬不以生殖為目的的性生活都是不合理的；那絕不是，有時候，例如為個人健康計或民族衛生計，這種目的的暫時放棄在道德上是必須的。[224] 不過，有的性活動，不但不以生殖為目的，並且在形式上根本使生殖成為不可能，並且採取這種形式時，總有幾分故意，那便可以說不合理、不正常了。這一類的性行為我們叫做歧變。

性的歧變以前叫做「邪孽」。當初一般人的普遍的見解，總認為性的變態行為是一種褻瀆神明的孽，或一種違反道德的罪過，至少也是一種足以戕賊個人身心的惡癖，邪孽的名詞便是在這種見解之下產生的。即在今日，凡屬受傳統觀念所束縛而無由解脫的人還時常用到這個名詞。在早年我自己也用過，不過用的時候心上總有幾分不願意，所以一方面用，另一方面總要加以特別的解釋。我現在認為（婦科專家迪金森也有這意見）最好是完全不用這個名詞，我們關於性生活的知識也已經到達一個境界，教我們不再用它。這個名詞是從拉丁文的 Perversus

---

[223]　見迪金森與比姆女士合著的《一千件婚姻的研究》一書。
[224]　所指當然是各式節制生育的行為。晚近論生育節制的道德的人，大抵承認只有在兩種情形下節育是合情理的，一是母親有病態，不宜任生育之勞；二是男女的、一方或雙方有違反民族衛生或優生原則的遺傳特徵。

第四章　性的歧變與性的象徵

一詞出來的，不過拉丁的原詞有時也含有貶黜的意思，在科學與醫學的性研究沒有開始以前，一種褒貶的看法原屬常事，但在這種研究早已開始的今日，也就不相宜了；我們早就知道這種研究性的變態的目的，端在了解，於必要時，更進一步地設法治療，而不在判斷善惡。在這個時代裡再沿用一個屬於另一時代的名詞，徒然足以引起思想上的混亂，於性科學的研究有百害而無一利；至於對歧變的人在心理上所產生的不良影響，雖亦十分重要，還是餘事。總之，邪孽一名詞，不但完全不合時宜，並且有實際的害處，應該摒棄不用。

性衝動對於不尋常的對象產生過度的膠著狀態或固結不解的關係時，西方的性心理學者有時候也稱為「性慾位移」(displacement)。這個名詞有一個好處，就是不帶什麼道德的評判；不過也有一個缺點，就是不免把性衝動看作一個靜態的東西，而實際上它卻富有動態，富有活力，並且容易發生變化。因此，名詞用位移不及歧變 (sexual deviation) 好，歧變足以表示性衝動是富有動性與活力的。

以前我對大部分的性的歧變的形式也用過另一個名詞，「性愛的象徵現象」(erotic symbolism)，並且用得相當久；就狹義言之，這種現象也就一併可以叫做「戀物」(erotic fetishism)。[225]

---

[225] 靄氏原注：所謂「戀物」一名詞，原先只適用於衣履一類的物件。但自西元 1888 年法人比奈 (Alfred Binet) 那本典範作品出來以後，這種狹隘的限制是早已取消了。

譯者按：靄氏所指當是比奈的《實驗心理研究錄》(Études des Psychologie Expérimentale) 一書；比奈在這本作品裡認為全部的性選擇是一種戀物現象，他說：「正

第一節　歧變

這個現象指的是什麼呢？性生活原本是一個心理的過程，這個過程通常是完整的，是延續的，是有正常途徑的；但若此過程發生短縮或走向歧途，以至過程的某一階段，或過程中所遭遇的某種事物或經歷的某種動作，通常應該在過程的邊緣的，甚或還在邊緣以外的，到此變成注意的中心，變做全神貫注的對象。這就是我以前所謂象徵的現象，而此種現象不發生則已，否則往往發生在一個人的青年時期。對於一個正常的在戀愛狀態中的人，環境中的某一件不大相干或無關宏旨的東西，到了有這種現象的人身上，便會變做萬分重要以至唯一重要的東西，這件唯一重要的東西事實上成為性生活的全部過程的一個符號，一個象徵，所以叫做性愛的象徵現象。

廣義而言，一切性的歧變全都是性愛的象徵的例子，因為在這種例子裡，對於常人沒有多大性愛價值的事物，甚或全無價值的事物，都變成有價值的事物，換言之，都分別成為日常的戀愛的象徵。再者，即使在正常而比較細膩的戀愛生活裡，我們多少也可以找到一些象徵的成分，因為講求戀愛的人總喜歡把一部分的精神灌注在對方的某種身心特點以至於身心以外的特點之上，這種特點本身原是無關緊要的，但一到這種場合，就取得了象徵的價值。

常的戀愛是一套複雜的戀物現象的結果。」又按：以前西方人所稱的「邪孽」，比奈等一部分性心理學家所稱的「戀物」，靄氏自己在多年前所慣用的「性愛的象徵現象」，一部分比較後起的性心理學者所說的「性慾位移」，以及本書裡提出的「性的歧變」，所指的只是一種現象。

第四章　性的歧變與性的象徵

　　我們在這裡所了解的象徵現象，也可以說是比較古義的，而我們在這裡的用法，即用以包括各種以前所籠統認為「邪孽」的性的歧變，也比較廣，比精神分析學派所用的要廣得多。精神分析家用這個名詞的時候，大抵只顧到某種心理活動的機制；這種機制無疑是有的。有一位分析家歐內斯特·瓊斯（Ernest Jones）說：「一切象徵現象的形式有一個主要的功能，就是消除我們心理上的壓抑，使我們想表現而無法表現的感念（feeling-idea）得以自由表現。」[226] 這無疑是象徵現象的功能之一，並且是很有趣的一個，不過我們要小心，不要認為凡屬象徵現象的形式都有這個功能。我們現舉一個富有代表性的例子。對於一個愛國的人，國旗是個很重要的象徵，他對這個象徵不用說是異常崇拜的，但這種崇拜，我們絕不能說是代表戰勝了心理上的壓抑。在以前，一個兵船上的水兵，在海戰時，爬上桅桿，把國旗高高地釘在桅桿的頂端，這顯然是愛國心腸的一個自由表現，其間根本說不上什麼壓抑，什麼恐懼，更說不上此種壓抑或恐懼心理有戰勝與消除的必要。從這一類的例子，我們可以領會到象徵的一個基本的用途，就是使抽象的感念獲得具體的表現方式，約言之，即在使感念有所附麗。一個在戀愛狀態中的人，對愛人身上或身外的事物，例如愛人的頭髮、手或鞋子之類，往往特別用心，當其用心的時候，他並不想戰勝什麼心理上的壓抑，而是想把愛人的全部人格在他身上所喚起的情

---

[226]　見瓊斯《精神分析論文集》中〈象徵現象的學說〉一文。

第一節　歧變

緒，由散漫而歸於凝聚，由抽象而化為具體，凝聚必有著落，具體必為事物，而接受這著落的事物便是一個象徵。我們這一番話的目的，是在補充精神分析學派的見解，而絕不在否認他們的見解，因為我們承認，各類象徵之中，確實有一類是比較特別的；這類象徵的功用是在教一個間接的表現來替代一個直接而隱祕的動力，因為表現與動力之間，性質上原有幾分相像，而正唯其相像，表現的人也可以取得心理上的滿足。精神分析學派所承認的就是這一類的象徵。即使他們不免把這一類看得太大甚至於以為天下的象徵只此一類，我們卻也不宜犯了走另一極端的錯，而否認這類象徵的存在，不加理會。

性的歧異，或性愛的象徵現象，範圍究竟有多大，我們只要就它們做一番分類歸納的嘗試，就可以知道了。我們根據這種性愛對象的事物可以把它們歸納為三大類。

（一）身體的部分。（甲）正常的：手、腳、乳、臀、髮、分泌物與排泄物、體臭（這種歧變有一個特別的名稱，就叫做「體臭癖」，英文是 ophresiolagnia）。（乙）不正常的：跛足、斜眼、麻面等等；枯楊戀（presbyophilia），即對於老年人的性愛；[227]

---

[227] 枯楊戀的譯名原本《周易‧大過》，〈大過〉上說：「枯楊生稊，老夫得其女妻……枯楊生華，老婦得其士夫。」近中國江南俗稱女於五十歲以後月經絕而復至為「老樹開花」，以枯楊代表老人，詞較雅馴。
又枯楊戀的現象不常遇到，靄氏在下文並沒有分別討論。紀昀《閱微草堂筆記》卷二十四載有類似的一例。「吉木薩（烏魯木齊所屬）屯兵張鳴鳳，調守卡倫（軍營瞭望臺之名），與一菜園近。灌園叟年六十餘，每遇風雨，輒借宿於卡倫；一夕，鳴鳳醉而淫之。叟醒，大恚，控於營弁……上官除鳴鳳糧。時鳴鳳年甫二十，眾以為必無此事，或疑叟或曾竊汙鳴鳳，故此相報。然復鞫，兩造皆不承。咸云怪事。」紀氏在下文又下按語說：「容成術非但御女，兼亦御男，然采

第四章　性的歧變與性的象徵

變童妊女戀（paidophilia），即對於男女幼童的性戀；[228] 戀屍癖（necrophilia），即對於屍體的性愛；這些都可以歸在第一類裡。還有性愛的動物戀（erotic zoophilia），也不妨算作這一類。

（二）器物。（甲）衣著：手套、鞋襪與襪帶、裙、手帕、襯衣。（乙）不著身的物件：這裡可以包括許許多多表面上很不相干的東西，但對於有歧變狀態的人也偶然可以激發自體性慾的情緒。上文第二章第九節裡所提到過的雕像戀（pygmalionism）[229] 或畫像戀（iconolagnia）[230]，也可歸在此第二類。

及老翁，有何神益？即修煉果有此法，亦邪師外道而已。」

[228] 靄氏原注：此種以幼童做為對象的性的歧變，也有人別列為一類。從法醫學的立場看，別成一類，固然有它的方便。但我贊成萊普曼的看法。萊普曼對這問題做過一番特別的研究，認為這種歧變並沒有什麼先天的特殊根據，教它非尋不成熟的女子做對象不可。所以在性心理學上不宜別成一類。這種歧變和陽道的老年萎縮似乎很容易有關係。生活奢汰的人，異想天開，不覺想到這種性的遣興方法。不過這總屬少數；意志薄弱的人，衝動之來，不能自制，選擇對象，不免以幼小的人為歸，這大概是比較一般的情形了。所以我們從心理學上加以界說而歸納的結果，最好還是認它為類乎象徵現象的一種。
譯者對於變童妊女戀的譯名不妨略作解釋。中國一部分的道家講採補，很早就有變童妊（亦作妊）女之說。紀氏《閱微草堂筆記》卷十二引錢大昕說，變童始黃帝，當是此派道家的一部分神話。無論如何，變童就是幼童，妊女就是少女；《詩・候人》及〈甫田〉「婉兮孌兮」句，《傳》都說「少好貌」；妊，說文即解作「少女」。

[229] 王嘉《王子年拾遺記》有近乎雕像戀的一段記載：「蜀先主甘后……生而體貌特異，年至十八，玉質柔肌，態媚容冶；先主致后於白綃帳中，於戶外望者，如月下聚雪。河南獻玉人高三尺，乃取玉人置后側，晝則講說軍謀，夕則擁后而玩玉人；常稱『玉之所貴，比德君子，況為人形而可不玩乎？』甘后與玉人潔白齊潤，觀者殆相亂惑，嬖寵者非惟嫉甘后，而亦妒玉人。後常欲琢毀壞之。乃戒先主曰：『昔子罕不以玉為寶，春秋美之，今吳魏未滅，安以妖玩經懷！凡誣惑生疑，勿復進焉。』先主乃撤玉人像，嬖者皆退。當時君子以甘后為神智婦人。」這樣說來，劉備可以說是一個雕像戀者，但程度不太深罷了。

[230] 唐于逖《聞奇錄》說：「進士趙顏，於畫工處得一軟障，圖一婦女甚麗。顏謂畫工曰：『世無其人也，如何令生，某願納為妻。』畫工曰：『余神畫也，此亦有名，曰真真，呼其名百日，晝夜不歇，即必應之，應則以百家彩灰酒灌之必活。』」

第一節　歧變

（三）動作與態度。（甲）主動的：鞭笞、虐待、露體癖〔陰部顯露欲或體態的自我展覽（exhibitionism）〕、使他人的肢體傷殘與生命殺害。（乙）被動的：被笞或受其他方式的虐待。第一類裡的體臭以及嗓音，也可以歸入這一類。（丙）上文第二章第九節裡所提到過的窺視癖（scoptophilia/ mixoscopia/ voyeurism），包括有歧變狀態的人從中感受到性刺激的景物、攀登、擺動一類的動作景象；解尿的動作和戀尿癖（urolagnia）；排便的動作或嗜糞癖（coprolagnia）；動物的交尾行為。

我們根據上文，可知性衝動的歧變，在種類上與程度上是很多很廣的。有一個極端，我們發現一個正在戀愛狀態中的人，對愛人的一副手套或一雙拖鞋，特別表示一番愛不忍釋的情景，這也未嘗不是歧變，然而卻是歧變中最輕微的、最不傷大雅的、最旖旎可取的，許多精神健全而感情細膩的人也都感覺到過。而另一個極端我們卻又可以發現「開膛手傑克」（Jack the Ripper）一類的殘忍的姦殺行為。不過我們要記得，從這一極端到那一極端，中間所經過的各式程度，是沒有確定的界線可尋的。因此，我們目前所特別注意的，雖不是性的犯罪行為或性與法醫學的關係，而是正常的性生活的心理學，我們對於各種歧變的狀態也不能不加考慮；我們尤其要知道，在輕微的那一

顏如其言，遂呼之百日，晝夜不止，乃應日諾，急以百家彩灰酒灌，遂活，下步，言笑飲食如常，日：『謝君召妾，妾願事箕帚。』終歲生一兒……」趙顏有畫像戀是真的，其餘大概全是他見了畫像後所做的白日夢；到了後來文人的手裡，終於演成「畫裡真真，呼之欲出」的神話和詩境。

第四章　性的歧變與性的象徵

極端，一部分的歧變狀態和正常的狀態根本上分不清楚，甚至可以被認為屬於正常的變異範圍以內。

象徵現象或歧變的極端的各方式大部分要在男子中間才找得到。女子方面並非沒有，但是極少，克拉夫特－埃賓在他後來幾版的《性精神病態》（*Psychopathia Sexualis*）裡，還說他從來沒有發現過患有戀物的女子。不過這是一個過分的說法，其實女的例子也間或可以遇到，並且在方式上也很分明。至若輕微一些的歧變方式，即比較正常的象徵現象，那在女子之中是很普遍的；莫爾說得有趣，在西方，士兵的制服對女子有一種很普遍的誘惑力，這種誘惑力便是象徵現象活動的結果，制服所象徵的就是勇敢。但比較不正常的方式也有。並且有一種戀物，叫作「竊盜癖」（kleptolagnia，或 erotic kleptomania），尤其是比較正式的竊盜癖，差不多是女子所專有的一種形式了。[231]

第二節　兒童的性歧變

我們在上文已經再三說過，我們把宗教的、道德的、社會的許多成見撇開以後，我們對於兒童時期與成年時期的性現

---

[231] 下列二書可供研閱本節時的一般參考：
赫伯特（S. Herbert）：《生命與藝術中的潛意識》（*The Unconscious in Life and Art*）。
舒奧諾（Léon Henri Thoinot）與韋斯（Arthur Wisswald Weysse）合著：《道德犯罪的法醫學觀點》（*Medicolegal Aspects of Moral Offenses*）。

第二節　兒童的性歧變

象，不便再採用「邪孽」、「乖張」一類的詞，尤其是對於兒童時期。從生物學的立場來看，我們有許多行為，雖不合於風俗習慣，卻未嘗不合於自然，而就民族學與歷史來看，所謂風俗習慣又大抵因時因地而有不同，不知道聽從哪一時、哪一地為好，因此，我總覺得我們用這一類的形容詞去描寫兒童的問題，例如弗洛伊德以前常用的「多形的乖張」，不但是不相宜，簡直是有罪過。幸而這一類的詞現在逐漸已成過去，而取而代之的，有「自體性慾的」、「生殖期前的」等名詞；這種名詞上的推陳出新，當然是個進步，美國精神病學者傑利夫早就提出過這一點。就在弗氏自己，後來也看到，發育與教育所逐漸造成的各種障礙，是比較後起的事，在兒童時期內並不存在。因此，「邪孽」之說便絕對不適用，弗氏自己說我們不應當「拿成熟而完全能負責的人的道德標準與法律科條來作為兒童的準繩」；對兒童濫用「邪孽」之類的詞便根本犯了準繩的錯。弗氏以前所謂「多形的乖張」原是一個很浮面的印象；初生的羊齒葉子呈現一種很離奇彎曲的狀態，至長大時，才逐漸拔直；這是很自然與正常的事，而在不明白的觀察者也許不免以「乖張」、「邪僻」視之。其實呢，幼小時期的蜷曲狀態是一切生物必經的階段，這是不足為奇的，假若幼小時期便呈現長大後的形態，那才真是離奇古怪咧。這一點是不得不特別申說的，因為許多自命為所謂「性學」專家或性教育家的人就不明白這一點，而被傳統的葛藤糾纏著，不能自解。我們不妨說，一般人對於所謂「邪孽」

第四章　性的歧變與性的象徵

談虎色變的一種恐懼心理，以及一部分人特別喜歡在兒童身上尋找「邪孽」行為的一種瘋狂心理，那才是最邪孽的一種邪孽。這種恐懼心理與瘋狂心理在別處是難得遇見的，大凡生活比較健全與比較自然的民族，例如一般未開化的民族，或西方文化所由萌芽的古典民族有如希臘，都沒有這種情形。至於對成年人身上的所謂「邪孽」行為，一般人與一部分人的病態心理類似。他們不知道童年的所謂「邪孽」是不隨童年而俱逝的；由童年進入成年，「邪孽」的方式與程度容有變遷，而並不因年齡的長成而完全消滅；傑利夫說過：「很少人是真正成長完整的。」不過一到成年，常人於所謂「邪孽」之上，又添出兩性性交的一段行為，而性交的最終目的，則在使兩性的生殖細胞得到結合的保障。至此，童年與青年期的「邪孽」以遊戲的方式而成為性行為的烘托的東西，我們甚至可以說，在性愛的藝術與受精作用的技巧中，它們是很合法以至很用得著的一些陪襯。約言之，它們並沒有超出合理的變異範圍以外。除非是，喧賓奪主，尾大不掉，把主要與核心的性交行為取而代之，或浸淫日久，使性交的能力減縮或成為根本不可能，如此而把它們叫做邪孽，那是可以容許的。

總之，我們平時要避免邪孽這個名詞，而對於兒童，特別要摒棄不用。兒童心理活動的方式和成人心理很不一樣；在發育的晚期裡所認為「自然」的，在較早的時期裡便不一定如此。因此，兒童不一定總能了解成人的心理活動，成人也不一定總

第二節　兒童的性歧變

能了解兒童的。一個人變成成人以後，不再想像當初兒童時期的光景，或雖想像而此種想像往往很不活潑，即不再能設身處地，這是很不幸的一件事。不過我們之中，也有不少人，至今還能回憶當初在兒童時期如何不受人了解，因而如何得不到公允與合理的待遇。這裡誤解與不合理的待遇不限於性的範圍以內，在許多別的生活方面，兒童與成人的區別並不太大，卻依然可以發生此種理解與待遇上的錯誤，則在很不相同的性的題目上，此種錯誤的層見疊出，是可想而知的了。

但是我們也不要以為兒童時期就沒有性的變態。兒童時期有。不過和成人比較，這些變態更是一個數量與程度的問題，而不是一個品質與種類的問題。無論問題的性質如何，要不發生則已，一有發生，我們多少總可以推溯到不健全的遺傳上。一個孩子潛在的性衝動產生了異樣的變化，到了足以妨礙自己或別人的安全或健康時，例如「施虐癖」或「受虐癖」（二者總名為「性虐狂」，英文為 algolagnia）到了流血的程度，或喜歡偷竊到了所謂「竊盜癖」的程度，這樣一個孩子的遺傳品質是絕不會沒有問題的。既有遺傳的根底，我們唯有竭力設法，就醫療方面或衛生方面，改善他所處的環境。我們總需記得，目前社會上有兩種人，都是在腦筋上比較轉不過來的，第一種始終不了解人類行為有一個先天稟賦的因素，第二種則始終不了解人類行為有一個後天學習的因素，他們一遇到這一類問題，總是分別用他們的成見來應付。就他們眼光所及的一部分的生活而

第四章　性的歧變與性的象徵

言，他們固然也各有各的用處，但就生活的全部而言，就健全與穩定的整個人生觀而言，他們的見解，便是合則兩利，分則兩傷。我們總得把兩方面的眼光合併起來，才有希望能看到問題的全貌與問題的真相。一個問題既然多少不能沒有先天、後天的成分，則對於後天的部分，我們應設法加以治療，對於先天的部分，治療既不可能，則唯有安排一個適當的環境，使問題不再惡化。

童年性生活的變態往往可以分作兩類，而在不良的境遇下，這兩類變態又有維持到壯年的趨勢：一是不足與缺陷的傾向，二是過度與流放的傾向。[232]這兩種傾向在西方文明裡特別容易發生，因為在西方社會裡，不論就身外的環境或身內的心理，性活動的刺激既如此之多，而對於性活動的限制又如彼之甚。在兒童時期不足的傾向（性感不足與性興奮性不足）比過度的傾向（性感過度與性興奮性過度）的危險性小，因為此種不足也許並不是根本不足，而只是發育遲緩的一個表示；只是遲緩是無傷的，一到成年，依然可以踏上健康強壯與順利發展的路。遲緩的發育並且還有好處；這種人在壯年時期的性生活，說不定更有力量，更為幸福。漢密爾頓醫師的研究就暗示了這一點。在他的研究對象中，他發現性的好奇心發生得越晚，後

---

[232] 靄氏是一位講「執中」與「分寸」的人文思想家，認為「不足」是不健全的，「過」也是不健全的，在這些地方已經很可以看出來。譯者在多年前用英文寫過一篇稿子，就叫〈人文主義者的靄理士〉，登載在《中國評論週報》(The China Critic)，可供參考。

來的婚姻生活便越有滿意的希望（滿意與否的最好的測驗，據漢氏的見解，是性交時充分的亢奮）。漢氏研究的結果有一點是最奇怪而出乎意料的，就是，大多數女子，初次接受性知識的時候，在心理上曾經一度受過驚嚇與震撼的，比起一開始就覺得性是一個有趣的主題的女子，婚後的性生活反而更顯得滿意（幾乎占 65％，所謂滿意也是以性高潮的充分程度為準）。一開始就覺得性主題有趣的兒童，我們不妨假定，是事實上性生活早已有相當發展的兒童，也就是情竇開得太早的兒童，而一度受震驚的兒童是情竇開得比較慢的。這樣看來，漢氏的發現雖若為意料所不及，卻並不是一個真正的變態，而是性的好奇心發展較遲緩的一個必然的結果。至於性的早熟或情竇早開，雖不一定是個不良的預兆，比起晚熟或遲開，多少倒是未來健全發展的一個障礙。不過，戴維斯女醫師的研究結果發現，早年不曾手淫或其他性的玩弄的女子中，比起曾有過的女子，後來婚姻生活更愉快的也不一定比較多。迪金森與皮爾森（Pearson）更認為維持手淫習慣的女子，在後來的健康上，比早年以後不再手淫的女子，要占便宜；這也許是因為維持這種習慣的女子是一些根本上比較健康與強壯的女子，換言之，就是二氏的研究樣本原先就有過一番不自覺的選擇，也就是，其中有遺傳比較健康強壯的分子，也有比較孱弱的分子，前者的健康不因手淫習慣而有多大的損失，後者亦不因早年就杜絕此種習慣而有多大的進步；同時我們也知道，自體性慾活動的增加，或自體性慾

第四章　性的歧變與性的象徵

活動的斷而復續，對於女子往往是健康增進的一個表示（但不是原因）。二氏又說：「手淫習慣開始得早與在十八歲以後才開始的人中，健康上沒有什麼清楚的區別。」這個結論我們恐怕不能無條件地接受。

所以童年性生活的兩種變態傾向裡，不足的問題要比過度的問題為單純，而易於設法應付。[233] 我們從上文所引的證據來看，更不妨說，就春機發陳以前的年齡而論，不足的狀態，與其看作有害，毋寧看作有益；不過有一個條件，就是，這種狀態的產生，必須是自然的，是兒童發育遲緩的一個不知不覺的表現，而不是人為的、表面的與不良的生理與心理環境所強制而成的。不過過度的問題，卻是複雜與繁變得多；因此，每一種過度的變態必須分別應付。

到此，我們就不能沒有一位明智的醫師的幫忙，而醫師對兒童的生活與問題，還得有充分的了解才行。在以前，這一類的醫師可以說根本不存在，就在今日，他們的人數也還是寥寥無幾；不過就目前兒童研究與兒童指導發展的情形而言，我們可以希望，對兒童與青年性生活的變態問題，今後總可以有一些更開明的處理方法。

不過就總體而言，兒童指導的工作，總需從家庭中開始，而就大多數兒童而言，也應在家庭中完成。至於家庭中的成員，

---

[233] 這一番討論和中國原有的人文思想精神也是符合的。「禮與其奢也，寧儉；喪與其易也，寧戚」所表示的也是這種精神。

第二節　兒童的性歧變

最自然合適的當然是母親，固然做父親的，即便對女孩的指導，也未嘗沒有他的重要的地位。我們應該明白，今日之下，母道是一個極嚴重的職業，不是一切女子都有份，或任何女子都擔當得起的。母道的訓練是多方面的，非強而有力的女子無法勝任，不過有了這種訓練之後，那責任也就不輕。這世界似乎已經很快向人口過剩的路上走，在未來的窮兵黷武的人大可不必硬要把每一樁婚姻當作製造士兵或增加「炮灰」的苗床，換言之，即無須人人必婚，人人必負生聚教訓的責任；假定這是事實，[234] 近代女子應該覺得慶幸，因為，從此，不負生養之責的可以做些別的工作，而負生養之責的可以真正做些貢獻。從人類的立場看，它也並不希望每一名女子做母親，它認為做母親的人數不妨少些，但每一個必須是品質最優良的女子。這種選擇的原則，有一天受大家公認，[235] 一定可以在我們的性生活裡引起一次革命，而這番革命工作，好比任何別的有效的革命工作一樣，必須從嬰兒時期入手。[236]

---

[234] 很不幸，這恐怕還離開事實很遠。譯者翻譯這一節文字的時候，正是第二次世界大戰德軍已經占領挪、丹兩國的首都而又突然進攻荷蘭與比利時兩國的時候！

[235] 這種日子一時恐怕還不易來到，參看譯者所作〈婦女與兒童〉一稿，《今日評論》第一卷第十四期，1939 年 4 月；後輯入《優生與抗戰》(《人文生物學論叢》第七輯) 186－192 頁。

[236] 靄氏原注：這種革命的影響所及自不限於性的範圍，我在這裡無須申說。葛莉絲‧派爾索普博士 (Grace Pailthorpe) 在她的《犯罪心理學研究》(*Studies in the Psychology of Delinquency*) 裡，發現在青年罪犯中，病態的社會情緒比病態的智力更顯得普遍而有意義，而此種病態情緒的養成可以直接追溯到早年的家庭生活。所以新式的母親，在未來改造社會的工作裡，對於減除犯罪現象一端，也未始不是一個重要的功臣。

第四章　性的歧變與性的象徵

用我們目前的眼光來看，以前西方的母親約略可以分為兩類。第一是人數較多的一類。她們一則因為知識缺乏，再則因為膽量狹小，把子女的性的問題，幾乎完全放在腦後；這種不聞不問的政策，結果倒也不一定壞，並且往往很好。第二是人數較少的一類。她們吃了一知半解的虧，對於這個問題，反而不免表示一番富於神經作用的過慮與慌張，而過慮與慌張的結果就弊多利少了。[237] 今日的新式母親，自身所處的環境，所受的教育，對於性的議題，既已漸漸有從幽谷入喬木的希望，她對於子女的性問題的態度，自不免另成一格，和舊式的兩類母親都不一樣。新式的母親比較靈活，知識上也比較豐富，同時也比較虛心，比較不武斷，她自知對子女生活中各種表現的性質與傾向，未必完全了解，因此也就不覺得有隨時隨地加以干涉的必要。她也逐漸知道，她的孩子，在完成發育之前，必須經歷許多不同的階段，而在這些階段之中，即使有一部分活動不太合情理或不太健全，而不妨干涉，她也覺得以不干涉為是，因為她明白，干涉太多，或太切心於干涉，其引起的結果說不定比活動本身所引起的結果還要不好。她也知道她的主要責任是在了解她的孩子，獲取他的信賴，而遇有問題發生的時候，

---

[237] 以往中國的情形如何，譯者不欲妄加臆斷。不過就觀感所及，這兩類母親自然都有，不過第一類的要多得多，第二類也許等於不存在。在西方，第二類之所以存在，有特殊環境的條件，一方面，基督教對於性的傳統態度是一種不聞不問的態度，偶一聞問，又不免側重消極的鉗制；另一方面，新發展的生物與生理科學又叫多少受過教育的母親不由得不加聞問；靄氏所云「富於神經性的過慮與慌張」便從這「聞問既不便、不聞問又不好」的心理衝突中產生。以前中國的母親並沒有這種環境，所以問題比較簡單。

第二節　兒童的性歧變

可以當他的導師與顧問而無愧。真正的新式母親似乎確有這一套本領，而這本領有時好像是得諸天性，而不是得諸教育，因為近代女子教育裡根本沒有這一套。無論如何，這一些直覺的見解是健全的。凡是對兒童生活接觸多而理解清楚的人大概都可以坐實這一點。即使就手淫的一端而論，到了壯年還維持著手淫習慣的人，中間總有一部分在早年受過母親的有力的干涉，很不幸，這種有力的干涉也許就是習慣所由長久維持的一個原因。反之，大拇指的吸吮有人認為可以轉化為手淫的習慣，而許多孩子，從嬰兒時起，便知從這種吸吮的活動中覓取愉快，不過若不加干涉，到了相當的年齡，這種活動自然會漸漸消滅，而別的更有性的意義的活動，例如手淫，也不至於取而代之。

　　家庭以外的教育機構當然是學校。一到學校，困難就加多了，因為在學校裡，許多孩子混雜在一起，所接觸的比較年長的人又並不是了解他們最深而愛護他們最有力的父母兄長，在這樣一種環境裡他們不但得不到指導，並且這個環境根本就是不自然的，既不自然，弊病的發生必然是不一而足。戈德史密斯女士（Elizabeth Goldsmith）在《文明中的性》（*Sex in Civilization*）一書中講到一所學校，這所學校當局經過一番指導的努力後說：「我們現在取得一個結論，就是幼童的手淫活動，我們最好不去限制它們，我們要研究一個孩子的整個適應或位育[238]

---

[238]　位育二字是譯者對於英文 adaptation 或 adjustment 兩詞慣用的譯名。以前這兩詞的譯名，有作「順應」的，有作「適應」的，都含有個體片面地遷就環境的意

第四章　性的歧變與性的象徵

問題,而特別注意到的一點,就是讓他知道他是一個健康的、天天向上的活潑的孩子,他和周圍環境的關係以及各種活動都很可以教人滿意。」所謂「特別注意到」云云是對的,並且至關緊要,注意到以後的結果如何呢,戈女士的文字裡沒有提到。無疑這一類學校政策的試驗期還短,一時不能有確切的成績可言;除非我們壯年的人真正能夠回想到自己童年時的經驗,真能設身處地地替兒童著想,恐怕一時不會有具體的結果。無論如何,假如我們同時對兒童生活的了解不足,而提示警覺的工夫又不到家,這一類的政策恐怕也不容易很順利地進行。

若就目前一般的學校而論,那就無所謂政策了;要有的話,那是一種「不痴不聾,不做家翁」的政策。但若間或發現性行為「不檢」的例子,學校當局卻又突然耳聰目明起來,非把那犯罪的人特別提出來,「做一個以儆效尤的榜樣不可」。〔休・德・塞林科特(Hugh de Sélincourt)寫過一本小說,叫《一個幼童》(One little Boy),裡面就很有聲有色地敘述這個問題。〕學校裡女童的自體性慾行為,方式雖然很多,大抵總是異常祕密,並且在女童本人也多少是不自覺的;但在男童,則比較不守祕密;在較大的學校裡我們有時候可以發現手淫的「俱樂部」和其他祕密的性活動組織,不過教師也難得疑心到它們的存在罷了。在

思,其實這兩詞所指的過程是雙方互為賓主的。位育兩字出《中庸》,位是「安所」,育是「遂生」,一個生物個體在一個環境裡,誠能動靜兩得,安所遂生,便可以說是得到了位育。詳《華年週刊》第一卷第二期22頁;又,《優生與抗戰》,39－41頁。

第二節　兒童的性歧變

這種組織裡，中心的人物總是少數性情緒的遺傳特別強烈而性發育特別提早的兒童，這些，要是行跡過於顯露而被人覺察的話，就成為我們現在所稱的「問題兒童」了。這種孩子，一方面雖有些性的病態，一方面卻又聯帶有些毅力與領袖的才能，所以對於性情比較正常與年齡小而容易接受習染的孩子，不免產生一些不良的影響。所以，凡在孩子大量集居的場合裡，為大多數孩子的自由發展與自然發育設想，一個最根本的條件是先把這種問題兒童很審慎地隔開。我們目前已有的一些試驗都證明這是必需的；要不然，一切不良的習慣，包括性的習慣在內而並不限於性的習慣，便會應運而生；甚至於強而有力的孩子，憑借他們自然的或病態的殘虐行為傾向，會把比較小的孩子當作俎上的魚肉。從此我們可以明白兒童的指導工作是十分困難的，兒童的發展不容易順著自然的秩序逐步進行，一方面我們既要避免指導者自身的橫加干涉，另一方面我們更需把這一類足以阻礙自然發育的影響剷除淨盡；好比種植穀物，前者是要消極地不揠苗助長，後者是要積極地耕耘或去除雜草。至於對問題兒童的應付，有時第一件應做的事是把他們隔離開來，但無論隔開與否，每一個例子總得分別應付，因為沒有兩個例子是完全相同的，而這種個別的待遇又需要很高明的技巧與手段；同時更要注意，在這種孩子中，一些歧變的性傾向雖然十之八九可以察覺出來，但是他們不正常的行為絕對不限於性的範圍而止，而這種不正常的行為也往往就是反社會的，而且可能

第四章　性的歧變與性的象徵

影響到別人的安全。

不過就一般的兒童來說，這種指導的責任總是無可推諉地在父母的身上，尤其是在母親的身上。唯其如此，我們今後再也不應把母道看作只是一個動物的生理功能，而應承認它是一種極高明的職業，非聰明智慧與受過適當訓練的女子無法承擔；至於有些女子，或因身體上有欠缺，或因自然的興趣別有寄託，最好是不必問津。無能的父母、粗心的父母與愚蠢的父母，在子女身上可能產生很壞的影響，時至今日，是很多人已經逐漸公認的了。就在自命為不屬於這些類別的父母，或因潛心於自己的專門職業，或因一時的意氣用事，往往缺乏一定的合乎情理的應付方法，時而失諸過於嚴厲，時而失諸過於放任，不但教子女無所適從，並且教子女產生一種反應，就是不出聲地暗中評論。子女也自有他們的輿論，正時常不斷地在評論他們的父母；起初，子女總認為他們自己的父母是天下最完美的父母，這也就是他們一部分的自尊與自愛的心理所由寄託；換言之，他們心目中的父母是陳義極高的，唯其陳義高，所以期望重，唯其期望重，所以父母一有蹉跎，在他們心理上所引起的影響是極嚴重的。

英國學童父母協會有一次在倫敦開會的時候，維尼弗里德·庫利斯教授（Winifred Cullis）說過一句話：「最能訓練孩子而使他們學到克己紀律的人便是其他的孩子。」這一點觀察是很對的，不過我們必須把它和上文的討論合併來看，意義才完全。

第二節　兒童的性歧變

我們總得和我們等輩的人共同生活，而共同生活的必要條件是紀律和克己。[239] 生活必須有所壓抑，所謂壓抑指的是各種衝動的控制以及一部分自然傾向的駕馭。在社會生活裡無節制的放縱是難以存在的；弗洛伊德在他的《精神分析引論》中很值得佩服的第二十七講中，說過一句很中肯的話：「所謂自由生活本身就是一種壓抑。」因為要取得自由生活，我們總得把我們一半的衝動壓制下去，而這一半也就是最富有人性的一半，壓制而成功，我們的幸福才算有了最後的憑藉。身為長輩，最好不要把紀律與克己強制地安放在兒童頭上，而多擔當一些指導與顧問的任務。從最幼小的年齡起，一個人其實始終在訓練他的紀律生活與培養他的克己能力，但這種生活與能力的養成，與其憑藉長輩的訓誡之力，毋寧依靠等輩的磨鍊之功，因為後者要自

---

[239] 靄氏原注：我們不妨注意到一個有趣的觀察，即使我們教育的對象是一些有犯罪傾向的變態兒童，這一項等輩中力求律己的原則還是適用。上文所引派爾索普的研究報告裡有如下的一個記載：在奧地利首都維也納，著名的教育家奧古斯特・艾康（August Aichborn）主辦幾個問題兒童的教養院，成果都很好。最成問題的孩子接受隔離而另成一院，他們只要不引起嚴重的傷害或安全問題，便什麼都可以做，管理人員絕不干涉他們，但在最大的可能範圍以內，總是設法和他們一起生活。在這個政策下，「最初這一個院所的確如同一個地獄，一個鬼窟。這一群頑童把窗子打破了，日用的杯碗壺瓶也都摔碎了，彼此不斷地打架，吃的東西也時常摔落一地，甚至任意到處大小便。一個月終了時，這個院所已經弄得不成樣子，管理員也鬧得疲憊不堪，叫苦不止。主辦者到此卻向政府單位申請了一所新房舍，把頑童們遷移進去，打算再從頭做起。孩子們似乎也疲倦了，也表示願意改過遷善。漸漸地他們對院中的生活也感到了興趣，願意學好，想找點工作做，而一種友好的競爭精神也就應運而生。到此，自治會的概念也開始活動起來，於是孩子中比較不受約束的分子，也慢慢地就範，表示願意遵守團體的不成文的法律。」這一項教育運動的成功終於獲得當地社會的承認，而維也納的市政府後來也授權這位教育家，請他多主持幾個這一類的教養院。

第四章　性的歧變與性的象徵

然得多，健全得多，而我們認為自然與健全的教育才是真正有價值的教育。[240]

第三節　關於戀尿癖及嗜糞癖 [241]

兒童時期最普遍的性的象徵現象或性的歧變是屬於排遺（scatologic）一類的；這方面的意義早經弗洛伊德[242]及其他作者加以申說。大小解的器官，或肛門與尿道和性器官的部位最接近，因此，在心理上也容易發生親切的連帶關係原是不難了解的。即使不就性的立場而論，大小解的行為也盡有理由教兒童感到興趣，一則兒童喜歡製作東西，糞便的製作當然也是一種製作，並且可以說是藝術衝動的一種萌芽的表現；再則，大小解的行為與排泄的數量也是一種力量的表現，拿排泄時間的長久與糞的粗大來自豪的，兒童中是不少的。漢密爾頓醫師在他的研究裡發現已婚的男子中，有21％在兒童時期對糞便發生過不少興趣，而在當時的想像生活與遊戲生活裡，糞便也是一

---

[240] 下列諸書均可供本節一般參考之用：靄氏〈性的教育〉（Sexual Education）（《研究錄》第六輯）；蘭克《近代教育》；弗洛伊德《性學三論》；霍爾《青春期》；莫爾《兒童的性生活》；均已見前。又湯瑪斯夫婦（William and Dorothy Thomas）合著的《美國的兒童：行為問題和工作計畫》（The Child in America: Behavior Problems and Programs），也值得參看。

[241] 本節議論詳見靄氏《研究錄》第五輯〈性的象徵現象〉（Erotic Symbolism）一文的第三章，及第七輯中〈戀水癖〉（Undinism）一文。

[242] 弗氏及其他精神分析家在這方面的議論不一而足，值得參考的也很多，特別是瓊斯《精神分析論文集》裡的一篇〈糞門戀〉（Anal Eroticism）。

第三節　關於戀尿癖及嗜糞癖

個重要的主題；而已婚女子在童年有同樣情形的也占到 16%。大小解的功能在當時也似乎能吸收一部分神經的力量，到了後來，這種力量才完全用在性的功能上面；在少女中，間或在成年的女子中，積慾後的解慾也許會呈現不由自主與痙攣性的遺尿的方式。睡眠中遺尿和性活動似乎也有相當關係，有時候和手淫也有關聯。弗洛伊德認為兒童時期的便祕，有時是有些故意的，因為直腸的糞便累積多少可以引起一些性的快感；弗氏的觀察雖不易證實，但膀胱中尿的累積有時候的確有這種作用，即在壯年，也還有人這樣做的。有不少兒童以為大人的性交行為多少和大小解的行為有些關係；他們自己對大小解的行為感覺不少興趣，不少神祕，所以從他們的立場來看，這種相關的看法是很有一些根據的。

對於大小解的興趣，雖以童年時期為最大，但也往往可以維持到春機發陳期以後，女子尤其如此，一直要到性的興趣發展到相當程度以後，才漸漸消滅，一旦事過境遷，青年時期追想起來，有時還不免覺得有幾分難乎為情。在壯年人的性衝動中，也間或可以找到這種興趣的成分，這大概是因為在童年時期，這種興趣曾經受過壓抑，壓抑的結果，不但使它們不能消滅，反而在潛意識裡遺留下來而成為健全的心理生活的障礙；此為弗洛伊德的見解。不過在春機發陳期以前，這種興趣不妨看作正常的，而不是病態的；兒童的心理與原始人的心理的確有幾分相像，而在原始的神話與民俗裡，排泄的功用也是十分

第四章　性的歧變與性的象徵

重要。我們不妨把這些興趣看作正常發展的一個階段。即使維持到成人的年齡，這些興趣一般也總隱藏在心理的背景之中，不輕易呈露出來；這種隱藏的程度是有深淺的，但不論深淺如何，至少就排泄而論，依然可以有活躍的能力，而成為性活動中含有遊戲性質的一種陪襯。

這方面的比較極端的例子，歷來也時常有人敘述到，尤其是嗜糞癖的例子。有這種現象的人的生活裡（莫爾曾經很詳細地記載過一例）排糞的行為與所遺的屎，[243]可以引起極大的興趣，充其極，可以完全篡奪正常的性興趣的地位。[244] 其程度比較輕

---

[243] 六朝名僧寶志「好用小便濯髮，俗僧暗有譏笑者，志亦知眾僧多不斷酒肉，譏之者飲酒食豬肚，志勃然謂曰：『汝笑我以溺洗頭，汝何為食盛糞袋？譏者懼而慚服』（楊衒之《洛陽伽藍記》）。譯者嘗遊東天目山，相傳為志公駐錫之山，當時曾就寺僧索閱山志，見所錄關於志公的故事不一而足，但並沒有這一段，當是宗門弟子認為不雅馴而故意刪削的。

[244] 戀尿癖與嗜糞癖的極端方式之一是飲尿與食糞的行為，靄氏在本節中沒有提到，但是在《研究錄》第五輯（56－60頁）有過一番詳細的討論。這一類反常的飲食習癖，若不從性歧變的觀點來解釋，恐怕是無法解釋的。中國文獻裡也不乏關於這方面的記載，姑舉一二例於此。
明初，有和尚名宗泐，「嗜糞中芝麻、雜米和粥」食之。按宗泐是洪武年間的一位高僧。洪武中詔致天下高僧有學行者，宗泐是第一個應詔而奏對稱旨的人；後來奉詔箋注《心經》、《金剛》、《楞伽》等經；又奉使西域；著有《全室集》。
又「南州人烹犢，取犢兒結腸中細糞，以箸調醢，謂之聖虀，無此一味，即不成盛筵」。
再推而廣之，凡屬以身上分泌、排泄以至於脫落的東西做飲食品的奇癖，都可以從性歧變的立場覓取解釋：
「李棟之好服人精。」
明「駙馬都尉趙輝喜食女人陰津月水」。按趙輝尚明太祖最幼女寶慶公主；家本豪富，姬妾多至百餘人；在明初歷事六朝，享淫佚生活者六十餘年。
元「知福建院權長興嗜人爪甲」。
以上諸例皆見明徐應秋《玉芝堂談薈》（卷十一）；按犢兒細糞一則出五代范資所作《玉堂閒話》。
《南史》，宋劉穆之孫「邕性嗜食瘡痂，以為味似鰒魚。嘗詣孟靈休，靈休先患

第三節　關於戀尿癖及嗜糞癖

的，我們可以叫做糞門戀或肛門戀（anal eroticism）；精神分析學派認為這與早年的便祕有關係，或自幼有忍糞而取得快感的習慣的人也容易養成這種歧變。精神分析學派在這方面特別做過一些研究，他們認為肛門戀的根底相當深，大抵可以推溯到童年的一個很原始的傾向，假如一個人的童年時期在這方面受過壓抑的話，一到成人時，他會有愛整齊清潔和節儉的性格，甚至會有潔癖及吝嗇的脾氣，如早年未受壓抑，則其人的習癖恰好相反。這種觀察究竟對不對，尚有待於進一步的探討，現在不能斷定。漢密爾頓醫師在他的研究裡曾經考慮到這一點，他發現他所觀察的男女之中，有十個人（九女一男），一方面否認早年有過肛門癖，但一方面承認早年有過便祕，而在成年以後的習癖裡，大多數表現吝嗇、奢侈、施虐癖和受虐癖等等的傾向；這些也許和早年排糞的習慣有關係，但各人所表現的習癖既然如此不一致，甚或彼此相反，我們就很難拿它們做依據，而輕信精神分析學派的臆斷。

　　童年以後，嗜糞癖和戀尿癖往往分道發展，間或有些關聯，也是很輕微的。極端的嗜糞癖比較少，但大都在男子之中發現；戀尿癖比較普遍，尤其是在女子之中，但表現的程度卻往往不深。戀尿癖何以比較普遍是有一個解釋的。尿道與性器官在部

　　　　炙瘡，痂落在床，邕取食之，靈休大驚，痂未落者，悉褫取治邕……南康國吏二百許人，不問有罪無罪，遞與鞭，瘡痂常以給膳」。「嗜痂成癖」的典語，就是這樣傳下來的。
　　　　譯者在認識的前輩中，有一位喜歡吃腳趾間的汗膩。靄氏《研究錄》中所引類似的例子不一而足。

第四章　性的歧變與性的象徵

位上既特別密切,而在神經上又的確有幾分連繫。女童與少女排尿時,有時特別喜歡學男子直立的姿勢;在年歲較小而未曾生育過的女子,這是可能的,但在已經生育過的女子,尿道口肌肉的迸發力已趨薄弱,這便不可能了。這種效顰的行為並不一定暗示這其間有什麼同性戀的傾向。

「尿道戀」(urethral eroticism 或 urinary eroticism) 這名稱是沙格創出來的;在一部分學者看來,也認為它相當重要。所謂尿道戀是廣義的,它的對象不但包括尿道和尿液,並且牽涉到從膀胱到尿道口的全部泌尿器官。把尿道戀看作很重要的人,認為早年的尿道戀可以說是性慾的初步,後期嚴格的以性領域與性分泌為憑藉的愛慾,似乎是從泌尿的領域與排尿的功能很自然地轉移而來的;同樣,早年的泌尿功能失常會轉移為精液分泌的失常。他們又說,尿道戀的影響所及,可以達到最高的精神境界,因為就是在泌尿行為的自體控制裡,嬰兒最初發現了什麼叫做「責任」與「義務」;換言之,責任的觀念實濫觴於泌尿的控制;糞便的控制也有同樣的效果。

很早就有人注意到睡眠中遺尿和性現象也有相關聯的傾向了。弗洛伊德和一部分其他精神分析學派的學者認為遺尿和尿道戀與一個人的志氣、野心以至於好勇狠鬥的心理有連帶關係。這種臆斷也許是這樣來的。上文不是說過女子喜歡學男子排尿的姿勢嗎?對排尿的行為特別感到興趣的女子有時喜歡採用直立的姿勢,好像是表示與男子抗衡,不甘示弱似的。這也許就是

第三節　關於戀尿癖及嗜糞癖

精神分析學派在這方面臆斷的根據。不過，就事實論，有尿道戀而採取直立排尿姿勢的女子未必有絲毫和男子對抗的意思，而近代喜歡和男子競爭的女子又往往完全沒有尿道戀的傾向。

有一些人在兒童時期對於水的興趣特別濃厚，對於排尿的行為與產物尤其感覺關切，而這種興趣又往往能維持到童年與成年以後。這種心理我一向叫做「戀水癖」（undinism）。[245] 這種對水的興趣，當然也有深淺，深者也可以成為一種性的歧變，而變成性衝動的代用物；這種極端的例子雖少，程度較淺的狀態卻是很普遍的，尤其是在女子之中。至於戀水癖的傾向何以在女子中獨多，是不難解釋的，她們的生活狀態與生活境遇一向和男子的很不相同，此種解釋大概可以在境遇的不同中求之；晚近男女生活的環境日趨相似，以前在一般戀水癖方面雙方所表示的差別也許已經逐漸減少，但就性情緒與泌尿功能的一點特殊關係而論，終究還是在女子方面所表示的要密切得多，不論生活境遇的有無變遷；因為，我們知道，在男子方面，泌尿與精液分泌的功能普遍是彼此衝突而不能同時進行的，在女子方面，並無此種現象。戀水癖的傾向與利用觸覺覓取快感的傾向也有相當的聯繫，而由觸覺途徑覓取快感的行為在女子方面也比較發達，這是我們在第二章裡已經討論過的。[246]

---

[245] 水戀的西名 undinism 是靄氏創出來的，源於希臘神話。希臘的水神是一位女子，名字是 Undine。雕像戀叫 pygmalionism，自戀叫 narcissism，來源都是一樣的。

[246] 不過譯者所讀到中國的一、兩個水戀的例子都是男子：
一、唐皇甫氏《原化記》說：「常州義興縣（今宜興）有鰥夫吳堪，少孤，無兄

第四章　性的歧變與性的象徵

第四節　關於戀物[247]

最富有代表性的性的象徵現象或性的歧異要推戀物了。戀物這個名詞是西元 1888 年法國心理學家阿爾弗雷德・比奈（Alfred Binet）所創用的。戀物一名詞所包括的現象很廣，下文所要另外討論的另一種象徵現象，所謂露體癖，也未嘗不是一種戀物，同時，每一種戀物（fetish）多少有它的象徵意味。可以獲取性的意味的事物，包括身體的各部分以至身外的無生之物在內，可以說是多至無法計算的。我們甚至可以說世界上任何一件東西都可以獲取此種意味。因此，西方法律想把一切所謂「淫褻」的行為設法禁絕，事實上是完全辦不到的；西方法律替此種行為下了一個定義，說「淫褻是一種傾向，令心理上可以接受不道德的影響的人，變得下流，變得腐敗」；信如戀物之說，則無處沒有此種影響，也無處沒有這種人，真不知法律將從何下手。傑利夫醫師所研究的一位女病人，姓某，名齊尼亞（Zenia

---

弟，為縣吏，性恭順；其家臨荊溪，常於門前以物遮護溪水，不曾穢汙，每縣歸，則臨水看玩，敬而愛之。」下文講數年之後，他在水邊撿得一個白螺，白螺變成女子，幫他成家立業，那在他大概是從戀水癖進入了白日夢，而對我們則像是一派神話了。

二、清采蘅子《蟲鳴漫錄》（卷二）說：「京都某翰林，自幼好赤足置盆水中，冬夏不輟；客至，或有事出門，暫服襪履，事畢復然。官至侍讀學士，年五十餘始卒，迄無他患，殆水族之精轉世耶？」精靈轉世，或宿世冤孽等，是以前的「解釋」，自性心理學日漸昌明，我們對於這一類現象的理解應該可以進一步了。不過這位太史公的奇癖和戀足癖也有關係，參看下節正文。

[247] 本節詳見靄氏《研究錄》第三輯中〈性衝動的分析〉（Analysis of the Sexual Impulse），及第五輯中〈性的象徵現象〉（Erotic Symbolism）二文，特別是後者的第二章。弗洛伊德的《性學三論》也值得一般參考。

第四節　關於戀物

X按：姓名為化名），用書面告訴傑醫師說，從十三、四歲起，各種性的象徵就在她心理上糾纏不放。「從這時起，我始終被此種象徵包圍著，早年略為好些，但後來包圍的力量日見其大，因為我既意識到它們有性的意味，自不免做一番掙扎，而越掙扎，便越感覺到擺脫不了。象徵之中特別有力的是陽具的象徵。院子裡用來澆水的一根橡皮管、一股放射著的水，尤其是一個梨或其他長條形的水果、一朵長而下垂的萱黃花、花心裡的一根雌蕊、一根棍子或棍子似的東西插在圓形的窟窿裡，在我眼裡都成為性或性行為的象徵，不斷地在眼前呈現；[248]至於就自己身體的各部分說，耳朵的耳垂是我自從出世以後一向喜歡摩挲玩弄的部位，我的牙齒、我的舌頭也都有了性的意味，我時常喜歡把舌尖抵住牙齒，直到舌尖覺得疲乏不止，而在當時還不免表示一些緊張的神色；有時好像想把一個突如其來的性的意念壓下去，因而把一隻手指伸出來，[249]以示訴說或叮嚀之意，但忽然發覺不對，又急遽地把它收回去，並且把它收到手掌裡去；大拇指也時常遭受同樣的待遇，因為要壓抑性的意念，時常不知不覺地把它收進拳頭裡去。此外可作為象徵的東西還很多，例如二十六個字母裡的幾個字母。」

---

[248] 傳說明代理學家「吳廉齋與弼，召至京，常以兩手大指食指作圈曰『令太極常在眼前』；長安浮薄少年，競以蘆菔投其中戲侮之，公亦不顧」。見清獨逸窩退士《笑笑錄》卷一。常以手指作圈擬太極圖像是事實，浮薄少年之所為當是好事者的造說，用以貶薄道學家的。不過太極圖是一個性的象徵，並且是一個性交合的象徵，道學家過分的壓抑或禁慾行為於先，斯不能沒有「令太極常在眼前」的舉動於後，這卻不失為一個情理上可有的事實。
[249] 中指為陽具的象徵，在中國鄉間，即三尺童子也都知道。

第四章　性的歧變與性的象徵

我們不妨再舉一個例子,以示性象徵的處處皆是,不勝列舉。約翰尼斯・雅羅斯羅・馬奇諾斯基(Johannes Jaroslaw Marcinowski)敘述一名已婚的女子,年齡27歲,十分聰明,但精神上略有幾分病態。性象徵的呈現,大都在睡夢的時候,睡醒以後,她總有一番很巧妙的解釋;例如:船隻停在港裡往往就是性交合的象徵,人在船中航行也未始不是;水是母體的象徵(這方面的解釋顯然和早年的一種錯誤的性觀念有關,即以為膀胱是交合時的器官之一);死去(原是一種順從或自我捨棄的行為)的行為就是和人發生戀愛的行為;一把刀是一個陽具的象徵;環節類的蟲和蛇類是小型的男性生殖器;馬與狗也都是性的象徵(她有一次曾經和狗的陽具接過吻),鴿子也是;一輛火車頭也是陽具的象徵(她從小就覺得它有趣),一棵樹或一個香蕉也是;夢境中殺傷別人也就等於和人性交(從前她有時有過施虐癖的幻想);許多魚是性交的象徵;[250] 雨、尿、眼淚是精液的象徵;排尿的需求對她是一種性的興奮。

這一類的象徵,大多數是隨處可以遇到的,也是任何人的經驗裡都可能發生的。不過要一個象徵成為一個性慾的對象,即成為一個戀物,那必須有先天的特殊傾向做條件,這個特殊傾向雖無疑大都屬於精神病態的性質,卻不一定都能很明顯地看得出來;一個在春機發陳期前後的年輕人,在一度強烈的性興奮之際,對身外的某一事物有時會突然感到極深的印象,而

---

[250]「魚水之歡」、「魚水和諧」是中國小說書上常用的詞句,用以表示夫婦關係的美滿。

第四節　關於戀物

成為慾念的對象。這種偶然的牽合是常有的事，不過要從偶然牽合的事物進而為比較持久和比較濃厚的戀物的對象，其間總得有先天的傾向做伏筆。赫希菲爾德曾經反覆申論到這一點，認為一個戀物往往是一個人性情的真實表現。在西方，一名士兵的紅色制服，對一位侍女可以成為一種戀物，固然因為它象徵著男子的剛勁與同仇敵愾的氣概，但同時也未始不因為這種女子自身有些癖性，使一種尋常的象徵得有偌大的令人繫戀的力量。不過癖性儘管存在，就大多數的例子而言是無法證明的，因為戀物終究是一件身外的並可以說是始終守著中立的東西。一個男童愛慕著一個成年女子，這名女子某一次排泄的時候，居然被他窺見了陰部的叢毛，從此以後，陰毛就成為他意念上時刻不去的戀物；一個年輕男子在地板上躺著，一名很有風韻的女子走過來，把一隻腳放在他身上，不斷地踐踏，無意中激發了他的慾念，從此以後，這名男子終身變成一個所謂戀足者。諸如此類的例子，是很容易遇見的，但要就每一個例子指出先天病理的傾向來，卻不容易。

不過這一類的戀物現象，若在比較輕微的限度以內，還可以說是完全正常的，每一個在戀愛狀態中的男子或女子對愛人身上的某一特徵，或對愛人所曾接觸的事物，總不免表示幾分特別的繫戀，原是不足為奇的。但若此種繫戀過了相當的界限，成為性慾的專一對象，或性情緒全神貫注的事物，那就不合常態了；再若戀物的威力發展到一種程度，可以離人而獨立，即

第四章　性的歧變與性的象徵

使所愛的人不在，戀物的呈現不但足以激發積慾的過程，並且足以完成解慾的過程，即無須乎正常的性交，亦足以提供性慾的滿足，那就成為一種明確的歧變了。

在程度較輕的變態的例子裡，當事人還知道要自己小心，自己控制，即把戀物深深地安放在求愛行為的背景裡，不太讓它出頭露面，不讓它在用情的時候，橫加阻礙或多出岔子，它儘管是情慾所由喚起的主要刺激和先導，但一經喚起，卻不由它完全操縱。但在比較積重難返的例子裡，當事人已獲取的快感既多，而獲取的時候又很不費力，他也就並不太願意回到正常的狀態中。戀物現象到此程度，有時便會引起各種反社會的犯罪行為，尤其是戀物的偷竊，例如鞋子、手帕或其他服用之物。即或不到侵犯他人物件的地步，戀物所激發而不能自制的性興奮也不免使本人或其他在場的人覺得難堪，例如，有一位拿眼鏡做為戀物的年輕婦女，她一見到別人戴著眼鏡，即使戴的是一個女子，就不免春情蕩漾起來。對於這種例子，以前常用催眠的方法來治療，有時倒也見效。

有幾種性愛的戀物現象，就它們心理學的關係而論，往往十分曲折。最明顯的一例是足的戀物現象或鞋的戀物現象；在文明社會裡，穿鞋替代了赤足，所以戀足可能轉移而為戀鞋，二者實在是一件事。把足和性器官連繫在一起，原是古今中外很普遍的一個趨勢，所以戀足現象的產生可以說是有一個自然的根柢的。在猶太人中，說到性器官的時候，有時就婉轉地用

第四節　關於戀物

「足」字來替代,例如,我們在《舊約‧以賽亞書》(*Book of Isaiah*)裡讀到「腳上的毛」,[251] 意思就是陰毛。在許多不同的民族裡,一個人的足也是怕羞的部分,一種羞澀心理的核心。[252] 在不久以前的西班牙就是如此,在西元 1777 年,貝朗(Peyron)寫道,西班牙婦女掩藏她們足部的風氣如今正逐漸不太通行了,「一個把足部呈露出來的女子,到如今已不再是一個準備以色相授的表示了」;我們不妨再提一筆,足部的色相的授予等於全部色相的授予,在古代的羅馬也復如此。[253] 無論什麼時代,一個正常的在戀愛狀態中的人也認為足部是身體上最可愛的部分。霍爾用徵求答案的方法調查青年男女在這方面愛好的程度時,發現足部實居第四(一是眼睛,二是頭髮,三是身材與肥瘦)[254]。不過別的觀察家,例如赫希菲爾德,則發現手的可愛程度要在足部之上,所以手成為戀物要比足部為普遍得多。嬰兒對足部的興趣也特別大,不過根本的興趣是在自己的足上。

---

[251] 《以賽亞書》第七章第二十節說:「那時,主必用大河外賃的剃頭刀,就是亞述王,剃去(你們以色列人的)頭髮,和腳上的毛,並要剃盡鬍鬚。」

[252] 足部最怕羞,以前在中國也是如此,女子為男子呈露色相,輕易最不肯做的事是去掉裹腳;足部本有怕羞的傾向,以前纏足之風更不免教此傾向變本加厲。記得性愛小說《肉蒲團》裡,對這一點有一段很深刻的描寫。

[253] 在中國也未嘗不如此。伶玄《趙飛燕外傳》所敘成帝和趙昭儀合德的性關係最足以表示足和性興奮有時可以發生極密切的關聯。「帝嘗蚤獵,觸雪得疾,陰緩弱不能壯發,每持昭儀足,不勝至欲,輒暴起;昭儀常轉側,帝不能長持其足。樊嫕謂昭儀曰:『上餌方士大丹,求盛大,不能得,得貴人足一持,暢動,比天與貴妃大福,寧轉側俾帝就耶?』昭儀曰:『幸轉側不就,尚能留帝欲,亦如姊教帝持,則厭去矣,安能復動乎?』」可知只有合德的足才有此力量,飛燕就不行了。

[254] 見霍爾《青春期》一書,下冊,113 頁。

第四章　性的歧變與性的象徵

在許多民族裡，特別是中國、[255]西伯利亞的部分民族、古代的羅馬、中古的西班牙，戀足的現象是多少受人公認的。

到了今日，在文明最發達的社會裡，對情人足部表示極度愛好的人，是難得遇見的，除非這個人心理上有些不太正常，比較容易遇見的是把情人的眼睛認為最可愛的人。不過在少數而也並不太少的男子之中，女人的足部與鞋子依然是最值得留戀的東西，而在若干有病態心理的人的眼光裡，值得留戀的不是女人本身而是她的足部或鞋子，甚至於可以說女子不過是足或鞋的一個無足輕重的附屬品罷了。在近代比較重要的文藝作家裡，法國的雷蒂夫是一個戀足現象的有趣的例子，在他的生活表現裡，戀足的傾向是很顯著的，但他始終並沒有走向極端，女人的鞋子，對他無論怎樣可愛，還不足以做整個女人的替代物。[256]

---

[255] 中國纏足的風氣以至於制度，顯而易見和戀足的傾向有密切關係，近人最早指出這一點來的是郭沫若，見於他所做的一篇《西廂記》序言裡；本節所稱戀足，郭氏叫「拜腳狂」。至於纏足的歷史，可參考清錢泳《履園叢話》卷二十三。

[256] 下文所引中國文藝作品的零句多少表示幾分戀足或戀履的傾向：
張衡〈西京賦〉：振朱履於盤樽。
曹植〈洛神賦〉：凌波微步，羅襪生塵。
陶潛〈閒情賦〉：願在絲而為履，同素足以周旋。
謝靈運詩：可憐誰家婦，臨流洗素足。
《古樂府・雙行纏曲》：新羅繡行纏，足跌如春妍，他人不言好，我獨知可憐。明楊慎（升庵）認此為六朝即知纏足的證明。
李白詩：履上足如霜，不著鴉頭襪。
杜甫詩：羅襪紅蕖豔。
韓偓：《香奩集》，詠屧子詩：六寸膚圓光致致。
杜牧詩：鈿尺裁量減四分，碧琉璃滑裹春雲，五陵年少欺他醉，笑把花前書畫裙。
李商隱詩：浣花溪紙桃花色，好好提詩詠玉鉤。

第四節　關於戀物

　　根據上文的討論，可知戀足現象雖屬不太正常，其實也無非是一個原始的心理衝動或情緒衝動的再度呈現罷了；也許在我們的祖宗之中，這種衝動是相當普遍的，後來在進化的過程裡，它退化了或大致被淘汰了，但間或因演化論所稱的遠祖遺傳[257]或類似的關係，或因發育中止的關係，終於在近代生活裡再度呈現出來；這一項推論是大致不誤的，因為在幼童的生活裡，足的留戀始終是一個明顯的事實，而大凡幼年表現而壯年不表現的特質，大抵都是當年祖宗的一般特徵的遺留，在演化的歷程裡，這種事實是極多的。到了近代，這種衝動之所以能偶然復活，與所以能在少數例子的生活中維持下來而成為一種病態，也不外是這種因素裡應外合的結果。因素之一是一個神經異常銳敏而通常又發育得特別早的個體，另一因素是外界各種的刺激。這些刺激，對於尋常的歐洲人，不外發生三種影響，一是根本感覺不到，二是雖感覺到而為時甚暫，三是在戀愛與積慾的過程所產生的複雜的性情緒裡，這種影響只占到一個很不相干的地位，而始終受全部性情緒的節制；但對於上文所說的少數神經過敏與成熟過早的人，這影響便非同小可了，充其量可成為戀足或戀履的現象。[258]路德維希・賓斯旺格

段成式詩：醉袂幾侵魚子纈，飄纓長曳鳳凰釵。知君欲作閒情賦，應願將身作錦鞋。
唐鎬為窅娘纖足舞作詩：蓮中花更好，雲裡月長新。

[257]　稍舊的遺傳學者裡承認一種現象，叫間歇遺傳或隔代遺傳，一般隔一、兩代的叫近祖遺傳（reversion），所隔代數多而且遠的叫遠祖遺傳（atavism），但這兩個名詞也往往互用。
[258]　晉阮孚有屐癖，也可以說是戀履的一種。《晉書》（第四十九卷）：「孚性好屐，

第四章　性的歧變與性的象徵

（Ludwig Binswanger）曾用精神分析法很仔細地分析過一個有趣的例子：有一個名叫格達（Gerda）的女子，在年幼時就養成一個很特別的習慣，就是喜歡彎著腿坐在自己的腳跟上，讓鞋跟抵著她的陰部和肛門。這就引起了這部分敏感帶的快感與興奮，而興奮到相當程度以後，她必須排尿一次（排尿也許就是幼年解慾的一個方式，說法已見上文）。從此鞋子就成為她的最親愛的東西，平時保護得極周密，生怕被人看見。至於她的雙足，尤其是穿上鞋子的足，從此和她的一切的性觀念混而為一，成為男子陽具的代表，以至於產生像原始民族經歷過的心理狀態，把它當作一切生殖與繁育行為的象徵。在這個基礎上，後來又堆上各種恐懼心理與其他病態心理的症候，時日一多，這些症候不免把原有的戀足的表現掩蓋了一部分，減少了一部分，一直等到一名精神分析家上場，才把它剝繭抽絲似的清理出來。

或有詣阮，正見自曬屐；因自歎曰：『未知一生當著幾量履。』」王士禎在《池北偶談》（卷九）裡認為是典午人不顧名教的流弊的一大表示。其實此類習癖自有其心理的根據，以至性心理的根據。阮孚的遺傳似亦並不太健全，他的父親阮咸「任達不拘」，氣不過北阮的盛曬衣服，自己（屬南阮）也把大布犢鼻用竹竿張起來；「耽酒浮虛」，連豬群嘗過的酒也能喝；「縱情越禮」，和姑母家裡的胡婢結不解緣，即居喪亦不自節制。阮孚的哥哥瞻一面執無鬼論，一面卻見鬼，終於得病早死。孚自己就是那胡婢所生，其母系的血緣雖不可知，以情理推之，大概不會高明。譯文說戀物多少必有先天的基礎，至少這種基礎阮孚是很有幾分的。清袁枚《續子不語》（卷一）載有戀履而兼瘋狂的一個例子，題目是〈几上弓鞋〉。「余同年儲梅夫宗丞，得子晚，鍾愛備至，性頗端重，每見余執子侄禮甚恭，恂恂如也。家貧就館京師某都統家，賓主相得；一日早起，見几上置女子繡鞋一隻，大怒罵家人曰：『我在此做先生，而汝輩几上置此物，使主人見之，謂我為何如人？速即擲去！』家人視几上並無此鞋；而儲猶痛罵不已。都統聞聲而入，儲即蹩至床下，以手掩面曰：『羞死羞死，我見不得大人了！』都統方為辯白，而儲已將床下一棒自擊自罵，腦漿迸裂。都統以為瘋狂，急呼醫來，則已氣絕。」

第四節　關於戀物

　　上文所說的先天的根柢，並不限於足徵的現象。在有幾種別的戀物現象裡，這種近似先天的傾向有時還要更顯著，例如戀髮、獸皮戀（帶毛的皮）等等。在許多戀物的例子裡，我們對它們的發展，不但找不到一個起點，例如生活上發生過什麼特殊的事件之類（這也許可以解釋，就是說事件是有的，但是記不得了），並且往往發現它們發展得非常之慢，好像是很自然似的。因此，我們雖不能把戀足說成一個嚴格的隔代遺傳現象，至少我們可以認為它是從一個先天的基礎上產生出來的。我們不妨同意法國學者加尼埃（Paul Garnier）的看法，認為先天的成分是一個要素。

　　我們提到先天的成分，就一般的性象徵現象或性歧變而論，也是值得注意的，並且也許更值得注意。原來在一切歧變之中，各式的戀物，雖自有其先天的根柢，此種根柢卻還比較看不清楚，看得清楚的是後天在幼年時的經驗裡所發生的一些偶然的情緒與事物的連繫，或因特殊事件而遭到的心理上的打擊或震撼（上節說戀物的開始不容易就什麼特殊事件的發生而加以確指，當然是就一部分的例子而言，並非一般之論）。同性戀的現象也未嘗不是一種歧變，它的先天根柢就要比戀物現象深得多，同性戀的發生與進展是自然的趨勢，後天的阻遏力量，無論多大，總屬徒然。戀物的發生，雖也很可能源於神經過敏、懼怯成性與成熟太早的心理基礎，即多少要有一個神經有病態的遺傳做伏筆，通常還可以推溯到一個後天的起點，即早年生

第四章 性的歧變與性的象徵

活中可以引起強烈的性情緒的事件，這種起點雖在許多例子裡不一定找得到，但整體上往往可以找到。

這一類情與物的連繫，即在最正常的人，也未嘗不會在早年的經驗裡遇到，這種連繫對於未來的生活觀感究竟影響到如何程度，要看一個人情緒上接受感觸的難易，或者，要看他的遺傳歧變傾向的大小。對於一種歧變的產生，發育太早無疑是一個有利的條件，一個孩子，若在春機發陳過程中，在把性慾的正常路線確定以前就對特異的性產生異常銳敏的反應，這樣的孩子最容易受象徵現象的支配，一碰上有象徵意義的事物就一下子上鉤了。象徵意義的深刻程度，當然也因人而異，大有不齊的。我們可以分別為三種程度。

一個普通感覺不甚銳敏的人也許根本看不到這種意義，但在一個精神靈活與想像豐富的人，它是全部情慾的畫龍點睛之處，全部的最引人入勝處。再進一步，在一個精神格外脆弱而易受撼動的人，一旦一種象徵現象在心理上長下了根，它就成為用情之際一個絕對少不了的條件，假若愛人身上或左右無此條件，那根本就不成其為愛人。最後，到了一個精神完全不健全的人，一個象徵就會擴大成為全部的用情對象；異性的人到此是用不著了，她成了象徵的一個贅疣，一個廢物，大可束之高閣，到此，只有象徵是值得留意的，只要象徵有著落，就不怕得不到性慾的滿足。這三種程度之中，第一種比較算是正常，第二種已有幾分病態，第三種就完全成為一種歧變。在

第四節　關於戀物

一、二兩種程度裡，象徵現象雖存在，但整個異性還是少不了的，因此，性交與生育的功能依然多少有它們的地位；到第三種程度，整個異性就遭到抹殺，性交既不需要，生育自不可能，那就完全成為一種病理的狀態了。

克拉夫特－埃賓認為戀履大部分也就是一種受虐癖，不過因為轉了一個象徵現象的彎，所以看起來不太明顯罷了；一個受虐癖者見了所愛的人總要表示一番恭順，一番屈服，而足與履便是這番恭順與屈服心理的一個象徵。[259] 這一項見解恐怕是錯誤的。莫爾的看法比較合理些，他認為戀履或戀足往往和受虐癖有些連繫。[260] 加尼埃也有此見地，不過他很細心地指出，在許多例子中，這種連帶關係是查不出的。

一方面我們完全可以承認這種常有的連帶關係，但若我們想把戀足與受虐癖混為一事，那我們就得特別小心了。從我們所了解的廣義的象徵現象而言，受虐癖與戀足都可以看作象徵現象的一部分，而不妨相提並論；但雙方的象徵與所象徵的事物實在是不一樣的；就受虐癖者而言，卑躬屈膝的衝動與行為是象徵，對愛人的仰慕崇拜是所象徵的事物；就戀足或戀履者而言，足或履是象徵，而愛人人格中一切最美好、最華貴、最富於女性的表現是所象徵的事物。雙方雖各有其象徵與所象徵之物，但屬截然不同的兩種現象。受虐癖的行動有時固然有些

---

[259]　詳克拉夫特－埃賓所著《性精神病態》（*Psychopathia Sexualis*）。
[260]　見莫爾所著《反常的性感覺》（*Die Konträre Sexualempfindung*）一書。

第四章　性的歧變與性的象徵

像戀足或戀履，但只是像而已；在利用到鞋子的受虐癖者，那鞋子絕不是象徵，而是所藉以行使他衝動的一件工具罷了；對於他，真正的性象徵不是鞋子，而是自我作踐的一番情緒。反之，在戀足者，足或履不只是一個工具，而是一個真正的象徵，是不惜頂禮膜拜的東西，是一個理想化的對象，摩挲時固需極其虔敬之誠，想像時更不免忘餐而廢寢。戀足者自己大抵既不需作卑屈的行為，更絲毫沒有自慚與足恭的情緒。不但沒有，並且往往恰好相反，上文提到過的法國作家雷蒂夫是一位典型的戀足的例子，他就再三地說到，凡是足以打動他的戀足傾向的女子，他都想「征服」她們；在他童年時，他曾經特別看上一個弱不禁風而有凌波仙子狀態的女子，因為這樣一個女子，他覺得征服起來，不太費力，童年即已如此，成年後更可想而知了。雷蒂夫一生的性格與態度是主動的，是富有男人味的，而不是接近受虐癖的。

　　我們要決定一個例子究竟是戀物的抑或是受虐癖，我們必須通盤地考慮這個人的理智與情緒態度，兩種人的性的行為也許一樣，但這行為對彼此的意義也許很不一樣。克拉夫特－埃賓認為凡是甘願被人在身上踐踏的人，絕對是有受虐癖的症候。這是不對的。這種心甘情願的表示也許只與戀足現象有關，其間並沒有被征服的願望在內，單單為自我作踐而教人踐踏，他是不願意的。我的紀錄裡就有一個很好的例子，這個人我認識，現在已經去世，他未嘗不喜歡有人在他身上踐踏，但他卻始終

第四節　關於戀物

是個很豪強、切心於進取而不受人家頤指氣使的人。馬爾尚（Marchand）與富勒（Fuller）後來也記載著一個情形很相似的例子，他們指出，這人也沒有受虐癖的跡象。即使在戀足發展的過程裡，中途發生受虐癖的傾向，那是後起的，附屬的，是象徵現象上的一個寄生事物。

戀足者有時感到喜歡受人踐踏的願望本身也是很有趣的，因為這種願望所表示的，不止是一種戀物的狹義的趣味盎然，並且是一切象徵廣義的引人入勝的力量；對於戀足者，愛人的足或履不只是一件值得崇拜的東西。它是一個力的核心，一個會施展壓力的機制，它是活的、生動的，不是一件靜物，也不只是供象徵化的用途而已。它在活動時所表現的力實際上就等於性器官在活動時所表現的力。所以同樣是象徵現象，比起其他靜物的戀物，戀足是完全另成一格的；戀足是一個生動的象徵現象，它所帶給人的滿足是從它的動態中而來，而此種動態，因為同樣有節拍，同樣用壓力，最足以叫人聯想到性交的基本動態。讓－馬丁・沙可（Jean-Martin Charcot）和瓦倫丁・馬尼昂（Valentin Magnan）曾經觀察到一個戀足的例子，特別喜歡在女人的鞋子上釘釘子進去，在釘的時候，他達到了極度的性興奮，這顯而易見是一個性交的象徵；釘子的活動雖然和足或鞋本身的活動不一樣，但一種醉心於動態的傾向是一樣的。

在結束性愛的戀物現象的討論以前，我們不妨再提一提所謂反戀物現象（anti-fetishism），這個名詞是西元 1897 年義大利

第四章　性的歧變與性的象徵

犯罪學者切薩雷・龍勃羅梭（Cesare Lombroso）提出的，目的在概括一切對某個特徵或對象強烈的性反感，同樣一個特徵或對象，在甲可以喚起興奮的情緒，而在乙則恰好相反，那就是反戀物現象。龍勃羅梭又特別把反戀物和春機發陳期開始前後一個人對於性現象的厭惡心理連繫在一起。[261] 赫希菲爾德也採用過這個名詞，他認為這種反感是相當重要的。賓斯旺格則贊成在戀物現象的名詞上加一個「負」字。

第五節　關於獸毛皮革戀與動物戀[262]

我們現在必須討論到另一類的性象徵了。這一類的性象徵現象與戀物現象很有幾分相像，所不同的是，戀愛的對象或戀

---

[261] 宋洪邁《夷堅志》（卷四十一）載有〈鄧生畏蘿蔔〉一則說：「南城鄧椿年溫伯，少時甚畏蘿蔔，見必呼啼，飼餒間有之，則怖而走，父母疑人所嚇致然。長而益甚。一堂之上，苟睹之，即不能坐；或招之飲，於蔬茹間置之者，遽舍而歸。及老，田園互阡陌，每出巡莊，好精意檢校，佃僕點者，陽遺一二於此，若打並不能盡者，才望見，怒罵而去；雖值陰晦暮夜，亦不肯留，謂彼家多蓄是物，盧再逢之爾。至今其家祭祀，不敢復用。」按蘿蔔是陽具的象徵，鄧生於幼年時，大抵受過什麼特殊的情緒上的打擊，以至厭惡陽具，又因交替反射作用的關係，因而厭惡蘿蔔。不從性歧變的立場來觀察，這樣一個奇特的憎厭心理的例子是無法解釋的。不過鄧生的反戀物現象似乎並沒有走到極端，以至於完全妨礙了他的性發育；他是生育得有子孫的，子孫在祭祀他的時候，居然還尊重他這一層特別的心理。江西鄧氏，向稱望族，南城一支，宋明以還，代有聞人，鄧生雖是一個反戀物者，而別無其他精神病態的表現，先天比較健全，也未始不是原因之一。

[262] 本節大部分根據《研究錄》第五輯〈性的象徵現象〉（*Erotic Symbolism*）第四章。又值得一般參考的尚有舒奧諾與韋斯的《道德犯罪的法醫學觀點》一書，和哈沃德（W. Harwad）〈性的邪孽〉（*Sexual Perversion*）一文（《精神病學家與神經學家》（*Alienist and Neurologist*），西元 1886 年 1 月）。

第五節　關於獸毛皮革戀與動物戀

物通常和人體不具鄰近性,這顯然和上節所論的身體特徵或衣著一類的對象頗有不同。這一類的現象裡包括凡對人足以激發性慾的一切動物身上的產品,例如帶毛的皮或不帶毛的革,以至於動物的活動,特別是交尾行為的景象等等。這些現象是建立在相似的聯想之上的;交尾令人聯想到人的性交,動物成為人的象徵,所以也不妨總括在性的象徵現象之內。

這一類現象又可分為若干小類。第一,一般的人,尤其是年輕人,有時看見動物交尾,會感受到性的快感。有人為之創了一個名詞,叫做觀察性的物交戀(mixoscopic zoophilia);這是在正常的變異範圍以內的。本節題目中所說的獸毛皮革戀是這第一類的別派。第二,另有一些例子,在動物身上摩挲的結果,也會喚起性的興奮或性的滿足;這是一種狹義的性的戀物現象,克拉夫特－埃賓把它叫做性愛的動物戀(zoophilia erotica)。第三,另有一些例子,喜歡模擬和動物性交,甚至真的和動物發生交合的行為。這種例子所表現的便不是狹義的戀物現象了,但還沒有越出我們所了解的性愛的象徵現象範圍以外。這第三類不妨就叫做人獸相交(克拉夫特－埃賓使用的名詞是 zooerastia)。

人獸相交事實上又可以分為兩派:一派是比較自然的,當事人在人格上並不能算不正常,不過因為文明程度太低,不知自己節制罷了;另一派也許是一些教育造詣與社會地位相當高的人,但因為精神上有病態,意志薄弱,根本無法節制;這兩派不妨分別叫做未開化的獸交(bestiality)和病態的獸交(可即

第四章　性的歧變與性的象徵

以克氏的 zooerastia 當之)。

兒童中，無論男女，動物的交尾往往是富有神祕性的一種景象，最值得觀看。這是很自然，也是很難避免的，因為在兒童看來，這景象富於所謂「拆穿西洋鏡」的價值；性的現象，對兒童多少是個違禁的題目，在人與人之間所看不到的，居然在獸與獸之間看到了，豈不是等於一大祕密的揭穿？並且，這祕密也不只是別人的，兒童在自己的身體裡，也未嘗不感到一番鼓動掙扎；即在完全天真爛漫與知識未開的兒童，這種交尾的景象也未嘗不可激發一些隱約的性的興奮。就一般的觀察而言，似乎女童中有此種興趣的比男童要更多。在成年人中，這種興趣自然也有，而也以女子為多，在十六世紀的英、法兩國，王公貴族的女子幾乎很公開地表示過這種興趣，即不免特地找這景象來觀看。到了近代，很多人認為這種景象是有傷風化的，愛看這種景象，多少是貪淫好色的一種表示，也是一種病態；就精神不穩健的人而言，確實是如此，但這種景象本身卻是無所謂的。

動物交尾的揣摩與觀看，其所以為性情緒的一個象徵，是不難了解的，若在童年有此興趣，其為性象徵的表示，更可以說是相當正常的。但在物交戀與上節所討論的在人體上有其繫戀核心部分的戀物之間，還有一派象徵的現象，就比較複雜了。這一派就是所謂獸毛皮革戀 (stuff-fetishism)。獸毛皮革戀的對象便是毛和皮革或類似毛和皮革的貨物，整體上可以說都是

第五節　關於獸毛皮革戀與動物戀

動物身上的產品。這一派現象是比較複雜的，它所包括的戀物表面上也不止一種，而情慾在行為上的表示也不止一式。有不少例子對女人所穿的衣服不免發生性的興趣，因為衣服的原料中大都有獸毛皮革或其他相類的成分。在不少的例子裡，我們發現性慾的表示偏重於觸覺一方面，即當事人特別喜歡撫摸玩弄這一類動物身上的產品，從而獲取性的興奮與性的滿足。此外，有的例子所戀的對象可能就是獸毛所附麗的那動物，有的很自覺的，有的卻存在於潛意識裡而不太自覺，獸毛皮革之所以成為戀物，而帶毛的獸皮的吸引力尤其強大，大概是因為這個緣故。我們不妨把戀髮（hair-fetishism）看作人體的戀物與動物戀中間的一個過渡的樞紐，而歸在動物戀裡討論。人髮是和獸毛一路的東西，雖是人體的一部分，也是可以分割而脫離人體的。這樣看去，人髮便和獸毛皮革可以歸做一類的事物，實際上，它比獸毛皮革更容易成為戀物，其重要性要遠在獸毛皮革之上。克拉夫特－埃賓說過，頭髮的誘惑力極大，它和性擇的視、聽、嗅、觸四覺，全有關係。[263]

嚴格地說，戀髮應當屬於上節所討論的戀物現象，因為髮和足一樣，都是人體的一部分；不過因為它可以從身上截割下來，而即使頭髮的主人不在，它也足以引起性的反應，事實上便可以和衣服、鞋子、手帕、手套等物相提並論。從心理的立場論，戀髮並不成為什麼特別的問題，不過一則因為頭髮的性

---

[263]　本書所引克拉夫特－埃賓的見解或議論大部分根據他的《性精神病態》一書，已見前引。

第四章　性的歧變與性的象徵

的效力特別廣大（眼睛以外就輪到它了），再則因為紮成辮子或髮髻之後，它很容易從頭上擷取下來，所以從法醫學的立場，它是很可以引起夾雜的問題的。

在西方犯罪的人中，有一種人特別喜歡割取女人的頭髮，這種人有個特別稱呼，就叫頭髮截劫者（hair-despoiler，法文叫 coupeur des nattes，德文叫 Zopfabschneider）。[264] 自女子剪髮之風盛行，這種人的活動已見減少，但從前在各國的大城市裡都可以找得到，而曾被研究得最仔細的例子則發生在法國巴黎。劫髮者大都是一些精神脆弱而遺傳惡劣的人，他們對於女髮的愛不忍釋，有的在早歲即已開始，有的則發展較遲，大抵總在一度嚴重的熱病之後。所戀的髮有的是一般的散髮，有的是辮子；大抵所戀的只是二者之一，即不是散髮，便是髮辮，一個人兼戀兩種的可以說是沒有的。這種人摸到女髮，或在割取的時候，就會感到性的興奮以至於造成射精。割取到的髮，後來在手淫的時候，也有用處。就大體而言，截劫女髮的人是純粹的戀物者，在他所得到的快感裡倒並沒有施虐癖的成分。

獸毛皮革的對象，最普通的是帶毛的皮貨和類似此種皮貨的絲絨；其次是鳥羽、絲織品和不帶毛的皮革；總之，直接、間接都是動物身上的產品。其中最有趣的也許是皮貨，因為皮

---

[264] 譯者所讀到戀髮的一例比這種西方的例子要文明得多了：「青齊巨室某，兄弟皆顯宦，己亦入庠，為博士弟子員，性喜代人薙髮，洗刮按摩，俱臻絕步，刀布盤梳，製作甚精，日薙數頭，常苦不足，遇親友裳稍長者，即慫恿焉；手法遠勝市中待詔。」（清采蘅子：《蟲鳴漫錄》卷二）

第五節　關於獸毛皮革戀與動物戀

貨所引起的性慾又往往和受虐癖有些連帶關係。霍爾曾經告訴我們，兒童的情緒生活裡，對於皮貨的愛或憎，是相當普遍的；即使在嬰兒時期，即便在始終沒有和動物接觸過的幼兒中，這種愛憎的心理也可以找到。[265] 大多數比較純粹的獸毛皮革戀的例子也似乎都有一些先天的根苗，因為此種戀物情緒的產生，不但很早，並且找不到什麼特別的起因。獸毛皮革戀所牽涉的感官知覺，差不多全是觸覺，只有極少數的例子與視覺有關。如果性的知覺是由怕癢的知覺演變出來的話，那我們不妨說此種戀物的象徵現象多少是怕癢心理的一個先天的歧變，不過這種歧變只適用於對動物的接觸罷了。

由此種根據觸覺的歧變再進一步，就是上文所提的性愛的動物戀了。這個名詞是克拉夫特－埃賓創設的，克氏也記錄了一個很富有代表性的例子。這個例子是一名先天精神上便有病態的人，智力相當高，但很清瘦，氣色不好，性的能力也薄弱，他從幼年起，便對家畜特別表示親愛，尤其是對狗和貓；每次在牠們身上撫摸著玩，他就感到一些性的情緒，但在那時他還是一個天真爛漫的孩子，根本不知道性是什麼東西。到了春機發陳的年齡，他方才明白這種特殊的情緒是有性的意義的，於是便設法加以糾正。他居然成功了，但從此以後他就常做性愛的夢，而夢境中總有貓狗一類的動物在場，一覺醒來，又不免手淫，而手淫之際，意念中也總有這一類動物的成分。

---

[265]　見霍爾所著〈恐懼的研究〉(*A Study of Fears*) 一文，載在《美國心理學期刊》(*American Journal of Psychology*)，西元 1897 年。

第四章　性的歧變與性的象徵

同時他卻並沒有和這一類動物性交的慾念，實際上他見了動物就覺得可愛，無論那動物是公的還是母的；總之，他的性觀念，在這一方面倒沒有什麼不正常。這樣一個例子所表示的似乎是完全建立在觸覺上的一種戀物現象，比起一般的獸毛皮革戀，它是進了一步，比起人獸相交，它的程度還不夠，換言之，它是介乎二者之間的。

克氏認為人獸相交和性愛的動物戀根本是截然兩件事。這個見解我認為是不能接受的。我認為從性愛的動物戀到人獸相交，中間只是程度的差別，而不是品類的不同，實際上是一路的現象，所不同的是，犯獸交的人大抵知能要薄弱些或精神上要多些病態罷了。同時，上文不是說過人獸相交有兩派，一是未開化的獸交，一是病態的獸交嗎？這兩派也是不能絕對劃分的。在所謂未開化的獸交的例子裡，我們如果加以仔細的研究，恐怕十有八九可以找到一些心理的變態。莫爾說得好，我們在癖（vice）與病（disease）之間，很難劃一條清楚的界線；這句話在這裡也很適用。

討論到獸交，我們就涉及這類歧變中最粗野而又最屢見不鮮的一種形式了。凡是用和動物交合或其他緊密接觸的方式而取得性滿足的行為，我們都叫做獸交。要了解這種歧變，我們先得把文明生活與都市社會生活所養成的對於動物的觀感暫放一邊。大多數的性的歧變，可以說大部分是文明生活與都市社會生活的直接產物，即或不然，也至少是性衝動對此種生活隨

第五節 關於獸毛皮革戀與動物戀

便適應的一些表示。但獸交則不然（不過有一種獸交是例外，見下文），它是鄉僻地區的一種性的變態行為，而此地區的農民又通常是一些智性較低、感覺遲鈍和易於滿足的族群。在比較原始與質樸的人口中也有。鄉野粗魯之人，既沒有女性垂青，自己又沒有能力去追求她們，便很自然會養成這種惡癖。在有的比較樸野無文的社會裡，因為司空見慣，根本不把它看作淫惡的習癖。例如在瑞典，一直要到十三世紀末，非宗教性的地方法律才把它算作一種罪名，而這罪名也並不大，犯過的人只需對動物的主人負責，出一些賠償費便可了事。在更單純的民族裡，例如加拿大西境英屬哥倫比亞的薩利希人（Salish，即印第安人之一種），認為動物在生命的地位上並不低於人類，牠的價值並不賤於人類，所以即使有獸交的事實發生，犯錯的人並不因此受人鄙薄，並且根本也不算是一種犯錯的行為。[266]

此種所謂未開化的獸交之所以異常普遍，綜合起來看，有三種原因。

（一）原始與樸質無文的社會對於生命的概念和文明社會的不同，它並不認為人類與其他動物，尤其是高等一些動物之間，有什麼很大的界限。（二）農民與此種動物之間，關係必然比較密切，感情必然比較濃厚，有時再加上接觸不到婦女，家室生活不易建立，這種關係和感情不免更加發展。（三）有許多民族

---

[266] 喇嘛教中的歡喜佛，例如在北平雍和宮中所見的，其男像有獸首人身者，特別是牛首人身，應從此立場尋求解釋。

第四章　性的歧變與性的象徵

的傳說和迷信無形中也有推引的力量，例如，妄言和動物交接可以治療花柳病等等。

即使文明國家的鄉間，獸交依然不算一件很罕見的現象。這是很怪的。一個未受教育的農民，感覺既欠靈敏，辨別力自然薄弱，其對於異性的要求，又只限於極粗淺的程度而止，他對於一個人和一頭牲口在性方面的區別，事實上恐怕不會十分在意。一個德國的農民在法官面前替自己解釋說：「我的老婆好久不在家了，沒有辦法，我就找我的母豬去了。」這樣一個解釋，出諸不懂法律、不識宗教教條的農民之口，可以說是很自然的，事實上這樣的解釋也已經很夠，無須再有什麼別的辯護。從這個立場來看，獸交便和手淫以及其他臨時滿足性慾的方式沒有多大區別，都是不得已而求其次的權宜辦法，我們的確不必嚴格相繩，引為是性衝動的一大歧變。禁慾已久的前線士兵也往往有獸交的行為，古代、中古時代以及最近歐洲大戰的軍隊裡，就都有過這種情形，而傳說中所提到的動物大都是母山羊。

不過農民中獸交現象之所以比較多，除了感覺遲鈍與接觸不到婦女這兩點外，還有一個重要的理由，就是他們和動物的關係特別密切。就農民的立場而言，他和他的牲口或家畜的日常關係，不但不比他和街坊鄰舍以及一般人類的為疏遠，並且更顯接近，農民和牲口合住一屋，是鄉間最普遍的情形。

古今中外曾經做過獸交對象的動物，見於文獻的，種類很

第五節　關於獸毛皮革戀與動物戀

多，而利用這些動物的男女都有。家畜的用處自然是特別大，可以說每一種家畜都當過這類用途。利用得最多的是母豬。[267] 提到母馬、母牛、驢子的例子也不少。用狗、貓、兔子的例子也偶爾遇到。母雞、鴨子、鵝，也不算不尋常，在中國，據說鵝用得特別多。古羅馬的貴族婦女據說特別喜歡用蛇。甚至於熊和鱷魚都有人記載過。[268]

---

[267] 清紀昀《閱微草堂筆記》(卷十二)或《槐西雜志》(卷二)有如下的一段記載：「烏魯木齊多狎邪，小樓深巷，方響時聞，自譙鼓初鳴，至寺鐘欲動，燈火恒熒熒也；治蕩者惟所欲為，官弗禁，亦弗能禁。有寧夏布商何某，年少美風姿，資累千金，亦不甚吝，而不喜為北里遊；惟畜牝豕十餘，飼極肥，濯極潔，日閉戶而遝淫之，豕亦相摩相倚，如昵其雄；僕隸恒竊窺之，何弗覺也。忽其友乘醉戲詰，乃愧而投井死。迪化廳同知木金泰曰：『非我親鞫是獄，雖司馬溫公以告我，我弗信也。』余作是地雜詩，有曰：『古破天驚事有無，從來好色勝登徒，何即甘為風情死，才信劉郎愛媚豬』，即詠是事，人之性癖有至於是者。乃知以理斷天下事，不盡其變，即以情斷天下事，亦不盡其變也。」按此例就當時新疆之環境論(紀氏另有詩句曰『天高皇帝遠，人少畜生多』)，當屬於未開化的獸交，但有北里而不遊，而必出諸『媚豬』一途，有經不能守，而非從權不可，甚且以權作經，則其人在性心理上恐亦不無變態。習癖與病態之間，極難劃一清楚的界限，莫爾的話真是再確切沒有了。紀氏「以情斷天下事，亦不盡其變」的斷語亦極恰當，可引來作「歧變」一章全章的注腳。

[268] 清褚人獲《堅瓠續集》(卷一)，引《文海披沙》說：「槃瓠之妻與狗交。漢廣川王裸官人與羝羊交。靈帝於西園弄狗以配人。真寧一婦與羊交。沛縣磨婦與驢交。杜修妻薛氏與犬交。宋文帝時，吳興孟慧度婢與狗交。利州婦與虎交。宜黃袁氏女與蛇交。臨海鰥寡與魚交，章安史惺女與鵝交。突厥先人與狼交。衛羅國女配瑛與鳳交。陝右販婦與馬交。宋王氏婦與猴交。」又引《耳談》：「臨安有婦與狗好，京師有婦與驢淫，荊楚婦人與狐交。」結語說：「乃知宇宙之大，何所不有？」靄氏原文中說，在中國，鵝用得特別多；不知有何依據，據譯者讀書所見，亦只上文所引章氏女一例罷了。

《文海披沙》所拉雜搜羅的一部分顯然是傳說，不足為憑；其中杜修妻與狗交一則，係根據唐李隱《瀟湘錄》，惟《瀟湘錄》作杜修己：「杜修己者，越人也，著醫術，其妻即趙州富人薛賫之女也，性淫逸。修己家養一白犬，甚愛之，每與珍饌。食後修己出，其犬突入室，欲齧修己妻薛氏，似仍有奸私之心；薛因怪而問之曰：『爾欲私我耶？若然則勿齧我。』大即搖尾登其床，薛氏懼而私焉；其犬略不異於人。爾後每修己出，必姦淫無度……」後薛氏終於被出，歸母家，而犬仍往來不置；其他下文便是一派神話了。

第四章　性的歧變與性的象徵

　　社會與法律對於獸交的態度大抵反映出兩種事實，一是當時當地獸交現象的普遍程度，二是一種複雜的心理的存在，即憎惡的心理之中又摻和上一些神祕與褻瀆神明的恐懼心理。法律的態度既有不同，處罰的寬嚴程度也大有不齊，最輕的罰鍰而止，最重的是人與獸一併受荼毗的極刑。在中古時代及中古時代以後的歐洲，獸交的案例相當多，這一點我們從傳教士或神父講道時常用的主題之中完全可以看出來，一直到十五、十六世紀還是如此。關於這一層，我們還有一些更有意義的旁證，就是當時教會的法律也認為在這方面有規定各種處分的必要，主教、神父和會吏犯獸交罪名的都得經過相當時期的懺悔，大抵職位越高，那時期就越長。

　　對於獸交的處分，有的民族是極嚴酷的，這無疑是因為這種民族把獸交、獸姦或雞姦看作一種滔天的罪孽，而從宗教的立場來看，更是罪孽裡最最可怕的一種，至於它對社會與個人的實際損害，還是另一回事。猶太人最怕獸交，[269] 所以主張凡是犯者和被侵犯的動物都要受死刑的處分。在中古時代的歐洲，尤其是法國，這種嚴刑峻法也流行過一時。犯者和母豬或母牛或母驢，一併被判處荼毗的例子，記載上都見過。在法國的圖

---

[269]　靄氏原文中用到 sodomy 一詞，可譯為「所多瑪現象」，所指大概是獸交一類的行為。所多瑪是猶太經典中記載的一個古代小國，因多行淫亂，而終於被上帝用天火燒毀，詳《舊約・創世紀》(*Book of Genesis*) 第十二章第十三節，第十八章第二十節至第三十三節，及十九章第一節至第二十八節。所多瑪所行淫亂的方式，〈創世紀〉中不詳，大約獸交也是方式之一。無論如何，猶太人深怕獸交的心理是從這段故事來的。

盧茲（Toulouse），一個女子因和狗交而被焚死。即降至十七世紀，有一位很精深的法學家還認為這種判決是合理的。即在今日，社會與法律對於獸交的態度還沒有完全革新，還沒有充分參考上文已討論的事實，即凡有這種反常行為的人，不是精神上有病態，便是智力缺乏到一定程度，往往和低能的人沒有很大區別。還有一點我們得考慮到，就是有少數例子，或對動物身上有殘忍的傷害，或和下文所要討論的施虐癖現象有連帶關係，除此之外，獸交在事實上並不是一種直接反社會的行動。福雷爾說得很對，只要沒有殘忍的成分在內，獸交「是性衝動之中最沒有妨害的一種病態的歧變」。[270]

第六節　關於竊盜癖 [271]

從十八世紀起，西洋有一個名詞，叫「偷竊狂」（kleptomania），當初算是「偏執狂」（monomania）的一種；但這個名詞始終沒有受醫學界的公認，至於法學界，且還加以否認。有人間或用到這名詞時，指的不過是一種偷竊的衝動，犯偷竊狂的人，一陣心血來潮，就不由自主地偷竊起來，其間不但沒有自覺的動機，並且一經自覺，當事人（通常總是一名女子）還不免

---

[270] 見福雷爾所著《性的問題》（The sexual Question）一書。
[271] 本節根據《研究錄》第七輯中〈竊盜癖〉一文。靄氏在第三輯中發表〈性愛的象徵現象〉一文時，對於偷竊行為和性情緒的關係，尚沒有研究清楚，故未列入；第三與第七兩輯的問世，中間相距大約有二十年。

第四章　性的歧變與性的象徵

竭力掙扎。研究精神病的人又認為它和靜躁交迭性的癲狂（躁鬱症，manic-depressive insanity）最相接近。最近精神病學的趨勢是根本不想再用這個名詞，不過名詞雖有問題，它所指的現象卻是很實在的。當一個有偷竊的病態衝動的人上法庭而法官聽取辯護的時候，法官可以很俏皮地回答說：「這人假若有病，那病就得歸我治療。」不過俏皮的話容易說，問題的真相他卻並不了解。這種衝動其實是界限相當分明的一種心理狀態，而不是一個籠統的偏執傾向而已；它是有來歷的，並且這個來歷是可供明白地追尋的；而從我們的立場來看，它是性心理學範圍以內的一個現象。在性心理學裡，有人把它叫做「性愛的偷竊狂」（erotic kleptomania），但比較簡單而適當的名詞也許是「竊盜癖」（kleptolagnia）。這個名詞是 1917 年前後美國芝加哥的精神病學者詹姆斯·G·基爾南（James G. Kiernan）所創立的（把偷竊的行為和性的情緒聯合來看，這個名詞可以說是再恰當不過，它和下文第八節所要討論的名詞性虐狂或戀痛癖是一貫的，這裡指性與偷竊行為的連繫，而性虐狂則指性與施虐或受虐行為的連繫）。當時我很快就採用了這個名詞，以後也一貫認為它是指稱這種狀態的最恰當的一個名詞。（另一種比較難得遇見的狀態，以前叫做「性愛的縱火狂」，英文是 erotic pyromania，同樣也不妨改稱為「縱火癖」，英文是 pyrolagnia。）最初關於竊盜癖例子的記載，似乎是法國里昂的亞歷山大·拉卡薩涅（Alexandre Lacassagne）的手筆，時間是西元 1896 年。

第六節　關於竊盜癖

竊盜癖和性虐狂不但在名詞上相仿，在性質上也有連帶關係。竊盜癖可以說是建立在更廣泛的性虐的基礎上的；性虐中的性情緒的連繫物是痛楚，竊盜癖中的性情緒的連繫物是一種提心吊膽的心理，而提心吊膽的心理也未嘗不是痛楚的一種。[272]

[272] 推此議論，則靄氏在本節中所敘的現象當大有未盡，即只是竊盜癖一種，猶不足以概括此方面的性心理的變化。例如丐癖。偷竊的行為既可以和性情緒產生連繫，乞丐的行為又何嘗不可以？偷竊是不名譽的，衝動之來，當事人必有一番掙扎，一番提心吊膽的心理。而掙扎與提心吊膽皆是痛楚的一種，所以可以說竊盜癖是建立在比較廣泛的性虐狂或戀痛癖之上的。丐癖又何獨不然？向人丐取也是不名譽的，衝動之來，當事人內心也必有一番撐拒，面子上必有一番難為情的表示，撐拒與難為情又何嘗不是痛楚的一種？然則丐取的行為和性情緒連繫起來，而成為和竊盜癖完全可以相比的一種現象，是情理中可有的事。
丐癖不但是情理上可有的事，事實上也真有；也正唯其有，譯者才覺得有在注文加以補充的必要。姑就流覽所及，徵引若干例於後。
清諸晦香《明齋小識》（卷五）說：「有曹姓者，家素裕，生子絕慧，忽覯痟瘋，及愈，舉止乖常；日夾百錢，至街市與丐遊：初與一丐俱，如逢兩三丐，即舍前所俱者，而與兩三丐俱；尚復有數丐來，則又撇兩三丐而與數丐俱。家人偵獲拉歸，明日復然。」諸氏的評語是：「種荍伊蒿，大約其祖德斬也。」
清許仲元《三異筆談》（卷四）有一則說：「有不必丐，不可丐，而必欲丐者，予見二丐焉。一，王姓，文恭相國之曾孫，幼文員外之孫，好向店鋪乞錢，乞必誦制藝一首，不唱〈蓮花落〉也。鋪戶多識之者，即與錢，亦必誦訖，乃岿顧而之他。其叔鳳超，余僚儕也，為予言甚悉。父母閉之，則抉扉遁，繫之，則斷縆逸；夜即臥市間石上。後不知所終。一，朱姓，長兄為別駕，次兄太學生，群從皆茂才，亦同此癖。兩兄乃以金二百兩置秀野橋北毛大有酒店中，權其子，供乞資；見即招之來，斟酌飽滿，昂藏而去；雖嚴寒酷暑，或大雨雪，終不家食也。」按王氏一例是松江王頊齡之曾孫，王鴻緒之從曾孫。
清鄒弢《三借廬筆談》（卷三）有一則說：「余館秣城橋時，在趙姓者，性喜為丐。北寺故丐聚處，有人題額曰：『義屈卑田』；有丐首一人，凡欲為丐者，必先入名籍中，謂官丐，方可任其所之，不則為本丐欺，且無舍者。趙某家本小康，妻亦美；唯家居三、四年，必棄之去，以錢一貫入名卑田籍；丐知其富，優待之，於是甘之如飴。又胥門洪某，亦有丐癖；嘗寄身北寺，入義氓籍（即卑田籍，余曾見其冊有八千餘人）；家人覓得之，強使返，今稱素封矣。」
鄒氏說：「按《唐叢裁》，後齊武平時，後主於後苑內作貧兒村，帝親衣襤褸之服，行吟其間以為樂；以一國之尊，而甘心為此，理亦有之，不可解也。」按此或出一種故示落拓的好奇心理，或不可以尋常丐癖論。
丐者多於人家出殯時唱挽歌。元曲演富人子鄭元和事，不知究有其人否。不過明徐應秋《玉芝堂談薈》（卷十一）〈嗜好之異〉一則下說：「李山松好唱挽歌。」

第四章　性的歧變與性的象徵

這樣一種看法以前有不少觀察家也提到過，但都不是很清楚，一直要到二十世紀初，經法國的一部分精神病學者〔例如德普伊（Depouy）在 1905 年〕把若干竊盜癖的例子明確地敘述以後，這個看法才算成立，而竊盜癖的性含義才完全顯露。這些精神病學者告訴我們，竊盜癖的心理過程實際上就是積慾與解慾的性過程，不過經過一度象徵性的變換之後，就成一種偏執性的衝動，而此種衝動，在活躍之際，也必有一番抵拒掙扎，活躍的結果，則為竊取一件很無價值的東西，往往是一塊綢緞的零頭或其他類似的物料，除了藉以取得可能的性興奮以外，可以說

以有身家的人而喜唱挽歌，大概也是丐癖的一種表示。

清袁枚《子不語》（卷二十一）載有〈抬轎郎君〉一則，說：「杭州世家子汪生，幼而聰俊，能讀《漢書》。年十八、九，忽遠出不歸；家人尋覓不得；月餘，其父遇之薦橋大街，則替人抬轎而行。父大驚，牽拉還家，痛加鞭笞；問其故，不答，乃閉鎖書舍中。未幾逃出，又為人抬轎矣。如是者再三。祖父無如何，置之不問。戚友中無肯與婚。然《漢書》成誦者，終身不忘；遇街道清靜處，朗誦〈高祖本紀〉，琅琅然一字不差，杭州士大夫亦樂召役之，勝自己開卷也。自言兩肩負重，則筋骨靈通，眠食俱善，否則悶悶不樂。此外亦無他好。」

清采蘅子《蟲鳴漫錄》（卷二）又記著和〈抬轎郎君〉相仿的一些例子。一，「青齊巨室某……其同學某」酷愛支更鈴柝，巡行達旦無倦：「鄰家設典肆，輒往代其邏者；自製無表羊裘皮兜帽以禦寒；或攜酒肉，與支更人共飲醉，即令彼熟寢，而自按更聲柝以為樂。」二，「一世家中人喜為人御車，往來齊魯間，暇則朗吟古樂府、《離騷》、《漢書》，或作詩自遣，句多奇警，不以示人……相識者遇之，呼曰『當駕』（北人呼御車者之稱），則欣然，如呼字，或稱兄，則怒不答……」

按此數例與丐癖頗相近，而微有不同。興隸與抱關擊柝之人，在在須仰人鼻息，受人白眼，其社會地位原比乞丐高得有限，所以除非生活上萬不得已，或有特別的心理原因，一個人絕不肯甘心去覓取此種地位。這是與丐癖相接近的說法。惟抬轎、趕車、打更等活動於心理上的折磨外，又需加上體格上的痛楚，其和受虐癖的關係，似乎比竊盜癖及丐癖更明顯。汪生自白的幾句話最有趣：「兩肩負重，則筋骨靈通，眠食俱善，否則悶悶不樂」，的確是一個受虐癖者的口吻；不過所以能筋骨靈通、眠食俱善而精神舒泰的緣故，其關鍵實不在負重的本身，而在負重所加於其身的痛楚、興卒的地位所加於其精神的折磨、與此種痛楚與磨折所可能引起的解慾作用和情緒上的宣洩。參看下文本章第八節。

290

第六節　關於竊盜癖

全無用處。內心的抵抗掙扎相當於積慾的過程，我們知道一般積慾的過程中，本就有不少抵抗掙扎的成分；而竊取的最後手段則相當於解慾的過程，我們也知道，有的竊盜癖的例子，在竊取成功之頃，真的會發生解慾的作用而取得情緒上的宣洩。至於那偷到的東西，到此不是藏放一邊，便是完全拋棄，可說是捐同秋扇了。竊盜癖的人通常是女子，並且往往是有相當身家的女子，更可見得她之所以偷竊，目的絕不在東西，而是別有作用。這樣一個女子對於偷竊行為的性作用也許並不了解，並不自覺，即使自覺也不會自動地承認。由此，我們可以知道竊盜癖事實上並不是「偷竊狂」的一種，兩者在以前雖往往相混，現在我們卻看得很清楚了。「偷竊狂」在理論上是認為沒有動機的，也是不可抗拒的；而竊盜癖則自有其確切的動機，初不論此動機的自覺與否 —— 此動機並非偷竊他人物件，已不待言；同時，偷竊的行為也不能說不可抗拒，因為當事人總是籌之已熟，見有機會來到，環境適宜，便很快地下手。又大凡竊盜癖的人，神經上雖十之八九有些變態，精神上卻不一定有嚴重的病態。竊盜癖絕不是一種精神病，因此，也就不能和目前事實上已成過去的「偷竊狂」相提並論，而應完全歸納到性心理學的範圍之內；我們不妨把竊盜癖看作性愛的戀物現象之中比較有病態的一種。[273]

[273] 許仲元《三異筆談》裡於丐癖之後，又記有竊癖一例。「董五峰宏，文敏宗伯之族孫，亦文敏司寇之高弟也，生平有竊癖，不諱言之。戚友知其然也，珍秘多匿之；或斷墨半丸，或禿穎數管，藏置隱處，臨行，乃欣然攜之而去。子耕雲，工縑素，尤與余外祖善，言伊父之寐，誠不可諱，更苦滴滴不飲，不能以醉為

第四章　性的歧變與性的象徵

　　竊盜癖之外，還有性衝動與偷竊行為的混合現象，這些雖和竊盜癖不無連帶關係，卻不應與我們所了解的竊盜癖混為一談，並且這些現象的發生，事實上也比竊盜癖少。這些現象之一，威廉・斯特克爾（Wilhelm Stekel）在 1908 年曾經特別描述過。[274] 這種現象裡的偷竊行為不屬於性愛性質，易言之，偷竊並不是獲取性滿足的一個方法，所竊取到的東西也不是一種戀物，而是任何表面上可以供給性的興趣或性暗示的物件。竊取這樣一件東西，當事人，通常也是女子，算是聊勝於無地得到了一些性的滿足，這種女子大都因丈夫陽事不舉而平時情緒上感受著大量的壓抑；竊取一種有性暗示的事物對她多少有望梅止渴的用處，此外別無意義。斯特克爾用這個現象來解釋一切「偷竊狂」的例子，不過假若我們不再承認「偷竊狂」的存在，這個解釋也就根本用不著了。至於這種現象既不是戀物又不是竊盜癖，是顯而易見、無煩多事解釋的。

　　性的情緒與偷竊行為的另一種混合的現象，美國犯罪心理學家希利曾經敘述過，並且還有案例的證明。[275] 春機發陳年齡前後的年輕男女，一方面受到性的誘惑，一方面又深覺此種誘惑的罪大惡極，不敢自暴自棄，於是轉而從事於罪孽比較輕微

辭，幸所攫皆不及一文，倘可聊以自解耳；誦莊蒙〈胠篋〉之篇，不啻欲廢〈蓼莪〉焉。」按前一文敏為董其昌，後一文敏為張照，都是松江人。
清采蘅子《蟲鳴漫錄》（卷二）說：「某省有候補縣令，性喜竊食，若公然飲啖，則覺無味，而不能多進；妻妾稔知之，每於燈背案角置佳珍，以待令背人咀嚼，若有餘甘，不知何疾。」

[274]　見斯特克爾所著《行為的怪癖》（*Peculiarities of Behavior*）一書。
[275]　見希利所著《內心衝突與犯罪行為》（*Mental Conflicts and Misconduct*）一書。

的偷竊行為。[276] 這種現象背後的心理過程可以說恰好是竊盜癖心理過程的反面，因為一樣是實行偷竊。在竊盜癖，其目的是在性慾的真實滿足或象徵的滿足，而希氏所述的現象，則為此種滿足的閃避。[277]

第七節　關於露體癖 [278]

性衝動的另一個象徵的表現是露體癖；這在壯年人是一個嚴重的問題，而在童年，則是天真爛漫的一種行為，不算不正常。有若干作者曾經告訴我們，在春機發陳期內，甚至於成年期內，很多男女都有一種自我炫耀的衝動，而資以炫耀的事物包括正在發育中的性器官在內（其在女子，特別要人注意的是乳峰），這自炫的傾向是從幼年時自然沿襲而來，絲毫不足為怪

---

[276] 這種年輕竊犯的例子是不少的，在近代都市中也特別容易發現。記得多年前就有過這樣一個例子。一個十五、六歲的青年，不知犯了多少次細微的竊案，也不知進過多少次警局，終不悔改，當時各報的所謂「社會新聞」都拿他做了好題目，譯者在《華年週刊》裡，曾根據希利的見地，寫了一篇短評，替他開脫。據希氏說，此種例子，只需要有適當的關於性知識方面的開導，把他所謂內心的衝突調解開了，偷竊的行為便可立即停止，永不再犯。

[277] 靄氏此說恐不盡然。希利所述的現象貌若為性慾的閃避而發，事實上又何嘗不是為性慾的滿足而發（當然是童年與春機發陳年齡的一種暗中摸索的滿足，與成年人所謂的滿足不同）。在全部性愛的象徵現象的討論裡，靄氏承認凡是象徵性的滿足都是替代的滿足（vicarious satisfaction），希氏所述的現象，在一度偷竊之後，又何嘗得不到一種替代的滿足呢？因為可以得到一種滿足，所以經過相當時期以後，總需偷竊一次。因為替代的滿足畢竟不如從性知識的開導所得的滿足那般實在，所以一經開導，偷竊行為就從而停止。

[278] 本節大部分根據靄氏《研究錄》第五輯中〈性愛的象徵現象〉第五章。

第四章　性的歧變與性的象徵

的。弗洛伊德提到過,即使是最小的幼兒,在赤身露體時,會感到興高采烈;在睡眠之前,脫衣之後,他們總喜歡在床上蹦跳一陣,蹦跳之際,又往往把下身的衣服揭開,甚至於有陌生人在場,也復如此。據弗氏看來,這是樂園時代的一番回憶,樂園是失落了,但當初的情景並沒有完全忘懷;[279] 這種回憶,到春機發陳的年齡以後,雖大致已趨消滅,但也往往有呈露的可能,不過因為多少要受意志的控制,尚不失為正常的罷了;設或不受限制,那就成為一種病態的偏執行為(obsession),那就是露體癖了。成年人在夢境中時常覺得自己不穿衣服或穿得很少,普特南(Putnam)以為這種夢境是一種潛在的露體癖的表現;這個看法我不能接受。普氏沒有想到,我們在睡眠時,事實上已經是裸體或半裸體的、無待夢境的曲為補充。在童年(一直到滿十二歲),彼此脫衣驗看,也是時常有的行為;兒童對性器官自有其單純的興趣,此種行為大都是這興趣的一種表現;有時候,興趣之外,兒童也間或藉此表示一些頑皮與反抗的心理;但若成為習慣,這其間也許有幾分暗藏的性的動因,或許是內部有些輕微衝動正摸索著宣洩的方式的一種表示,也可能是一種替代的手淫的活動,應當和普通的手淫一般看待;總之,都不能算作露體癖。到了壯年人,露體癖卻是性交的一個更明確的象徵,其方式也不一而足,可以歸併成若干種類。

---

[279] 樂園的神話出自猶太經典,載《舊約全書‧創世紀》中。英國詩人約翰‧米爾頓(John Milton)有長詩〈失樂園〉(*Paradise Lost*)。弗氏在此所指當然是淳樸的原始時代,樂園云云,不過是一個更詩意的說法罷了。

第七節　關於露體癖

西元 1877 年，法人查爾斯・拉塞格（Charles Lasègue）最先描寫到露體癖的現象，露體癖的西文名詞也是他命名的。[280] 露體癖是性愛的象徵現象的一種；當事人只需把性器官對異性故意赤露一下，特別是對異性中年輕而在性方面尚屬天真爛漫的人，往往是對異性的孩子，就可以獲取相當於性交的滿足。露體癖的現象似乎相當普遍，大多數女子，在一生之中，尤其是在年輕時，至少總有一、兩次碰見不相識的男子故意在她們面前賣弄一下。從性犯罪的立場來看，這實際上是最普遍的一種侵犯行為。威廉・諾伍德・伊斯特爵士（Sir William Norwood East）發現在法庭受理和在布里克斯頓監獄（Brixton Prison）裡拘禁的 291 個性刑事犯中，多至 101 個犯的是這個罪名——西方刑法裡所稱的「猥褻的暴露」（indecent exposure）；這個數目不能不算很大，因為犯罪學家告訴我們，在所有囚犯之中，一切性刑事犯合起來，大約只不過占 4%。[281]

露體癖的人，雖然往往是一個年富力強的年輕人，但卻只需把性器官暴露一下，從而得到對方一些情緒上的反應，他就覺得心滿意足；他對面前的女子並沒有什麼要求；他也不太開口，也不求和那女子更接近；就大多數的例子而言，他甚至在表面上並不透露一些興奮的樣子。平時他也難得手淫；他只要

---

[280]　見拉塞格所著〈露體癖〉（*The Exhibitionists*）一文，載在法國《醫學會刊》（*L' Union Médicale*），西元 1877 年 5 月號。
[281]　見伊斯特所著關於露體癖現象的觀察一文，載《刺胳針》（*The Lancet*）（英國著名醫學期刊），1924 年 8 月 23 日。

第四章　性的歧變與性的象徵

有機會暴露一下，而覺察到或自以為面前的女子已因此而產生情緒的反應，他的願望就算完全達成了。他就從此走開，躊躇滿志，心氣平和。

各家對於露體癖的分類很不一致。梅德（Maeder）承認三種：一是幼年的露體癖，要看別人的私處和要別人看他的私處是兒童很正常的一種表現；二是衰老的露體癖，或未老先衰的露體癖，乃是陽道萎縮的人用以取得性興奮的一個方法；三是壯年人的露體癖，其目的在誘惑與招徠異性，這種露體癖的人在其他方面也許相當正常，但性的能力卻是有缺陷的。梅氏這分類也許並不完全，但他有兩點主張是不錯的：一是性能薄弱，露體癖的人確實是性能力不足的，二是露體癖雖屬一種歧變，卻自有其正常的基礎，假若無此基礎，就不會有第一類幼年的露體癖了。克拉夫特－埃賓從醫學方面把露體癖者分為四類：（一）後天的心理衰弱的例子，通常大腦和脊髓都有病態，因而意識模糊不清而性能萎縮；（二）跡近癲癇的例子，其露體癖行為是一種反常的有機衝動，而在此種衝動表現之際，當事人的神志是不完全清楚的；（三）與第二類相近似的神經衰弱的例子；（四）有週期的、比較強烈的性衝動的例子，其先天的遺傳是有很深的缺陷的。克氏的分類法也不能完全教人滿意。伊斯特從實用的立場把露體癖者分為兩大類：一是精神有病態的（約占全數露體癖者的三分之二，其中大多數是浸淫於幻境中的幻想家和低能的人）；二是怙惡而有犯罪傾向的（有害人的動機的，

第七節　關於露體癖

約占全數三分之一）。還有一個歸併成兩大類的分法，每一類雖比較夾雜，但也有它的用處。第一類的例子，在性心理方面，是多少有些先天變態的，不過在別的方面看來，心理和智性是相當完整，甚至於全無瑕疵；這些例子也大都是成年不久的壯年人，他們對露體癖的行為與目的，也未嘗沒有幾分自覺，衝動之來，雖終於不免在行為上表現出來，但事前總要費一番很認真的抵抗掙扎。第二類的例子，則或因智性與神經已初步發生病態，或因飲酒過度，其上層的神經中樞已受剝蝕，其感覺力與辨別力因而削弱；因此在這第二類裡我們有時就可能遇到老年人（老年的牧師等等），這種老年人在未老之前也許是律身甚嚴，無懈可擊的，但到此年齡便不然了，他們在裸露時和對此種行為的目的，即究竟為了什麼他們要出此一著，他們往往不太自覺，而衝動之來，也往往不加掙扎；對這一類的例子，只要有相當時期的休養和治療，便可以增進健康，而露體癖的行為得以停止。所以第二類的問題比較簡單，只有第一類才是已成模式的一種性的歧變。在第二類的例子裡，不能說完全沒有一種清楚的性的動機，不過這個動機正好是在有意識與無意識之間，而其所以出現於意識界的緣故，並不是因為動機本身的強而有力，而是因為比較高級的神經中樞暫時或永久地失去了控制的力量。其原因不止一個，而比較普遍的一個是酒精中毒；酒精中毒的影響有二，一是引起神志與意識的混亂，二是把潛在的、比較下層的行為傾向解放出來。伊斯特提到過，在

第四章　性的歧變與性的象徵

英國,酒精的消耗減少以後,「猥褻的暴露」案件也就隨之減少(1913 年,在英格蘭與威爾斯,這種被判決有罪的男子有 866 人,至 1923 年,在更大的人口總數之中,反而只有 548 人)。

克氏所說有癲癇的例子,在露體當下是昏暈過去的,因此事實上只好算是一種假的露體癖或模擬的露體癖。有人以為這種例子很多,其實不然;伊斯特在 150 個露體癖的人裡就沒能找到一個(其中未嘗沒有癲癇的人,但發作時不裸露,露體癖發作時不發癲癇),因此他說,就他的經驗而論,這種例子比較可能是湊熱鬧,說它多,則未必。不過癲癇的人中,可能發生真的露體癖或模擬的露體癖,是無疑的,義大利學者貝蘭達(Pelanda)很多年前在維洛納(Verona)很清楚地提出這種例子。所以我們只能說這種例子不多,卻不能說沒有。同時,我們卻也不能因為癲癇的人有露體癖的表現,便以為一切露體癖的行為,都是不自覺的。如果一樁裸露的行為同時也是真正的癲癇的行為,則此種露體癖是假的、模擬的,其間沒有自覺的性的背景,並且它的發生也不受時間與地點的限制,也不因在場的人數多寡而有所取捨。癲癇的人在發病之際有時會對著大眾便溺,好像是有意的,其實是不自覺的。這和裸露實際上是完全一類的行為,同樣是機器一般的自動的、不自覺的、不由自主的;旁邊有沒有觀眾,他根本不會看到;這種露體癖是假的、擬的,不是真的;真的露體癖者暴露私處的行為是自覺的、故意的,而且是煞費苦心的。所以如果我們遇見的露體癖

第七節　關於露體癖

行為，一方面既有時間與地點的選擇，一方面又有旁觀人數的限制——通常是一個僻靜的場合，在場的只有一、二少女或兒童——我們就不能承認那露體癖的人是正在發著不自覺與不由自主的癲癇，即使那個人真的是一個癲癇患者，我們也敢說他那時是絕不在發病之中。

癲癇性的擬露體癖，[282] 從法律的立場看，顯而易見是不負責的，我們固然可以略過不論。不過我們還需記得，真正的露體癖，當事人也通常在精神病態上又有些高度的理智的失常，甚或完全有病。在一切歧變的種類中，這原是共同的一點，但對露體癖，這一點恐怕比任何其他種類都關係重大。因此，一個做「猥褻的暴露」的人，在受法律懲處以前，理應交由專家先加診察。赫希菲爾德認為沒有一個露體癖者是心理正常的。在有的例子裡，露體癖的衝動可以被克服過去，或過了一陣自己無形消散。這大概是因為露體癖的來歷有些不同；或因酒精中毒，或因其他原因，當事人的高級的神經中樞暫時失去了控制的能力；唯其是暫時的，所以經調養與治療後也許可以復原。如果這種暫時的現象發生在青年時期，則年事稍長後，更自然而然地有復原的傾向；有受虐癖傾向的盧梭就是一個例子，他自己在《懺悔錄》裡說，在童年時，他有一次或兩次曾經遠遠

---

[282] 清紀昀記載的一例似乎是癲癇性的擬露體癖：「一宦家婦，遇婢女有過，不加鞭箠，但褫下衣，使露體伏地，自云如蒲鞭之示辱也。後此宦家女患癲癇，每防守稍疏，輒裸而舞蹈云。」（《閱微草堂筆記》卷九，或《如是我聞》卷三）。此宦家婦前半節有性虐狂（見下節正文）的傾向，下半節則顯然患癲癇性的擬露體癖。癲癇中有一種叫亨丁頓舞蹈症（Huntington's Chorea），患者是會舞蹈的。

第四章　性的歧變與性的象徵

地向年輕女子暴露他的臀部。好幾年前,我旅行經過摩拉維亞（Moravia,第一次世界大戰前屬奧國,後屬捷克一帶地方）,我在火車上望見一個少婦在鐵道附近的小河裡洗澡,當火車在她面前駛過時,她轉身過去,並且特地把圍著下身的襯衣提起來,露出她的臀部。(在這裡,我們要記得暴露臀部原是古代一個辟邪的方法,到了後世,則退化成為表示鄙薄與不屑的一種姿態,在女子用得特別多。)在婦女中,除了童年時期,真正的露體癖行為是極難得的。布賴恩（Douglas Bryan）說得好,婦女發生露體癖行為時,她把全身當作男子陽具一般向人暴露;這在事實上是比較困難的,唯其困難,所以少見。[283]

露體癖者的暴露行為,從表面上看,似乎是很無聊與無意義的,一般人又不察,以為一定是瘋癲的一種行為,無法解釋的,以前有不少關於精神病或性的「孽邪」的作者都有過這種看法,這種作者如今恐怕還有;這種看法是過分的,固然我們也承認,有一部分極端的例子往往和精神病有關,或確實是一種性的病態。

我們的看法是,露體癖根本上是一種象徵的行為,其動機與出發點還是在求愛,簡而言之,根本還是一種求愛的行為,不過是沒有走正路罷了。一個露體癖的男子把他的性器官向相逢的女子賣弄一下,而觀察他這種突如其來的行動對那女子究

---

[283] 男子的性能集中於性器官,女子則比較分散,其敏感帶之多且廣,遠在男子之上,已具見第一章中,布氏的見地,顯然以此為前提。

第七節　關於露體癖

竟產生一種什麼打擊，一種置身無地的害羞的反應，令他得到了情緒上的滿足，彷彿和正常的性交所給予的滿足一樣。他覺得在精神上他已經一度破壞了一個女子的貞操。

從這個立場來看，露體癖可以和另一種更普遍的衝動相比，並且事實上也是相連的。有許多人喜歡在年輕和天真爛漫的異性面前，做一些不雅與失態的動作，或講一些淫褻的故事與笑話，而觀察對方的反應。這種行為其實也未嘗不是一種露體癖的行為，它的動機和所企求的滿足是一樣的，即同樣要目擊別人在情緒上的難堪，而於中取利。不過奈克認為露體癖不過是施虐癖的一種；教人難堪，教人驚惶失措，便是一種施虐的行為；這又未免把露體癖看得過於簡單，我們不敢贊同。淫褻的暴露與淫褻的言辭，[284] 雖若兩種不同的露體癖，但也可以在同一個露體癖者身上發現。

還有很有趣的一點，值得在此提出，就是施虐癖中主動的鞭笞行為（詳見下節）和露體癖行為，就象徵的意義而言，是大可以相比的。一個鞭笞者拿了一根棍子或鞭子（本身就是陽具的一個象徵，並且在有的民族的文字裡，鞭棍一類的名詞往往也就是陽具的稱號）[285] 走近一個女子，要在她身上平時隱祕的部分，鞭出一些像臉部害羞時所呈現的紅暈來；並且要在被鞭的地方觀察肌肉的痙攣性的顫動（在性興奮時，肌肉顫動原是

---

[284] 猥褻的暴露，在中國也偶爾可以遇見，而猥褻的言辭更為普通，尤其在罵人的時候。
[285] 中國語言裡即有此種情形，例如牛鞭、虎鞭之類。

第四章　性的歧變與性的象徵

常有的現象），而同時又要使她在情緒上發生和此種紅暈與顫動相呼應的反應，即一種又驚又愛的害羞的反應，至少在執鞭人認為她已有了此種反應，他就算滿足了。同樣是模擬著性的交合，這鞭笞的行為比暴露色相的行為則要更進一步，一則鞭笞者是得到了對方的同意的，再則他和對方部分赤裸的身體可以發生很密切的接觸，而在露體癖者則否。兩種人的區別是有緣故的，通常鞭笞者比露體癖者要來得健壯，在別的身心方面，也比較正常。不過我們應當注意，上文云云只是一個比較論，而絕不是把兩種現象混為一談；我們絕不能把露體癖者也當作一種施虐癖者，上文所引奈克和別人的見解，我們已經說明是不敢苟同的，就大多數的露體癖者而論，他們的性衝動的力量是薄弱的；有的甚至已經進入初期的麻痹性痴呆（general paralysis）狀態，有的已呈老年認知障礙（senile dementia）的症候，有的或因其他原因，神智已日就衰敗，例如慢性酒精中毒。他們性能的薄弱還有一個旁證，就是，他們所選擇的對象往往是年幼的女童。

從表面上看，露體癖者的行為似乎不可究詰，但從心理學的立場看，是不難了解的。露體癖者一般是一個害羞而膽小的人，並且有時在發育上還有各種幼稚的特徵；他那種暴露的行為實際上是對他自己性格的一個強烈的反動。戀物者和他一樣，也往往是一個縮瑟不前的人，因此赫希菲爾德堅持一種說法，認為在露體癖中往往有些戀物的成分。他認為一切露體癖案例的

第七節　關於露體癖

構成，有兩個因素是不可少的：一是內在的神經變態的因素，二是外力的因素，而這往往就是戀物的。因為足以打動露體癖者的性興趣的事物，絕不會是對象的臉部，而最普遍的是對象的腿部；兒童與小學的女生容易成為露體癖者的對象，赫希菲爾德認為原因也就在於此，童年的裝束往往是把腿部露出來的。

露體癖者對於對方所能喚起的反應，通常不出三種：（一）女子受驚之餘，就跑開了；（二）女子發怒而以惡聲相向；（三）女子覺得驚喜，覺得有趣，因而微笑或忍俊不禁地笑得出聲。三種之中，最後一種最能令他滿足。

還有一種比較難得遇見的性愛的象徵現象似乎也可以和露體癖相提並論，就是向婦女的白色衣服上潑些墨水、酸類的化合物或其他惡濁的東西，因而取得性的滿足。莫爾、舒奧諾（Léon Henri Thoinot）、赫希菲爾德和其他作者都記載過這種例子。舒奧諾認為白衣服上的汙點便是戀物。這個說法是不完全對的。依我看來，就大多數的例子而言，那白衣服本身原是一件戀物，不過經玷汙以後，好像做上記號一般，更值得留神注目罷了，同時，玷汙的行為和潑濺的時候在雙方所喚起的強烈的情緒，從戀物者的立場看去，是等於性交的一番模擬；因此，與其說這種現象完全屬於戀物，毋寧說是和露體癖更相接近。這個現象又可以和另一種行為連繫起來，就是戀履者不但覺得鞋子可愛，往往覺得沾上了泥濘的鞋子更加可愛，無疑是出於同一心理。雷蒂夫一方面愛女人的整潔，一方面又特別愛女子

第四章　性的歧變與性的象徵

的腳,因為他說,腳是身上最不容易維持整潔的部分,以常情論,這兩種愛是矛盾的,就方才討論的性心理而論,兩者卻是相成而拆不開的。

對於主動的鞭笞行為和上文所討論的各種表現,即如淫褻的言辭、濺汙的舉動等,加尼埃又特別創了一個名詞,叫「施虐性的戀物現象」(sadi-fetishism),他的理由是,這種現象是施虐癖與戀物的混合現象,當事人一方面對某種物品既表示病態的繫戀,一方面對它又有一種衝動,多少要加以強暴的作踐,結果就成為此種混合的現象。不過從我們所了解的象徵現象的立場而言,我認為這個名詞是用不著的。在這些表現裡,我們事實上找不到兩種不同的心理狀態,更不用說兩種的混合。我們眼前有的,只是一些象徵現象所共同具有的心理狀態,不過此種狀態的完整程度與複雜程度各有不同罷了。

把露體癖當作一個象徵現象的過程來看,中間又牽涉到一個問題,就是我們要知道露體癖者對於對方所表示的情緒上的反應,究竟能自覺地注意到什麼程度。他想激發對方的情緒,而就大多數的例子而言,並且希望這種情緒對於對方自身也應該有幾分快感,那似乎是無疑的。不過因為各種不同的理由,他自己的理解力與辨別力是受到抑制的,或很不活躍,因此,他對於對方因他的舉動而產生的印象,以及他的舉動所引起的一般的結果,事實上無法加以準確的推測;他的舉動完全受到一種偏執衝動的強烈支配,不免情令智昏,更說不上臆測的能

第七節　關於露體癖

力了。就許多例子而言,他的理解力與辨別力只夠使他自己相信他這番舉動對對方是有快感的,在別人和對方儘可能覺得他的此種假設失諸過於一廂情願,他卻絕不這樣想;因此,他在裸露的時候,觀眾往往是一些較低層次的女僕之流,表面上儘管捧場,實際上也許全無快感的反應。

不過一個露體癖者的慾望往往也並不止於使對象產生一些隔靴搔癢似的快感而已;他要的是一些強烈情緒的反應,至於反應者感覺到愉快與否,是無關宏旨的一點。因此,有的露體癖的男子,特別是身體瘦弱、形貌像婦人女子,而精神上卻有幾分誇大傾向的人,在裸露的時候,不免花上很多的心思精力,為的是不鳴則已,一鳴驚人。他也許特別挑選一所禮拜堂來做他的用武之地,但人家在做禮拜的時候,他是不去的,因為他最怕群眾集會的場所;大約總在晚鐘初動時他才去,那時禮拜堂中只剩下少數的信女,三三兩兩地散布在禮堂上,跪著默禱。他特意挑選禮拜堂,目的倒絕不在褻瀆神明 —— 這一點,就大多數的露體癖者而言,是毫無可疑的 —— 不過他認為為他的舉動與所希望的影響設想,禮拜堂的環境確實是最合理想的。有一位常到禮拜堂的露體癖者自己承認說:「為了換取一些深刻的印象,禮拜堂的環境真是恰到好處。」「她們見到我之後,到底在想些什麼呢?她們見到我之後,彼此之間又說些什麼話呢?唉,我真想知道!」加尼埃所治療的案例中,也有一個常到禮拜堂的露體癖者,他對加氏所說的一番話最足以表示這種心理。

第四章　性的歧變與性的象徵

他說:「你問我為什麼喜歡到禮拜堂去嗎?這我也很難說。不過我知道只有在禮拜堂裡,我的舉動才會產生最深長的意義。在那裡的每一個婦女和尋常不同,她是在極虔敬的態度之中,她的心是虛一而靜的,因此,她一定會了解,我在這種場合下有這種舉動絕不是開玩笑,絕不是一個村夫俗子不識廉恥的淫褻行為,她也一定知道,我到那裡去,目的也絕不在自尋快樂;我的目的要比自尋快樂嚴肅得多!我要看那些小姐太太們,見了我的器官之後,臉上究竟產生一些什麼變化。我指望著她們會表示一番極深刻的內心的愉快;我更希望她們會情不自禁地對自己說:『看到這裡才知道造化是何等的莊嚴偉大呀!』」在這裡,我們也很清楚地看到一點生殖器官崇拜的痕跡,這種崇拜的情緒在古代是相當發達的,即在今日,我們有時也可以找到。霍爾和其他作者都說過,男女在青年期內,大都可能有這種情緒表現,不過在尋常生活環境下,是受壓抑而不發揚的,最多不過是對自己發育完整的男女身心特徵,有一種自豪的心理在神情上流露罷了。

因為有此種情緒的表現或流露,所以我們可以知道,露體癖的現象,就它最近乎正常的各式表現而論,是青年期內可有的事。伊斯特的研究裡,發現150個例子中,多至57個,即全數的三分之一以上,是不滿25歲的,年歲逐漸增加,露體癖的例子就逐漸減少;而150個例子中,半數以上也是尚未結婚的。因為同樣的理由,我們也可以了解為什麼很大一部分露體癖者

（伊氏的 150 例中有 40 例）可以叫做「幻想家」（visionaries）。這些案例都會用白日夢的方法來虛擬一些求愛的情境，此種求愛當然是反常的，不過其同樣為求愛。但伊斯特也說，他們之中也有不少人，其所用的求愛方法不免教人聯想到院子裡的家畜所用的方法，和一部分動物所用的「賣弄」與「練把式」一類的慣技。

因此，我們可以說，露體癖者之所以不恤人言，而敢做公開的色相的呈露，是一種類似隔代遺傳的或假隔代遺傳的表示。我們不能說它是一個真正的遠祖遺傳的特質在文明生活裡突然由潛藏而顯露，不過，文明生活所造就的各種較高與較細的情緒，既因上文已說過的各種原因，而至於沉抑不宣，至於癱瘓不動，一個有露體癖傾向的人，在心理的水準上，就不免淪落下去，而與原始的人為伍，而既有這種心理狀態做基礎，各種屬於原始人的行為衝動也就可以孳生發育了。因此，如果一個人遺傳的精神病態不太深刻，只要有良好的環境，他的露體癖傾向往往可以無形消滅，而正常的行為可以完全恢復。

由此可知露體癖者的行為也無非是把原始時代原有的一種性的表現更推進一步罷了；我們在上文已經看到，在其他的性歧變裡，也大都有這種情形；露體癖也不例外，所以如果此種行為能不走極端，能接受控制，偶有流露，亦能有其時地與人事上的限制，則我們還不妨把它看作一種正常的表現，不必過

第四章　性的歧變與性的象徵

事干涉。[286] 一個露體癖的人實際上往往只是一個不太修邊幅的自戀的人罷了，自戀的人，我們在上文已經看到，原是與人無忤、與世無爭的。不過我們也承認，在今日的社會狀態下，露體癖的舉動，無論它的根柢如何深遠，來歷如何自然，是不能過事寬容的；至少在見他暴露而在精神上受到打擊的女子，如果天真爛漫一些，難免不發生神經的與歇斯底里症一類的病態；到此，就不能說與人無忤了。與人有忤的行為，社會法律出而干涉，自然是極應當的。

不過法律對露體癖的人又應如何處置呢？伊斯特說過，今日的法庭有很大一部分總是教附屬的醫事機關對他先有一度心理狀態的調查與報告。這種調查與報告當然是一個進步，但我們對於性歧變的見解雖然越來越開明，問題的困難卻越來越增加。對於露體癖的案例，處罰太輕，則等於無用，處罰太重，則失諸不平，並且一樣的無效；除非當事人比較有身家，我們又不能把他送進精神病的機關，讓專家悉心治療。我不妨在此引一段一位法官朋友寄給我的信，他是一個以幹練著稱的人，所說的話應當極有分量；他說：「昨天在地方法庭（一年開庭四次）

---

[286]　靄氏原注：我們得記住，一直到近代的英國，裸體的行為才成為一個可以懲罰的罪名。在十八世紀以前，猥褻的指責則有之，但是在法律上不成一個名目。〔在十六世紀的愛爾蘭，據菲尼斯·莫里森（Fynes Moryson）說，貴族婦女在戶內可以隨便把衣服脫光，即有陌生人在場，亦所不避。〕我讀到，在西元 1776 年，一個倫敦的神父，被教區裡的婦女在宗教法庭裡告發，說他故意把私處暴露給她們看。無疑的，他既然是一個神聖的職業中的人，這種行為上的不檢是可以鬧大笑話的。但宗教法庭對他究竟作了何種處置，我們就沒有讀到什麼下文了。

第七節　關於露體癖

上我審到一件案子,當事人是一個工人,罪名是猥褻的暴露,屢戒不悛。當時的判決是六個月苦工的徒刑。不過這樣一個判決似乎有兩重困難。第一,據我所知,這樣一個人沒有什麼拘禁的地方可送,也沒有地方可以給他一個治療的機會。第二,即使送到尋常的監獄裡去,監獄的醫官一定會說,這個人在心理上是不夠正常的,因此,對他自己的行為不能負責,醫官也不便簽字證明,我們雖然暫時讓他在監獄裡住下,但我們實在沒有管束他的權力。試想,他現在是一個三十八歲的年富力強的人,看他那樣子是很可能活到六十八歲的,在短短的六個月以後,他還不是在外面自由流浪,而依然可以繼續他的犯罪行為嗎?這個人當過兵,成績很好。別的法官對這件案子同樣地表示關心,我看見法官們的意向大都反對把這樣一個人送進牢獄,我自然很高興。但不監禁,就得當場開釋。幸而我們已經過了笞刑的法律時代,若在兩、三年前,根據刑法的條文,這個人還是免不了一頓鞭子。」

另一個法官,他同時也是一名醫師與精神治療的專家,在給我的信上說:「我在法庭上見過很多這種犯案的案例;他們的情形實在是很悲慘的。有幾個我設法當場開釋了,但有的只好『依法』懲處。無疑的,大多數案例是需要精神治療的,他們實際上是精神病的案例,而不是犯案的罪人。也有許多對他們自己的行為表示真摯的痛惡的態度,並且也曾努力設法控制自己。我們一般對於露體癖的見解是太陳舊了,但若要加以改

309

第四章　性的歧變與性的象徵

革，大量的社會教育工作是少不了的。」

說到精神治療，我倒要提議一個方法，並且認為這種方法含有幾分效力。就是讓有露體癖傾向的人加入近來日漸流行的日光浴運動。[287] 如果露體癖的人不過是一個比較極度的自戀或顧影自憐的人，有如上文所說，則其所表示的衝動便不一定與社會相忤，在相當條件下，並且很可能受社會的認可。既然如此，則一旦加入日光浴運動以後，他的衝動就可以有一個合法表現的機會，也就等於取得一種新的自我控制的能力。在日光浴的場合裡，不論男女都是赤身裸體的，讓露體癖者加入其間，其他在場的可不以為怪，而在露體癖者則可以充分滿足他的自戀傾向；只要他不超越相當的限度，此種男女雜沓的生活只有減輕他的病態之功，而無變本加厲之患。在這種場合裡，他也自然會知道，如果他不自制而至越出規範以外，則結果一定是遭受大眾的擯斥，而露體癖的權利將從此無法享受。簡而言之，他有不得不自我克制的苦心與必要，同樣一個衝動，到此境地就有了一個健全的社會化的出路，否則便不免越來越孤僻、越奇怪、越為人所不齒。

此外，我們對一個有露體癖傾向的人，如果他還未曾受到警察的注意，第一件應當加以勸導的是，叫他無論如何不要單獨出門。赫希菲爾德也承認這個勸告是很重要的，因為，他說，

---

[287] 靄氏提倡適當的裸體運動最力，認為它有很大的性教育的價值，詳見《研究錄》第六輯第三章，所以提出這樣一個解決的方法。

露體癖者對自己的衝動也自知警戒,所以對這樣一個勸告是很願意接受的。若不幸而被逮捕,則法官對於第一次過犯最合理與最合人道的辦法是把他放了,同時卻警告他,釋放他是有條件的,就是要他立刻去請醫師檢查。在許多較大的都市裡,目前已有一種特殊的診療所;法官、警察機構的醫師以及社會工作者可以很容易地把當事人介紹前去;此種診療所收費也不高。我認為這種診療機關應當更頻繁地被利用。在第二次過犯以後,一個露體癖者就該被拘留起來,至少以一個月為限,但拘留的目的應當也是在檢查與治療,而不在懲罰,而拘留的處所也絕不是牢獄,而是近乎住家性質的療養院。這種處置的方法是和福雷爾的意見相呼應的,福雷爾認為露體癖者並沒有什麼危險性,並且(除了同時患低能者)只應短期的受療養院的拘留,使專家有診斷與治療的機會,便足夠了。

第八節　關於性虐狂(施虐癖與受虐癖)[288]

「性虐狂」(algolagnia)是一個方便的名詞〔亞伯特・馮・斯德雷克・諾茲(Albert von Schrenck-Notzing)所提出〕,[289] 用

---

[288] 本節議論的大部分根據《研究錄》第三輯中〈戀愛與痛苦〉(*Love and Pain*)一文。靄氏當初似乎沒有把性虐癖當作性愛的象徵現象或性歧變的一類,後來才把它歸併進去,顯然是一項進步。

[289] 斯德雷克・諾茲所著文見《德國催眠學期刊》(*Die Zeitschrift Hypnose*),第九卷,第二冊,西元 1899 年。

第四章　性的歧變與性的象徵

以指另一類很重要的性的歧變或象徵現象，關於性興奮和痛楚連繫後所產生的各種表現。若單說性虐狂，是不分主動與被動的。主動的性虐狂，一般另稱「施虐癖」，西方叫「薩德現象」（Sadism）；從前法國有一位侯爵，叫作薩德（Marquis de Sade, 西元 1740～1814 年），在他的實際生活裡，曾經表現過這種性的歧變，而在他的文學作品中，更充滿著這種歧變的描寫，名詞「薩德現象」就濫觴於此。被動的性虐狂叫做「受虐癖」，西方叫「馬索克現象」（Masochism）。十八世紀時，奧國有一個小說家，叫利奧波德・馮・薩克－馬索克（Leopold von Sacher-Masoch, 西元 1836～1895 年），他自己是一名受虐癖者，而在他的作品中也屢屢敘述到這種性的歧戀。施虐癖的定義，一般是這樣的：凡是喜歡向所愛的對象加以精神上或身體上的虐待或痛楚的性情緒，都可以叫施虐癖。受虐癖則反之：凡是喜歡接受所愛對象的虐待，而身體上自甘於被箝制、與精神上自甘於受屈辱的性情緒，都可以叫受虐癖。性虐狂的行為——無論是施或受，也無論是真實的、模擬的、象徵的以至於僅僅屬於想像的——在發展成熟之後，也可以成為滿足性衝動的一種方法，而充其極，也可以不用性的交合，而獲取解慾的效果。

　　性虐狂這個名詞用處很廣，因為它不但能總括施虐癖與受虐癖兩種相反的傾向，同時它也能兼容並蓄不能歸在這兩種傾向以內的一部分現象。例如克拉夫特－埃賓和莫爾都不肯承認教人鞭笞是一種受虐癖的表現，他們認為這不過是要多取得一些

第八節　關於性虐狂（施虐癖與受虐癖）

身體上的刺激與興奮罷了。這也許是；但對於許多案例，此種行為確實是受虐癖的表現，而向人鞭笞確實是施虐癖的表現。不管兩氏究竟對不對，也不管受鞭笞的是自己還是對象，這其間都有性情緒與痛楚的連結，是可以無疑的；兩氏所提出的現象縱不成其為受虐癖，至少總是性虐狂的一種。所以說，性虐狂一詞用起來特別有其方便。

從嚴格定義的立場而言，這種施虐癖與受虐癖的合併說法也有它的不方便處，但從心理學的立場來看，這種歸併以至於混合是合理的。根據弗洛伊德的見解，受虐癖就是轉向自身的施虐癖，而我們也可以依樣地說，施虐癖就是轉向別人的受虐癖。[290] 若依這種說法，則把兩種傾向歸納在一個總名詞之下就特別顯得有理由了。從醫學的觀點來看，這兩種傾向固有其分別存在的理由，不過兩者之間事實上並沒有很清楚的界限；我們在一個純粹的受虐癖者的身上雖不容易找到一些施虐癖的成分，但在施虐癖者的身上卻往往可以找到一些受虐癖的成分。即就薩德侯爵自己而論，他也並不是一個純粹的施虐癖者，在他的作品裡我們很清楚地發現不少受虐癖的成分。所以說，性虐之中主動與被動的成分可以有很密切的關聯，說不定兩種成分其實是一種，也未可知。有一個整體上是施虐癖的人，在他的心目中，鞭子是一件富有刺激性的戀物，他寫道：「我的反

---

[290] 見弗氏所著〈受虐癖的經濟問題〉（*The Economics Problem of Masochism*）一文；《論文集》（*Collected Papers*），第二冊。又〈本能和它們的變遷〉（*Instincts and their Vicissitudes*）一文（同上，第四冊）。

第四章　性的歧變與性的象徵

應偏向於鞭笞行為的主動的一方,但對於被動方面,我也養成了一些興趣,但此種興趣之所以能成立,是靠著在意識與潛意識之間一番心理上的扭轉或移花接木的過程,結果是,鞭子雖由別人加在我的身上,我的潛意識的想像卻以為是我自己操著鞭子在撻伐別人。」還有一點也很有注意的價值,有的受虐癖者在平常的性情上顯得很剛強,而施虐癖者的人格卻往往是很畏縮、懦弱而富有柔性的表現。例如拉卡薩涅研究過的里德爾（Riedel）一例。[291] 里德爾是一個施虐癖的年輕人,曾經殺死另一個年輕人;他從四歲起,見到血或想到血就感到性的興奮,並且在遊戲的時候,喜歡模擬殘殺的情景,他的體格上始終表現著幼稚的特徵,很瘦小、膽怯,見了人很羞澀（假如有人在旁,他就不敢排泄）,富有宗教的熱誠,痛恨猥褻和不道德的行為,面貌和表情像一個小孩,看起來不討厭。不過,這只是一方面,在另一方面,對於流血的景象和足以造成此種景象的殘殺舉動,卻又十分愛好,成為一種無可約束的偏執行為傾向（此人最後終於進入瘋人院）。這種傾向的見諸行事,對人固然有絕大的損害,對他而言卻是一度最暢快的情緒宣洩。馬利（A. Marie）研究過一個法國年輕人,情形也大致相似。這個人也是很膽小,容易臉紅,見到小孩都要低頭,不敢正視,至於勾搭婦女或在有旁人的場合裡排泄,更不用說了（此人後來也以瘋人院為歸宿）。

---

[291]　見拉氏所著《開膛手瓦赫和施虐癖犯罪》（*Vacher l'éventreur et les Crimes Sadiques*）一書,西元 1899 年。

第八節　關於性虐狂（施虐癖與受虐癖）

施虐癖和受虐癖的界說，因為有各種困難，不容易確定，已略見上文。赫希菲爾德有鑑及此，特別提出了一個新的概念與名詞，叫做「轉向現象」（metatropism）。所謂轉向，指的是性態度的男女易位，並且是變本加厲的易位，即男子有變本加厲的女子性態度，而女子有變本加厲的男子性態度。男子而有施虐癖，那是男子應有的性態度的變本加厲，女子而有受虐癖，那是女子應有的性態度的變本加厲，因此，同一施虐癖，或同一受虐癖，發生在男子身上的和發生在女子身上的，便完全不一樣。男子的施虐癖和女子的受虐癖，由赫希菲爾德看來，不過是正常性衝動的過度發展而進入性愛狂（erotomanic）的境界罷了，但若男子有受虐癖或女子有施虐癖，那就成為轉向的歧變，而和正常的狀態完全相反。不過赫希菲爾德這個轉向現象的概念並沒有受到一般性心理學者的公認。這樣一個概念不但不能減少問題的困難，反而很笨拙地增加了問題的複雜性；因為它所根據的所謂正常的性衝動的看法，就不是大家所能接受的；赫希菲爾德自己也承認，施虐癖的男子，在一般性情上的表現往往是陽剛的反面，而受虐癖的男子所表現的往往是溫柔的反面，把轉向的概念適用到這種人身上，可以說是牽強已極。因此，我認為最方便的辦法，還是採用總名詞性虐狂，而承認它有相反而往往相連繫的兩種表現，一是施虐癖，一是受虐癖，無論它們是發生在男子身上，抑或在女子身上。

痛苦與快樂，通常總認為是截然兩回事，但我們的生活中，

第四章　性的歧變與性的象徵

也常有以痛苦為快樂的經驗。這一層對於我們目前的問題，也增加了不少的困難。不過在性虐狂現象裡，我們所認為有快感的，倒並不是苦痛的經驗本身，而是此種經驗所喚起的情緒。有性虐狂傾向的人，就大多數而言，性能量比較薄弱，他的情形和性能量旺盛的人恰好相反。因此，同樣需要刺激來激發性的活動，他的刺激一定要比尋常的來得更強烈，才有效力。強烈的知覺，強烈的情緒，在常人看來是和性生活絕不相干而出乎意料的，例如憂慮、悲痛之類，在他卻可以成為性的刺激，明知這些刺激的本身是痛苦的，但憑藉它們，他卻可以取得性的快感。居萊爾（Cullerre）在這方面曾經蒐集到不少的例子，男女都有，大多數都現著神經衰弱的症候，其中大部分也是很守道德的人。他們全都經不起嚴重的憂慮事件或強烈的恐怖情景，有時並且是屬於宗教性質的事件或情景；假如一度遇到，結果不是自動性慾亢奮，便是必須手淫一次，以促成高潮。[292] 居氏的例子原和性虐狂無關，但我們看了這些例子，可以知道因痛苦而覓取快感是一個基本的事實，可以有很深遠的含義；不過在有性虐狂傾向的人，卻自覺地或不自覺地把這些含義抓住了，利用了，來補充他的性能量的不足。

我們也不要忘記，輕微一些的痛苦經驗（和類似驚駭、憂慮、憎惡、賤視等等情緒可以並論），無論在別人身上見到，或在自己身上察覺到，對於許多人，尤其是神經脆弱的人，雖不

---

[292]　居氏嘗著一文：〈愁憎的精神病態中的性興奮〉；載在法國《神經學藏檔》，1905年2月號。

第八節　關於性虐狂（施虐癖與受虐癖）

足以激發真正的性的感覺，至少是可以引起一些快感的。[293] 對痛苦的自然反應是一種情緒上的悲感（假若發生在本人），或同情的悲感（假若在別人身上發生）；痛苦若在自己身上，一個人自然覺得難過，若在別人身上，他也覺得難過，不過難過得輕一些，至於輕到什麼程度，便要看他和對方感情關係的深淺了。但同時也可能有一些快感與滿意的成分。羅馬詩人與作家盧克萊修（Lucretius）有過一段話（見其詩文集中第二篇）最足以表示這一番心理；安安穩穩站在岸上的人，對於在水中掙扎而行將滅頂的人，是有一種特別的感覺的。盧氏說：「從岸上目擊一個不幸的水手在波濤中和死神搏鬥，有著甜蜜的趣味，這倒不是我們對別人幸災樂禍，乃是因為自己超脫於災禍之外，不免覺得慶幸。」[294] 近代報紙在報攤前面總擺放著一張廣告，上面用大字寫著本日要聞的標題，這些標題裡最普遍的形容詞是「驚、奇、駭、怪」等字，大都含有痛苦的成分在內，但宣傳的力量，不但不因此種成分而減少，反因而增加，可見正自有其引人入勝的力量在了。有一派的戲劇是專以恐怖的情景擅場的，而許

---

[293]　輕微的痛楚中有快感是很確實的心理作用。中國文字中謔字從虐字產生，「虐」雖說是聲，也未嘗不是義，所以謔就是言之虐者，但亦唯恐其虐的成分太多，致引起痛苦的反感，所以《詩・淇奧》有「善戲謔兮，不為虐兮」的話。我們日常言語中，說一件事辦得「痛快」，也是這種心理。

[294]　其實這是一種近乎幸災樂禍的心理。幸災樂禍在中文是一個久已現成的名詞，足徵這種心理是相當普遍的。「隔岸觀火」和中國南方所謂「青雲頭裡看廝殺」的心理都屬於這一類。大抵是因為經濟的愁苦、生活的單調，目睹別人受罪時的反應，往往是憐憫的成分少而快樂的反應多，甚至於毫無顧忌地明白表示出來，詳見譯者所編著的《民族特性與民族衛生》（《人文生物學論叢》第三輯）第二篇第十四節（商務印書館出版）。

第四章　性的歧變與性的象徵

多上流作家所寫的傳誦一時的小說裡，喜歡把悲痛的場合弄成發噱，可憐的人物弄成可笑。由此可見少許可以說是無關性現象的施虐癖與受虐癖〔德國人也把它叫做「幸災樂禍」（Schadenfreude）〕的成分在一般人之中是相當普遍的。

根據上文的各種考量，我們可以了解為什麼施虐癖者的行為動機不一定是在虐待別人了。他所要求的，與其說是別人的痛楚，毋寧說是此種痛楚在自己與別人身上所激發的情緒。上文已徵引過的一個主動的性虐狂的案例，他所說的另一番話可以證明這一點；這個人智性相當高，很有讀書人的氣息，他的施虐癖也不算太嚴重。他說：「最引人入勝的，不是別的，是鞭笞的動作本身。我絕對不願意讓人家受罪。沒錯，她一定感覺到痛，不過這無非是要表示我下鞭之際富有強勁的力量罷了。只是讓人家產生痛苦，在我是不感覺快樂的；實際上我很厭惡此種幸災樂禍的行為。除了我這部分的性變態以外，我對於一切虐待別人的行為，是深惡痛絕的。對於動物，我生平只開過一次殺戒，並且至今引以為憾。」[295]

在討論性虐狂的時候，我們的注意力很容易集中到痛苦的層面，那是因為我們沒有充分地考慮一切牽連到的心理現象。

---

[295] 清紀昀記載著一個有幾分相像的例子（《閱微草堂筆記》卷十三或《槐西雜誌》卷三）：「奴子王成，性乖僻，方與妻嬉笑，忽叱使伏受鞭；鞭已，仍與嬉笑；或方鞭時，忽引起與嬉笑；既爾曰：『可補鞭矣。』仍叱使伏受鞭，大抵一日夜中喜怒反復者數次。妻畏之如虎，喜時不敢不強歡，怒時不敢不順受也。一日，泣訴先太夫人。呼成問故，成跪啟曰：『奴不自知，亦不自由，但忽覺其可愛，忽覺其可憎耳。』先太夫人曰：『此無人理，殆佛氏所謂夙冤耶？』慮其妻或輕生，並遣之去。後聞成病死，其妻竟著紅衫。」

第八節　關於性虐狂（施虐癖與受虐癖）

一個比喻也許可以幫我們的忙。我們不妨假定一件樂器是有知覺的，而樂師在吹彈撥弄時可以令樂器感到痛苦；我們希望富有科學精神而喜歡分析的人終於能夠了解，音樂的快感就是以痛苦加於樂器的快感，而音樂對於情緒所產生的影響即從所加於樂器的痛苦中來。這個比喻我想是合理的；樂師原本不想令樂器感受痛苦，但為獲取音樂的快感計，他不能不吹彈撥弄，並且很使勁地吹彈撥弄。施虐癖者的情形也正是如此。

在性虐狂的範圍以內，我們可以發現性變態的一部分最狂妄的表現。施虐癖的傾向，充其極，可以做出各種對於人性最悖謬的行為；而受虐癖的傾向，充其極，可以令人性感受到各種最意想不到的屈辱。因為有這各種極端的表現，我們就更需記住，施虐癖和受虐癖本來都是建立在正常的人類衝動上面；千里之謬的極端當然不是憑空而來，至於毫釐之失的輕微性虐狂，那還是在生物變異的嚴格範圍以內，而不足為怪。

性虐狂的基礎中自有一部分正常的心理事實，不過這些事實也是多方面而相當複雜的。有兩個成分我們應當特別注意。（一）痛苦的經驗，無論是加於人的或身受的，原是求愛過程的一個副產品，在人類以下的動物如此，在人類也還是如此。（二）痛苦的經驗，特別是對於先天或後天神經衰弱的人，好比一劑興奮劑，有一種提神的力量；無論是身受的痛苦或加諸人的痛苦，對於性的神經中樞都有很大的刺激的功效。我們明白這兩點以後，性虐狂現象的形式雖多，我們對它整體上的機制，

第四章　性的歧變與性的象徵

就比較易於了解，而我們對性虐狂的心理學，也就有了一條線索了。一個人的性衝動之所以要走上性虐狂的路，姑且不問其形式如何，通常不出兩個解釋：（一）性虐狂的傾向原本是原始時代所有的求愛過程的一部分，到了後世此種傾向忽然出現一些迴光返照的表現（有時這些表現也許有遠祖遺傳的根據）；（二）一個衰弱與萎縮的人，想藉此取得一些壯陽或媚藥似的效用，以求達到解慾目的。

英國作家與哲學家前輩羅伯特・伯頓（Robert Burton）很早就說過一句話：「一切戀愛是一種奴隸的現象。」戀愛者就是他的愛人的僕役：他必須準備著應付各種困難，遭遇重重危險，完成各種難堪的任務，為的是要侍候她而取得她的歡心。在浪漫的詩歌裡，我們到處可以找到這方面的證據。我們的歷史越是追溯得遠，一直到未開化的民族，一直到原始的生活狀態，就大體說，這種愛人的頤指氣使，戀愛者在求愛時的諸般屈辱和諸般磨難，就越見得分明。在人類以下的動物中，情形也大致相似，不過更進一步顯得粗獷，雄性動物要把雌性占有，事先必須用盡平生之力，往往於筋疲力盡之餘，還是一個失敗，眼看雌性被別的雄性占去，而自己只落得遍體傷痕，一身血漬。總之，在求愛的過程裡，創痛的身受與施加創痛於人是一個連帶以至於絕對少不了的要素。在女性與雌性方面，又何嘗不如此？對異性的創痛表示同情，本身也就是一種創痛；至於在求愛之際，忍受異性的報復性的虐待，更是一種創痛。即或不然，

第八節　關於性虐狂（施虐癖與受虐癖）

在求愛之際，她始終能役使異性，對兩雄因她而發生的激烈競爭，她始終能作壁上觀，而躊躇滿志，一旦她被戰勝者占有之後，還不是要受制於她的配偶而忍受她一部分罪有應得的創痛？等到後來，從性的功能進入生育功能的時候還要受制於她的子女，創痛的經驗豈不是更要推進一步？有時，就在求愛的階段裡，雌性也往往不免受到痛苦，有的鳥類到了這時候，雄性會進入一種狂躁的狀態，雌鳥中比較更甘心於雌伏的自然更不免於吃虧；有的雄性是很粗暴的求愛者，不過據說只要雌性表示順從，雄性也未嘗不轉而溫柔與體貼。又求愛或交合時，公的會咬住母的頸項或其他部分（英文中叫做 Love-bite，可直譯為情咬）[296]；這是人和其他動物所共有一種施虐的表現，馬、驢等等的動物，在交配時都有這種行為。

痛苦未嘗不是戀愛的一種表現，是古今中外很普遍的一個觀念。希臘諷刺作家琉善（Lucian）在《妓女對話》（*Dialogues of the Courtesans*）中的一個女人說：「若一個男子對他的情人未曾拳腳相向，未曾抓斷頭髮、撕破衣服，這個人還沒有真正經驗到什麼是戀愛。」西班牙知名小說家米格爾・德・塞凡提斯（Miguel de Cervantes）在他的《訓誡小說集》（*Novelas Ejemplares*）中的一部《林孔內特和科爾塔迪略》（*Rinconete y Cor-*

---

[296] 中國男女相愛，私訂婚姻之約，叫作「齧臂盟」。齧臂的舉動，顯然是一種情咬，但在舊時禮教下，真正有齧臂機會的人恐怕不很多罷了！又閨房之樂裡，男女之間，尤其是男的對女的，喜歡在頸項上嘬取縷縷的紅印痕（由微血管被嘬破而成），中國南方叫作「嘬俏痧」，也可以說是情咬的一種。

第四章　性的歧變與性的象徵

tadillo），也描寫到這一層。法國精神病學者皮埃爾·雅內（Pierre Janet）所治療的一名女子說：「我的丈夫不懂得如何令我稍微受一點罪。」不能讓女子受一點罪的男子是得不到她的愛的。[297] 反之，英國劇作家威廉·康格里夫（William Congreve）的作品《如此世道》（*The Way of the World*）一書中，有一個女性角色米拉曼特（Millamant）說：「一個人的殘忍就是一個人的威權。」

上文說性虐狂的各種表現是正常求愛表現的一種跡近遠祖遺傳的畸形發展，但事實上並不止於此。這種表現，尤其是在體質孱弱的人，是一個力爭上游的表現，想藉此來補救性衝動的不足。求愛過程中各種附帶的情緒，例如憤怒與恐懼，本身便足以為性活動增添興奮。因此，假如性衝動的力量不夠，一個人未嘗不可故意去激發此類情緒來挽回頹勢。而最方便的方法是利用痛苦的感覺：如果痛苦是加諸對方，那種表現就是施虐癖；若反施諸己，那就是受虐癖；若痛苦在第三者的身上，而本人不過從旁目睹，那就是介乎兩者之間的一個狀態，所側重的或許是施虐癖一面，或許是受虐癖一面，那就得看從旁目睹的性虐者同情的趨向了。從這個觀點來看，施虐癖者和受虐癖者本是一丘之貉，他們同樣利用痛苦的感覺，從原始的情緒庫藏裡，抽取其積蓄；情緒好比水，庫藏好比蓄水池，痛苦的感覺好比抽水機。

---

[297]　見雅內著《偏執行為和精神衰弱》（*Obsessions et la Psychastenie*）一書，第二冊。

第八節　關於性虐狂（施虐癖與受虐癖）

我們把性虐狂之所以為歧變的生物及心理基礎弄清楚之後，我們就明白它和虐待行為的連繫，畢竟是偶然，而不是必然的。施虐癖者並不是想要虐待他的對象，無論在事實上他是如何殘暴，對象所受的痛苦是如何深刻，那是另一回事。施虐癖者所渴望的，無非是要把他那搖搖欲墜的情緒扶植起來，而要達到這個目的，在許多案例中，不能不假手於激發對象情緒的途徑，而最容易的一條路是讓她受罪。[298] 即使在正常的戀愛情境裡，男子對所愛的女子，往往不惜叫她吃些痛苦，受些磨折，而同時一往情深，他又滿心希望她可以甘心忍受甚至於也感到愉快。施虐癖者不過是比此更進一步罷了。有一個案例記載，他喜歡在對象身上戳針，而同時卻要她始終擺出笑臉；這顯而易見是他並不想令她挨痛，要是可能的話，他實在也很願意讓她得到一些快感；固然，就事實而論，只要她表面上裝著笑臉或有其他強為歡笑的表示，他也就不問了。即便在最極端的例子裡，即施虐到一個殺人的程度，施虐癖的本心也絕不在殺傷，而在見血，因血的刺激而獲取更高度的情緒的興奮，而血的刺激力特別大，也幾乎是古今中外所普遍公認的；弗里德里希・萊普曼（Friedrich Leppmann）有過一個很精到的觀察，他說，在施虐癖的刑事案子裡，比較普遍的創傷，總在可以流出大量血液的部位被發現，例如頸部或腹部。[299]

---

[298]　注 296 中所引的王成一例可能就是借憤怒來激發和扶植他的性能量。從「一日夜中喜怒反復者數次」與「忽覺其可愛，忽覺其可憎」一類的話之中最可以看出來。

[299]　見《國際刑法公報》（法文），第六卷，西元 1896 年。

第四章　性的歧變與性的象徵

同樣，受虐癖的本心也不在挨痛或受罪。程度較輕的被動的性虐狂，依照克拉夫特－埃賓和莫爾等作者的看法，原本不過是正常性態一個比較高度的發展，而可以另外稱為「性的屈服」(sexual subjection，德文叫 hoerigheit)。因此，無論在身體方面或精神方面，不一定有嚴重的痛楚，這種人所默然忍受的無非是對方的強力控制和任情撥弄罷了。在性的屈服與受虐癖之間，沒有清楚的界線，受虐癖者，和性的屈服者一樣，在接受對方各種作踐的時候，同樣感覺到愉快，而在受虐癖者，甚至是極度的愉快；所不同的是在性的屈服者，正常的性交的衝動始終存在，而在受虐癖者則受罪與挨痛的經驗會變成性交的代替品，充其極，可以根本無須性交。受虐癖者所身受的作踐，種類極多，其間性質也不一樣，有的是很實在的，有的是模擬的，例如：全身受捆綁、手足加鐐銬、軀體遭踐踏、因頸部被扣或被縊而至於局部的窒息、各種常人和對方所視為極不屑的賤役、極下流的臭罵等等。在受虐癖者看來，這些都可以成為性交合的代替品，其價值和性交完全相等，而虐待的看法，以至於痛苦的看法，是不必談的。我們懂得這一層，就可以知道，若干心理學家（甚至於弗洛伊德）在這方面所殫精竭慮創造的許多理論是完全用不著的。

受虐的各種表現，因本身性質所限，顯然沒有很大的社會意義，而對社會生活不會發生很大的危害。唯其危險性小，所以受虐癖的歷史雖極悠久，雖在文化史中隨時可以發現，而把

第八節　關於性虐狂（施虐癖與受虐癖）

它當作一種確切的性變態，卻是很晚近的事；克拉夫特－埃賓在他的《性精神病態》（*Psychopathia Sexualis*）中，最早把它的特點原原本本地鋪敘出來，從那時起，它的歧變的地位才算完全確定。施虐癖便不然了；在生物學與心理學上，它和受虐癖雖有極密切的連繫，在社會學和法醫學上，它的意義卻很不一樣。施虐癖的各種程度亦大有不齊，其中最輕微的，例如上文所提的「情咬」之類，當然是無關宏旨，但程度最嚴重的若干方式往往可以演變成極危險的反社會的慘劇，輕者可以傷人，重者可以殺人，例如上文已經提到過的「開膛手傑克」（Jack the Ripper）便是最駭人聽聞的一件淫殺刑事案。這一類造成刑事案的施虐癖案例並不算太少，雖然並非都到殺人的地步，但傷人則時有所聞（對於這一類的案例，拉卡薩涅有過一番特別的研究）。（同注 291）還有一類例子則牽涉到學校教師、家庭主婦和其他對兒童、婢妾可以作威作福的人，這些人各種慘無人道的虐待行為也大都出於施虐癖的動機。[300]

施虐癖和受虐癖是男女都可以表現的歧變。受虐癖則男子表現得獨多；[301] 這是有原因的。一則也許因為相當程度的所

---

[300] 從這個立場看，中國以前纏足的風氣，就其極端的例子而言，可以牽涉到兩、三種性的歧變：就纏的人來說，是施虐癖；就被纏的人來說，是受虐癖；就愛玩小腳的男子來說，是戀足與戀履。

[301] 譯者在中國記載中所見的少數受虐癖的例子也都是男子：
清朱梅叔《埋憂集》（卷九）有〈臀癢〉一則說：「姚莊顧文虎，累葉簪紱，習享豐鬱；忽一日，促家人持竹篦；解褲受杖二十；後習為常；家人厭之，杖稍輕，輒加呵責；或反以杖杖之，必重下乃呼快。如是數年，漸覺疼痛而止……」
清采蘅子《蟲鳴漫錄》（卷二）說：「吳興廩生某，文有奇氣，試輒冠軍。唯喜受杖，每同志相聚，即出夏楚，令有力者，重笞其臀以為快，否則血脈脹悶，憊

第四章　性的歧變與性的象徵

謂性的屈服或受虐癖的初步表現，可以說是女性的正常的一部分，不能算作歧變；再則（莫爾曾經指出過）在女子方面根本無此需求，因為女子的性活動本來便是比較被動與順受的，受虐癖一類所以加強性能量的刺激或代替品就沒有多大用處了。

上文已經說過，施虐癖與受虐癖只是性虐的一部分，並不足以概括性虐狂的所有表現。從廣義來看，性虐狂是性愛的象徵現象的一大支派，凡屬和痛苦、憤怒、恐懼、憂慮、驚駭、束縛、委屈、羞辱等相關的心理狀態產生連繫的性的快感，無論是主動的或被動的，真實的或模擬的，乃至想像的，都可以歸納在這個支派之下，因為這些心理狀態全都要向上文所說的原始的情緒大蓄水池掬取，以補充性衝動的挹注。鞭笞的行為就是一例，此種行為，無論是身受的或加諸人的，目擊的或想像的，在先天有變態傾向的人，可以從極幼小的年齡起，就成為性活動的一種興奮劑。在大多數案例裡，這種行為牽動到身心兩方面的許多特質，因而另成一派十分重要且範圍很廣泛的性虐狂現象。[302] 另有一些例子，只要目擊一種可以驚心動魄的

　　慊若病焉。」
　　受虐癖的表現也有不用接受鞭笞的方式的。唐盧全《玉泉子記》有楊希古一例說：「楊希古……性迂僻……酷嗜佛法，常置僧於第，陳列佛像，雜以幡蓋，所謂道場者，每凌旦輒入其內，以身俛地，俾僧據其上誦《金剛經》三遍。性又潔淨，內逼如廁，必散衣無所有，然後高展以往。」盧氏「所謂」二字極好，示與尋常道場不同；《金剛經》三遍，為時亦相當長久；據身上者非和尚不可；都是值得注意之點。

[302] 鞭笞方式的性虐狂，在從前流行笞刑的時代，發展的機會一定比較多，姑舉兩例於後：
　　一、「宣城守呂士隆，好緣微罪杖營妓。後樂籍中得一客娼，名麗華，善歌，有聲於江南，士隆眷之。一日，復欲杖營妓，妓泣訴曰：『某不敢避杖，但恐新到

第八節　關於性虐狂（施虐癖與受虐癖）

景象或事件，例如一次地震，一場鬥牛，甚至於一個至親好友的喪葬，便會發生性愛的反應，而此種反應顯而易見是和施虐癖或受虐癖的傾向很不相干的。

所以就廣義而言，性虐狂的領域實在是很廣的。而在這領域和他種歧變的領域接界的地方，還有一些似性虐狂而非性虐狂的現象，例如有一部分應當認為是戀物的例子，也多少會有性虐狂的意味。加尼埃想把這些例子另外歸納成一派，而稱之為「施虐性的戀物現象」；不過他所舉的案例並不能坐實他的主張，因為那是很明顯的一個戀足的例子。卡爾・亞伯拉罕（Karl Abraham）一方面承認上文已討論過的性虐者的性能力的衰退，但又認為這種衰退並不是原發的現象，而是一種強烈的性能量受

某人者，不安此耳。』士隆笑而從之。麗華短肥，故梅聖俞作〈莫打鴨詩〉以解之日：『莫打鴨，莫打鴨，打鴨驚鴛鴦，鴛鴦新自南池落，不比孤洲老禿鶬，禿鶬尚欲遠飛去，何況鴛鴦羽翼長。』」（宋趙德麟《侯鯖錄》）。呂士隆的性虐狂大約已有相當程度，所以梅堯臣曾因他作詩，但程度還不太深，否則怕打遍老禿鶬以後，鴛鴦亦終於不免，甚至於鴛鴦該是第一個被打的對象。

二、「乾隆間有某甲者，以縣尉至滇南，蒞任未一年而卒，無子，止一妻，一妻弟，一僕一媼。居無何，妻弟亦死，僕媼皆散去；妻尚少艾，寄居民舍，久之無食，為人浣濯衣服以自給，十指流血，而不免飢寒。有鄰媼者，在官之媒氏也；一日過而謂之日：『何自苦乃爾？今有一策，可暫救飢寒，能從之乎？』婦問何策。媼日：『新到縣官，少年俶儻，而慕道學名，喜笞妓，笞必去衣，妓恥之，以多金求免不得，又以多金募代己者，亦無其人；若能代之到官，吾當與諸妓約，受杖一，予錢千也；伍百諸人皆受妓略，行杖必輕；且形體是而名氏非，初不為泉下人羞也。』婦以貧失志，竟從其策。嗣後邑有妓女應到官，悉此媼力介紹而代之，縣中皂隸無不識者，皆笑其頑鈍無恥也。然婦竟積二百餘金，以其夫之喪歸葬。余謂此婦受辱雖甚，然究未失身，不得謂之不貞，不惜父母之遺體，以歸其夫之遺骸，不得謂之不義，君子哀其志，悲其過，未可重訾之也。」（清俞樾：《右台仙館筆記》）曲園老人記此，注重的是代妓受笞的那位寡婦，而取的是一個道德的立場；我們注重的是「少年俶儻而慕道學名」的縣官，而立場是性心理學。這一點分別我們不要忽略過去。

第四章　性的歧變與性的象徵

到了抑制或變成癱瘓的結果。他也引到弗洛伊德的一個提議，認為戀臭癖（見上文字章第一節）和嗜糞癖有時也是造成戀足的一些因素，不過嗅覺的快感，因審美的關係，後來退居背景，而只剩下視覺的快感了。亞伯拉罕這種看法，也似乎認為在戀臭癖與嗜糞癖以及戀足的發展裡，多少也有些性虐狂的成分。

還有一種較少遇見的性虐狂與戀物的混合現象，叫做束腰的戀物（corset fetishism）。在這種現象裡，束腰是一種戀物，不過它所以成為戀物的緣故，是因為它可以供給壓力和束縛的感覺。亞伯拉罕曾經很詳細地分析一個複雜的案例：他是一名二十二歲的大學男生，他的性歧變的表現是多方面的，其間有戀足、束腰癖、對一切束縛與壓迫的力量的愛好，又有戀臭癖即對於體臭的愛好，而戀臭癖一端，亞伯拉罕認為是原發的表現，這是從他和他母親的關係裡看出來的。他又表現出肛門及尿道戀。像上文在戀足的討論裡所引到的女子一樣，在幼年時，他就喜歡屈膝而坐，讓腳跟緊緊扣在肛門口上。此外，他又有易裝癖（eonism）（即男身女扮或女身男扮的現象，詳見下文第五章第三節）的傾向，他寧願當一個女子，為的是可以穿不舒服的束腰和硬得發亮的高跟鞋。從春機發陳的年齡起，他開始用他母親已經用舊的束腰，把腰身緊緊地捆束起來。他這些戀物的發展似乎是很自然的，亞氏找不到有什麼突然發生的外力事件來解釋它們。

戀屍癖或對異性屍體的性愛，是往往被歸納在施虐癖以內

第八節　關於性虐狂（施虐癖與受虐癖）

的另一種現象。戀屍癖的例子，嚴格地說，是既不施虐而亦不受虐的，實際上和施虐癖與受虐癖都不相干；不過，戀屍癖者的性興奮既需仰仗和屍體發生接觸後所引起的一番驚駭的情緒作用，我們倒不妨把這種例子概括在廣義的性虐狂之下，有時因情形小有不同，似乎更應當歸併到戀物現象之內。不過我們若就醫學方面加以檢查，可以發現這種例子大都患有高度的精神病態，或者是低能；他們的智力往往很薄弱，感覺很遲鈍，並且往往是嗅覺有缺陷的。亞歷克西斯·埃帕拉德（Alexis Épaulard）[303]所記載「穆伊城的吸血鬼」（Vampire du Muy）[304]便是富有代表性的例子。[305]這些病態或低能的男子原是尋常女子

---

[303] 見《犯罪人類學藏檔》，1903 年 9 月號。惟《研究錄》中埃氏原名為 Epaulow，而非 Epaulard，不知孰是。

[304] 西人稱戀屍癖者為吸血鬼或夜叉，令我們想起關於唐將哥舒翰的一段故事。哥舒翰未達時，有愛妾裴六娘死，「翰甚悼之，既而日暮，因宿其舍，尚未葬，殯於堂奧，既無他室，翰曰：『平生之愛，存沒何間。』獨宿穗帳中；夜半後，庭月皓然，翰悲歎不寐。忽見門屏間，有一物傾首而窺，進退逡巡入庭中。乃夜叉也，長丈許，著豹皮褌，鋸牙被髮；更有三鬼相繼進……便升階入殯所。舁襯於月中，破而取其屍，麋割肢體，環望共食之，血流於庭，衣服狼藉……」（詳見唐陳劭《通幽記》及段成式《夜叉傳》）這個故事中的夜叉極像西洋人的吸血鬼，不過戀屍癖的傾向實際上和夜叉不相干，而和哥舒翰則不無關係，哥舒翰見的若不是象境，便是夢境，並且是有戀屍癖色彩的夢境；未來將以殺人流血為能事為專業的人有這樣一個夢境，也是情理內可有的事。

[305] 清羊朱翁《耳郵》（卷四）亦載有富代表性的一個戀屍癖的例子：「奚呆子，鄂人也，以樵蘇為業，貧未有妻；然性喜淫，遇婦女問價，賤售之，不與論所直；故市人呼曰『奚呆子』。市有某翁青，生女及笄，有姿首，奚見而豔之，每日束薪，賣之其門。俄而翁女死；奚知其瘞處，乘夜發塚，負屍歸，與之媾焉。翌日，鍵戶出采薪，而遺火於室，煙出自竿，鄰人排闥入，撲滅之；顧見床有臥者……發其衾，則一裸婦，迫視之，死人也，乃大驚；有識者曰：『此某翁女也。』翁聞奔赴，驗之，信，聞於官，論如律。異哉，天下竟有好色如此人者！乃歎宋孝武帝為殷淑儀作通替棺，欲見輒引替睹屍，尚非異事。」
其他所見近乎戀屍癖或夾雜有其他動機的屍交行為略引於後：
赤眉發呂后陵，污辱其屍，有致死者（《通鑒》）。

第四章　性的歧變與性的象徵

所不屑於接受的，所以他們不得不乞靈於屍體，實際上無異是一種手淫，至少也可以和獸交等量齊觀。有時候，戀屍癖者對屍體不但有交合的行為，且進而加以割裂肢解，例如流傳已久的弗朗索瓦・貝特朗（François Bertrand）中士一例；這種比較稀有的現象有人也叫做施虐的戀屍癖（necro-sadism）。嚴格地說，這其間當然也沒有真正的施虐癖的成分；貝特朗最初常做虐待女人的白日夢，後來在想像中總把女人當作行屍走肉；在此種情緒生活的發展之下，施虐癖的成分也就附帶出現，而其動機始終並非傷殘他的對象，而是在自己身上喚起強烈的情緒；任何割裂肢解的行為也無非是想增加情緒的興奮而已。這種例子不用說是極度變態的。[306]

「開元初，華妃有寵，生慶王琮；薨，葬長安；至二十八年，有盜欲發妃塚，遂於塋外百餘步，偽築大墳，佯將葬者，乃於其內潛通地道，直達塚中；剖棺。妃面如生，四肢皆可屈伸，盜等恣行凌辱，仍截腕取金釧，兼去其舌，恐通夢也，側立其屍，而於陰中置燭……」（唐戴君孚《廣異記》）。

「宋嘉熙間，周密近屬趙某宰宜興。宜興前某令女有殊色，及笄而夭，槁葬縣齋前紅梅樹下，趙某『遂命發之……顏色如生，妝妝飾衣衾，略不少損，直國色也；趙見之為之惘然心醉；畀舁至密室，加以茵藉，而四體亦柔和，非尋常僵屍之比，於是每夕與之接焉；既而氣息惙然，疲茶不可治文書，其家乃乘間穴壁取焚之，令遂屬疾而殂；亦云異矣。』嘗見小說中所載，寺僧盜婦人屍，置夾壁中私之，後其家知狀，訟於官；每疑無此理，今此乃得之親舊目擊，始知其說不妄。」（宋周密《齊東野語》）

「本朝安徽撫院高，譚承爵，旗員，罷官後，一愛女死，殯於通州別業。守莊奴知其殮厚，盜啟之，見女貌如生，將淫之；女忽起，抱奴甚固，奴求脫不得，抱滾二十五里，遇巡員獲之，論磔，七日旨下。女今東浙備兵高其佩之妹也。」（清景星杓《山齋客譚》）屍體會不會動，我們不得而知，不過高氏父子都是清代名臣，其佩且以指畫擅名，是很多人都知道的。

唐代說部中有張泌《屍媚傳》，所述多為女鬼蠱惑生人之事，姑不論其事之可能與否，要與戀屍癖現象截然二事，不得混為一談。

[306] 除上文所已引用之外，下列諸作品也可供一般參考：霍爾〈恐懼的研究〉（*A Study of Fears*），載《美國心理學期刊》（*American Journal of Psychology*），西元

第九節　關於性的衰老

女子到經絕（更年期）的年齡，[307]在性慾方面往往有顯著的突然爆發的傾向，好比垂盡的火燼發出一些餘烈一般，有時很容易成為一種病態的現象。

在男子方面也有這種傾向。老年將來而未來的時候，性的衝動也可能突然變得很急迫。這可以說是一種本能的反應，而其表現，不論在形式上正常與否，也容易越出情理的範圍以外。而這種傾向並不限於在青年時期於性愛方面特別活躍的人；即使在青年時期，因嚴格的宗教與道德的訓練而守身如玉的人，到了這個年齡，也會突然變節起來，好像是潛意識裡覺得以前吃了虧，到此日薄崦嵫，不得不力圖挽救似的；因為有這種變節的情形，這種人的表現有時比第一種人更顯著。[308]許多女子的經驗告訴我們，她們在早年所遭遇到性的侵犯 —— 最無忌憚而也往往是最成功的侵犯 —— 並不是來自年齡相仿的年輕男子，因為這種年齡的男子對於女子的態度總是比較客氣，甚

1897 年與 1899 年；威廉・亞歷山大・弗朗西斯・布朗（William Alexander Francis Browne）《戀屍癖》（*Necrophilism*），載《心理科學期刊》（*Journal of Mental Science*），西元 1875 年 1 月號。

[307] 中國傳統生理說法，女子七歲生齒，二七十四歲經至，七七四十九歲經絕；雖近刻畫，但「經絕」一詞，頗可沿用；英文名詞是 menopause，或 climacteric，或 change of life。

[308] 有一位極有地位與聲譽的朋友告訴譯者，他的一位哥哥就是這樣一個人；這位哥哥在五十歲以前是一個道學先生，主張一生不二色，對親戚朋友中有娶妾狎娼的人，一向取深惡痛絕的態度；但五十歲以後，忽然把家裡的侍女勾引成姦，並且還有了孩子！

第四章　性的歧變與性的象徵

至於比較恭敬，這種冒大不韙的行動是比較不可能的；通常是來自老成持重的已婚男子方面，以這種男子平時的操守與身分地位，這種不虞的侵犯原本應是很不可能的，然而居然發生了。

上面所說女子早年的經驗往往是很早，甚至還在童年的時候。根據萊普曼很久以前就有過的一個判斷，在性心理現象的範圍內，除了性的衰老因素之外，更沒有其他的先天的變態，可以令一個男子有這種專以女童作對象的性侵犯行為。在很特殊的情況下，一種久經壓抑的潛意識衝動可以令一個男子對未成熟的女子打主意，但這是極難得的。通常在衰老的年齡到達以前，有此種侵犯行動的人，大多數是一些低能的分子。

我們一方面承認上了年紀的男子有這種性慾突然發作的傾向，同時我們還得承認與年齡俱來的另一種變遷。就是在性情上變得相當自私和同情心轉趨薄弱；[309] 這也未嘗不是造成性慾方面不能自制的一個次要原因。這種性情上的轉變，從別的方面看，也未嘗沒有它的好處，因為風燭之年，經不起強烈的情緒作用，藉此在生活上有些收斂，自有一種自衛的功用存乎其間。但它的危險性也不少，若在性慾方面展現，那就不免助紂為虐，甚至可能釀成惡劣的結果。

---

[309] 孔子在《論語·季氏》中說：「君子有三戒：少之時，血氣未定，戒之在色；及其壯也，血氣方剛，戒之在鬥；及其老也，血氣既衰，戒之在得。」中國文獻裡關於年齡的個別心理的觀察，無疑這是最早的一種了；此種觀察的大體準確，也是不容懷疑的。本節的討論當然是屬於第三個階段，而靄氏的這幾句話又不啻是「戒之在得」一語的注腳。不過以前的人似乎大不知道，在「老之將至」的階段，也未嘗沒有一個「血氣不定」的時期。血氣既衰而又不定，「色」的刺激鑠於外，而「得」的反應迫於內，於是本節所說的歧變現象便勢所難免了。

第九節　關於性的衰老

同樣是性慾的爆發，假若它的對象是尚未成年的女性，以至於尚在童年的女性，無論在行動上猥褻到什麼程度，此種危險性之大，更是不言而喻。老年的人對年輕的人，平時原本有一種感情上的愛好，此種愛好也多少有些性的色彩，但不能說不正常；反之，年輕人對異性的成年人也可以有這種表現，也是不足為怪的。但在老年的男子對年輕的女子，這種表現卻可能走上反常的路；而因為性能力日趨衰弱的關係，他只需有些浮面上的性的接觸，也往往可以滿足。[310] 他的年紀越老，他就越容易滿足，而在尋求滿足的時候，他越是不知顧忌，不識廉恥。因此，根據保羅・布魯瓦戴（Paul Brouardel）多年前的觀察，進行此種侵犯行為的年齡越遞加，被侵犯的人的年齡便越遞減，而遞加和遞減的傾向是很整齊的。當然，不是所有老年人都有這種行為，只要身體相當健康，神志相當完整，這種行為的衝動，即使發生，也很容易克制，[311] 即或在行為上稍作愛

---

[310] 中國人到此年齡，男的喜歡收乾女兒，女的喜歡收乾兒子；尤以男的收乾女兒的傾向為特別顯著，幾乎成為一種風氣。僅僅收乾女兒還算是俗不傷雅的。等而下之就是納妾、蓄婢、狎娼、捧坤角一類的行為了。風流自賞的文人，到此特別喜歡收女弟子，例如清代的袁枚（子才），也屬於這一類現象。諸如此類的行為，靄氏這一段的討論便是一個最好的解釋。

[311] 中國以前在妾制流行的時代，這種能自制的人自所在而有。第一流，不置姬妾；這是不多的，但有。第二流是納妾的，但遵守一些傳統的規矩，例如四十無子始娶妾，或不娶舊家女為妾之類。第三流是雖有姬侍，卻備而不用，甚至到了可以遣嫁的年齡，便爾放出擇配。這三種人，算都是有品德的了。
宋張邦基《墨莊漫錄》說：「李資政邦直，有與韓魏公書云：『前書戲問玉梳金篦者，侍白髮翁，幾欲淡死矣……』玉梳金篦，蓋邦直之侍姬也。人或問命名之意，邦直笑曰：『此欲所謂和尚置梳篦也。』又有與魏公書云：『舊日梳篦固無恙，亦尚增添二、三人，更似和尚撮頭帶子云。』」這可以算第三流的一個例子。極是難得。

第四章　性的歧變與性的象徵

好的表示,而此種表示又多少帶一些性的意味,也不能算作一種病態的現象。但若身體神志都不太健全,在生理方面既發生各種內在的刺激,例如前列腺肥大,在心理方面又因神經中樞的衰弱而精神上控制的力量趨於薄弱,則藩籬盡撤,一種蕩檢踰閒而損人不利己的危險行為便勢所難免了。[312] 有的老年人,在理智方面雖還沒有解體,而在情緒與行為方面日趨墮落,漸呈所謂老年認知障礙(senile dementia)的症候,就是這種情形。[313]

> 清陳康祺《郎潛紀聞》(卷二)說:「方恪敏公觀承子襄勤公維甸,兩世為尚書直隸總督,皆有名績。恪敏五十未有子,撫浙時使人入江寧買一女子,公女兄弟送至杭州,將筮日納室中矣,公至女兄弟所,見詩冊有故友名,詢之,知此女攜其祖父作也。公曰:『吾少時與此君聯詩社,安得納其孫女乎?』還其家,資助嫁之。公年六十一矣,吳太夫人旋生子,即襄勤也。」恪敏生襄勤,桐城方氏一般的世澤又極長,當時人多以為盛德之報,陳康祺記此,自亦有此意;不過以六十一歲的老人,而能懸崖勒馬如此,足見體格健全與神志完整的程度要高出常人之上;此種身心的強固必有其遺傳的根據,從這方面來解釋方氏的世澤以及一般故家大族的世澤,豈不是愈於陰德果報之說?方恪敏公的例子可以說屬於第二流。
> 清紀昀《閱微草堂筆記·灤陽續錄》載有一個比較特別的例子:「郭石洲言河南一巨室,宦成歸里;年六十餘矣,強健如少壯。恒蓄幼妾三四人,至二十歲則治奩具而嫁之,皆宛然完璧,娶者多陰頌其德,人亦多樂以女鬻之。然在其家時,枕衾狎昵,與常人同;或以為但取紅鉛供藥餌,或以為徒悅耳目,實老不能男;莫知其審也。後其家婢媼私泄之,實使女而男淫耳,有老友密叩虛實,殊不自諱,曰:『吾血氣尚盛,不能絕嗜欲,御女猶可以生子,實懼為生後累;欲漁男色,又懼艾豭之事,為子孫羞,是以出此間道也。』此事奇創,古所未聞……」此例就不屬於三流中的任何一流了。不過,此人性能力雖已就衰,不能不以幼女做對象,而一般的血氣當健旺,神志亦尚完整,才有這一番智慮,才於放浪之中尚能有一、二分自制的力量。紀氏從道德的立場,認為「此種公案,竟無以斷其是非」;譯者認為靄氏如果知道這個例子,從性心理學的立場恐怕也不能不承認是一個創例。

[312] 譯者在遊學美國時,在犯罪學班上曾經單獨調查過這樣一個例子。一個五十二歲的男子強姦了一名十二歲的幼女,被判了若干年的徒刑;譯者特地到新罕布夏州(New Hampshire)州立監獄裡訪問他幾次,從談話中,又用「聯想測驗」(Association Test)的方法,斷定他是神志不健全的。

[313] 在刑事案件中,這一類的案例也不少。譯者追憶到本人幼年時所認識的一個

以前有的專家（例如克拉夫特－埃賓和萊普曼）認為神志健全的老年人對女童也可能有性的侵犯行為；那得另外尋求解釋，這種人對正常的性生活已因饜足而感覺到厭倦，不得不別尋新鮮的途徑。不過這種觀察恐怕是不準確的。赫希菲爾德的性心理學的閱歷不能說不廣，他卻說就他所遇到的此種犯奸的人而論，實在沒有一個是神志健全的。無論如何，我們如果遇到這種例子，總得先有一番縝密的精神病學的診察，然後再下斷語。[314]

第十節　社會態度

法國作家雷米·德·古爾蒙（Remy de Gourmont）在他的《戀愛的體質》（*Physique de l'Amour*）中說過一句話：「戀愛的病理學是一個地獄，地獄之門永遠不應打開。」這樣一句危言聳聽的話是僅有古爾蒙一類的戀愛哲學家可以說的；不過他畢竟是一位哲學家，無論他在本行裡如何值得欽佩，但說起科學的訓練，他是缺乏的，因此，他的這句話居然有產科專家西奧多·亨德瑞

六十多歲的老人。他是譯者的一位族叔祖母的兄弟；這位族叔祖母沒有後輩，和譯者的家庭來往甚頻，因此和她的兄弟也就相熟。他平時做人很和藹，做事也負責，身體也健康，據說他能用鼻子吹簫；這似乎是不可能的，說的人無非是想形容他的血氣之盛罷了。譯者有一段時間許久沒有見到他，忽然聽說他犯了強姦幼女的罪名；又兩、三年後，聽說他病死在監獄裡了。這樣一個例子恐怕只有一個解釋，就是老年認知障礙的發作。

[314] 關於本節，上文所已再三引過的克拉夫特－埃賓的名著和舒奧諾與韋斯二氏合著的一書均可供參考。

第四章　性的歧變與性的象徵

克・范・德・維爾德（Theodoor Hendrik van de Velde）一類的人加以讚許，是很令人詫異的。亞里斯多德（Aristotle）說過，行文措辭，能善用隱喻是一件難能可貴的事，但地獄之門在這裡是一個錯誤的隱喻。我們目前所處的並不是一個表演戲劇的場合，專演但丁・阿利吉耶里（Dante Alighieri）所作《神曲》（*Divine Comedy*）一類的作品，[315] 而是生物科學的領域；在這個領域裡所謂的生理狀態不斷地轉入病理狀態，生理與病理之間，找不到一絲接縫的痕跡，接縫既沒有，試問那裡還有什麼門，試問地獄之門又從何開起？病理的成分在生理中原本就可以找到，而病理的作用也始終遵守著生理的法則，根本無法劃分。每一個常態的人，就性生活一端而論，如果我們觀察得足夠仔細的話，總有一些變態的成分，而所謂變態的人也並不是完全和常態的人不同，而是在常態中的某一方面或某幾方面發生了不規則或畸形的變化罷了。所謂常態與變態，把一切例子綜合起來看，無非是各種程度不同的變異，可以在一條曲線上排列出來。一名在熱戀中的女子，可以對男子說：「我想把你吃了。」這樣一名女子和上文已一再提到過的「開膛手傑克」未嘗不是一條鏈子上的兩個鏈環，中間所隔的鏈環儘管多，其確實在同一條鏈子之上。無論我們如何正常，誰都包含著一些殘忍酷虐的種子，並且不只是種子而已，而是多少已經萌芽或長出葉子。

因此，若有一種性的活動使得我們憎厭，倒並不是因為它

---

[315] 但丁《神曲》（*Divine Comedy*）對於地獄的恐怖情景描寫得很多，所以靄氏有此語氣。

第十節　社會態度

反常,因為它變態,以前流行的看法是非正即邪,邪就是可惡。以前的人對所謂「自然的」概念是很狹隘的,而又認為凡是「不自然的」行為都應當臭罵,甚至於應當責罰,應當重重地責罰,因為它即使在社會面前不是一種罪,而在神道面前一定是一種孽。[316]

如今的觀念不同了。由於知識的進步,我們一方面既把「自然的」範圍推廣了很多,一方面又承認造物生材,各種程度的變異的存在幾乎是沒有止境的。因此,我們覺得有進一步辨別的必要。我們要提出的問題不再是:「這種行動是不是反常?」而是「這種行動是不是有害?」人與人的性關係,形式儘管多,儘管繁變,社會大可以不問,社會要問且加以斷定的是:哪些方式是有害的。這個問題是很重要的,因為很多經驗豐富的醫師相信,近年來有許多仍被認為是所謂「邪孽」的性形式,卻比以前更流行了;流行既更廣,它們有害或無害,自然更有確定的必要。何以有些歧變現象更顯得流行了呢?這其間原因是很多

---

[316] 中國人的道德觀念裡,對邪正、善惡一類的判斷也分得相當清楚。但和西方人有兩、三點不同。一,中國人一般的生活觀念裡本有經常、權變、和同等等看法,「經常」雖屬重要,「權變」也自有它的地位,「和同」雖是一種很好的生活理想,但同而不和,是要不得的,而不同而和是要得的。二,邪正、善惡的觀念在中國只是社會的、倫理的、人為的,而並沒有宗教的裁可,所以它的絕對性並不太大。三,中國一般的自然主義向稱發達,全生活性之論是道家哲學的中心,而儒家的主張,也不過欲於「率性之道」之上,加一番修養的工夫而成其為「教化」而已;因此,讀書人對於一切驚奇詭異的事物,嚴格些的,取「不語」或「存而不論」的態度,而寬容些的,更承認「天地之大,何奇不有」的原則;譯者在上文各節的注裡所引的性歧變例子不為不多,記載這些例子的人最共通的一個結語便是這個原則;在他們看來,奇則有之,怪則有之,道德的邪正判斷也時或有之,但絕對的罪孽的看法則沒有。這無疑是一種廣泛的自然主義的效果,在希臘以後與近代以前的西方是找不到的。

第四章　性的歧變與性的象徵

的。娼妓制度受到限制了；因為衛生的考量，狎娼的風氣也日見減少；狎娼之風當然不是徒然減殺，而是有所替代，取而代之的是一般男女關係的比較自由與放恣；但放恣之中又不能全無忌憚，或因人言的可畏，或因胎孕的顧慮，有的女子可以容許男子任何方式的性的接觸，而唯獨不許交合。這些，至少是原因的一部分。

此外，文明進步之後，生活方式更趨於繁變曲折與縝密細緻，也未嘗不是原因的一部分。一般的生活如此，性的生活亦不能例外。因此，有許多覓取快感的方式，在原始社會認為是齷齪的、令人作嘔的，到此便流行起來了；許多方式，在文明社會裡，縱使在平時或在別人身上，也覺得不雅馴的，到了自己發生熱戀的時候，也就無所忌諱了。我們同時又得承認，總有一部分人，因先天或後天的關係，在性感覺方面，有比較根深蒂固的歧變傾向，例如上文所已分別討論的受虐癖或戀物，或下章將要討論的同性戀之類，這些人性慾的滿足有特別的條件，也就是說，性刺激到達他們身上，一定得經過一些不太正常的途徑。不過就在這些不學之人所稱的「邪孽」之中，只要不走極端，也還有其正常的成分；沃爾巴斯特說得很對：「在一般人的特質之中，我們也往往可以找到這種成分。」[317] 在一般人之中既有它們的地位，也就不能算不正常了。弗洛伊德說得更

---

[317] 見沃氏所著〈性的邪孽與其醫學和社會關係〉（*Sexual Perversions : their Medical and Social Implications*）一文，載美國《醫學雜誌與紀錄》（*Medical Journal and Record*），1931 年 7 月號。

第十節　社會態度

進一步,並且也許說得很對,就是:「在任何健康的人的生活裡,這種『邪孽』的性傾向總有時候要表現一、兩次。」

所以我們如今正逐漸獲得的結論是這樣的。不正常的性滿足,無論出奇到什麼程度,也無論表面上令人憎厭到什麼程度,除非是那些在醫學上或法律上可以引起問題的例子,是無須乎責備或干涉的。第一類在醫學上可以發生問題的例子是要干涉的。因為這種人的不正常活動會侵蝕到本人的健康,因此,非經藥物或精神的治療不可。第二類的例子可以傷害到對方或第三者的健康或權益,因此法律就有干涉之權。這種侵害別人身體和權益的方式有很多,各國各地方的法律對此種侵害行為的反應也各異其趣,至於法律究竟應如何反應,各種人士的見解自然也很不一致。不過對若干種的侵犯行為之所以為侵犯行為,與這種侵犯行為的應當懲處,各方面的見解倒也不太分歧。對未成年人的引誘成姦,對已婚男女的姦淫,因性交而傳染花柳病給他人,因獲取一己的性滿足而虐使他人(初不論此種虐待是有意的或無意的)等等,都是這一類應受干涉的侵害行為。另有一種性的歧變有時也可以成為侵害行為,但對於它,各方面的意見還極不一致,而各國的法律習慣也莫衷一是,那就是同性戀,關於這個問題下章另有詳細的討論。[318]

同性戀是古今中外始終存在的一種現象。它和許多別的現象一樣,也是自然的與無可避免的變異範圍以內的一種所謂間

---

[318] 靄氏在這方面最詳盡的討論見《研究錄》第二輯;名為第二輯,其實是關於同性戀或「性的逆轉」現象的一本專書。

第四章　性的歧變與性的象徵

性的狀態（intersexual condition）。除了這種所謂間性的狀態，同性戀的人在早年的時候，性的興趣也往往比較淡薄，這一點先撇開不論，[319]在有的國家和文化裡，同性戀可以成為一種很流行的風尚，甚至於成為一種性生活的理想。但在另一些國家和文化中，它卻受到輿論與法律的干涉。不過無論輿論如何嚴厲，法律如何峻酷，同性戀依然存在，無法剷除。在歐洲，在基督教流行的最早的幾個世紀裡，東羅馬的君士坦丁大帝（Constantine the Great）皈依基督教而使它成為國教以後，同性戀一度受到國家極嚴厲的干涉，當時為政教合一，政府曾三令五申設法禁止，但終於無效。降至大革命前夕的法國，因犯雞姦或男色而被焚的人，間或還有。大革命以後，自《拿破崙法典》（*Napoleonic Code*）的頒行，一切比較單純的同性戀行為，只需雙方都是成年人，雙方都表示同意，而完全是私人的行動，不影響到公共的觀瞻，是不成為罪名的；但若有些公開的性質，而行為的一方又屬在法律上未成年的人，那刑罰還是很重的。凡是《拿破崙法典》影響所及的國家，現在都通行這種比較開明的法律習慣。但其他國家便不如此，尤其是英、美兩國；在這些國家，舊時那種不放鬆的態度仍然存在，而原有的嚴刑峻法也似乎很難修正；目前所做到的不過是不完全實施此種刑罰罷了。

社會對於這一類問題的態度，越變越開明以後，我們還可

---

[319]　希臘人並不瞭解同性戀是一種間性的狀態，也未必觀察到，同性戀的人在早年時對性的興趣比較淡薄，所以靄氏有「撇開」的說法。靄氏於此處行文比較晦澀，譯者不能不於注中略事解釋，並且相信這番解釋大概是對的。

第十節 社會態度

以看見一些更多的成效；態度的開明化既屬理有固然，這種成效也自然是勢所必至。有幾點簡單的事實我們遲早會承認。性的活動和性的態度，只要不公開地取罪於人，終究是當事人的私人之事，而其是非利害，應由私人自己裁決，和大眾並不發生關係，此其一。這種活動與態度，雖與後天的教養有關，終究大半是先天氣質的結果，根柢極深，無由卒拔，此其二。因此，一位醫師或性心理學專家遇到一個似乎有先天根據的性歧變的案例的時候，他總要向自己提出一個疑難的問題：他想經由治療把病人弄成一個常態的人嗎？我們說弄成常態，而不說恢復常態，因為就病人而言，病態就是他的常態，而常人之所謂常態，即使能弄成的話，對他是橫逆的，不自然的，即對他反而成為一種「邪孽」。這豈不是心勞日拙嗎？豈不是非徒無益，而又害之嗎？所以我很贊成沃爾巴斯特的一句話：「如果一種性歧變的行為對某一個人的性態，確實能一貫予以滿足，而在給予滿足之際，對當事人的身心兩方，並不引起什麼損害，那種歧變對於那個人，名為歧變，事實上卻一定得認為是正常的；如果我們從事性心理研究的學者能根據這樣的說法行事，大概雖不中也不遠了。」沃氏這番說法是很對的，不過我們得補充一句，就是，那個人的那種歧變，必須同時對別人的身心健康也不產生妨害才行，否則，無論對本人如何「正常」，如何有利，社會還是有出而干涉的權責。我們固然不贊成用強制禁絕的干涉方法，因為那是根本不生效力的，但我們應當在醫學方

第四章　性的歧變與性的象徵

面,甚至外科手術方面,開一些方便之門,教凡屬自身感到此種先天或後天的歧變是一副極重的負擔而實在有些承當不起的人,得以休息,得以逃避。[320]總之,我們干涉的目的,是求平允兩個字,「平」對社會而言,是法律的責成,「允」對當事人而言,是同情心的表現。

我們在整個性的議題上需要更大的寬容態度,不僅是為正常的典型之外的人著想,也未嘗不是為整體的社會組織與道德制度圖一分長治久安之計。若將形形色色的性歧變當作不道德的行為,當作罪孽,不但是徒然的,不但是要失敗的,並且正因為徒勞無功,而更加令人對道德制裁的力量失去信仰,更使種種歧變多得一些暗中滋長的機會;因為我們知道,這一類的問題越是受嚴厲的干涉,發展得便越快;名為禁止,實同鼓勵。(在禁酒的問題上,這一點已是大家明白公認的。)專門研究希臘民族性表現的德人漢斯・利希特(Hans Licht)指出,在希臘人中,性的「邪孽」是極少的。(同性戀雖發達,但希臘人不但不把它當作一種「邪孽」,並且承認它是一種正常的事物,可以做婚姻制度的陪襯而補其不足。)利氏認為之所以少的緣故就是因為希臘人根本把性的議題看作道德範圍以外的東西(如牽涉到兒童,或有殘虐的行為,自然又當別論);道德所過問的只是一切

---

[320] 這顯然是指各種絕慾以至於絕育的外科手術。舊式的宮刑就是未必有效的一種手術。關於新式的絕育手術,詳見譯者所著〈美國絕育律的現狀〉(《人文生物學論叢》,第十輯,《優生概論》)和〈二十八年來美國加州優生絕育之經驗〉(《人文生物學論叢》,第七輯,《優生與抗戰》)二文。

第十節 社會態度

不公平的行為、危害國家的各種罪名以及一般的犯罪活動。凡屬正常的性關係能自由發展的地方，各種歧變或變異是很難矯飾滋長的，即使發生，也是自生自滅，不受人注意。沃爾巴斯特也說得很對：「近年來美國社會中各種性的邪孽發展與散布大部分是道德機關努力所培養與教唆而成的，這種培養與教唆，當然是無意的；這好像是一種詭辯的議論，但事實確是如此。」

我們不希望也不願意，恢復希臘時代的道德觀念，而希臘人「身心皆美」的理想，我們也不敢輕易仰攀；不過不得已而求其次，至少下文要說的一些信念，是不容摧毀的。我們要把許多虛偽的見解掃除一下，要把我們自己從許多輿論或生吞活剝的法律規章中解放出來；在近古以來的西方，全部性生活的歷史之所以如此支離破碎、惡濁混亂，便是源自於這些見解與規章；它們一日存在，性生活便一日沒有澄清的希望。我們能做到這一步，也就可以把精神生活的空氣變得更新鮮，把我們的道德習俗補充得更穩固；各種陳舊的見解與規章是軟弱的泉源，此種泉源枯竭以後，嶄新的健康力量自然會應運而生。[321]

---

[321] 關於本節，論社會態度，尤其是對於同性戀，詳藹氏所作〈性的逆轉〉(*Sexual Inversion*) 一文 (《研究錄》第二輯)。又本能派心理學家威廉・麥獨孤 (William McDougall) 所著《變態心理學大綱》(*An Outline of Abnormal Psychology*) 亦值得參閱。

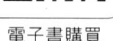

國家圖書館出版品預行編目資料

靄理士的性心理學，拆解慾望與道德：性擇 × 自體性慾 × 春機發陳……從生物本能到社會建構，探討慾望如何塑造人類行為與情感 / [英] 哈維洛克・靄理士（Havelock Ellis）著，潘光旦 譯 . -- 第一版 . -- 臺北市：財經錢線文化事業有限公司 , 2025.03
面； 公分
POD 版
譯自：Studies in the psychology of sex.
ISBN 978-626-408-193-1(平裝)
1.CST: 性心理 2.CST: 性教育 3.CST: 性別研究
172.7　　　　　　　114002691

靄理士的性心理學，拆解慾望與道德：性擇 × 自體性慾 × 春機發陳……從生物本能到社會建構，探討慾望如何塑造人類行為與情感

作　　　者：[英] 哈維洛克・靄理士（Havelock Ellis）
譯　　　者：潘光旦
責 任 編 輯：高惠娟
發　行　人：黃振庭
出　版　者：財經錢線文化事業有限公司
發　行　者：崧燁文化事業有限公司
E - m a i l：sonbookservice@gmail.com
粉　絲　頁：https://www.facebook.com/sonbookss/
網　　　址：https://sonbook.net/
地　　　址：台北市中正區重慶南路一段 61 號 8 樓
8F., No.61, Sec. 1, Chongqing S. Rd., Zhongzheng Dist., Taipei City 100, Taiwan
電　　　話：(02) 2370-3310　　傳　　真：(02) 2388-1990
印　　　刷：京峯數位服務有限公司
律 師 顧 問：廣華律師事務所 張珮琦律師

-版權聲明-

本書版權為樂律文化所有授權財經錢線文化事業有限公司獨家發行電子書及紙本書。若有其他相關權利及授權需求請與本公司聯繫。

未經書面許可，不可複製、發行。

定　　　價：480 元
發行日期：2025 年 03 月第一版
◎本書以 POD 印製